대담한 디지털 시대

세계적 컨설팅사 베인앤드컴퍼니가 찾아낸 미래 생존 전략

대담한 디지털 시대

이지효 지음

알에이치코리아

거대한 변혁의 순간을 맞이하다

어느 날 아침 일어나 보니 잘 쓰고 있던 스마트폰이 고장 나 있었다. 당장 확인 못한 이메일이 신경 쓰이더니, 그동안 찍었던 딸아이의 사진은 무사할까 걱정되기 시작했다. 스마트폰 없이 하루 반을 지내보니 아침에 일어나서 잠자리에 들 때까지 내 생활에 스마트폰이 얼마나 깊이 들어와 있는지 깨달을 수 있었다. 생각해보면 스마트폰이라는 것을 쓰기 시작한 지 채 5년도 되지 않았는데, 이제는 스마트폰 없이는 모든 것이 불편하다. 기업도 마찬가지다. 컴퓨터 없이 돌아가는 기업은 이제는 생각하기 어렵다.

최근 들어 기술이 이렇게 급속하게 발전하면서 개인, 사회, 기업, 국가 등 구석구석에 디지털이 닿지 않은 곳이 없다. 그리고 그 와중에 우리가 익숙하게 써왔던 많은 것들이 달라지고 있다. 연말이면 우편함을 채우던 연하장은 이제 이메일과 카카오톡이 대신하고 있고, 아파트의 동 앞을 지키던 경비원 아저씨들은 이제 카드키와 감시카메라로 바뀌었다. 턴테이블과 비디오테이프가 사라지는가 싶더니 옆집은 이사를 가며 필요 없어진 CD와 DVD를 버리고 있다.

최근 들어 처음 들어본 단어들이 뉴스마다 가득이다. 블록체인, 핀테크, 클라우드, 머신러닝……. 디지털이 만들어낸 새로운 용어들이 처음엔 비 몇 방울 떨어지는 것처럼 등장하기 시작하더니 이제는 소나기를 넘어 폭풍보다 더한 기세로 온 세상을 울려대고 있다. 어렸을 때 동화책에서나 보고 잊고 있던 유니콘(기업가치 10억 이상인 스타트업 기업)이라는 단어가 이제는 너무 흔해서 웬만한 스타트업은 조만간 1조 원짜리 기업이 될 기세다.

요즘 기업들과 이야기를 하다 보면, 최근 등장하는 기업들에 대해 궁금해하는 경영자들이 많아졌다는 걸 느낀다. 인터넷과 IT라는 새로운 기술과 도구들을 나름대로 열심히 쓰고 준비해왔다고 생각했는데, 어느 순간 듣도 보도 못한 기업들이 나타나더니 수십 년간 열심히 일해온 기업들보다 몇 배 더 높은 기업가치를 평가받는다고 한다. 그런데 도대체 뭘 하는 회사고, 무엇으로 돈을 버는지 이해하기도 어렵다는 것이다. '이건 모두 버블입니다. 2000년대 초반에 그랬던 것처럼 한순간 신기루처럼 사라져버릴 것입니다.'라는 이야기를 믿고 안심을 하려다가도 문득 두려움에 잠에서 깰 때가 있다고 이야기하는 경영자도 있었다. 기업들의 이슈를 함께 고민하는 일을 직업으로 하는 입장에서도 이 문제는 지금 현재 가장 자주 듣고, 가장 고민이 되는 문제다. 이러한 변화를 어떻게 해석하고 받아들여야 하는 걸까?

그 질문에 대한 답을 구하기 위한 고민을 담은 결과가 이 책이다. 처음에는 '디지털'이라는 단어로 압축할 수 있는 지금의 기술 변화가 가져올 산업의 변화와 기업에 미칠 영향을 정리해보고자 했으나, 얼마 지나지 않아 디지털이 불러올 변화라는 것의 폭과 깊이가 책 한 권에 담을 만한 수준이 아니라는 것을 깨달았다. 자료를 모으고 사례들을 들여다볼수록 디지털은 마치 증기와 내연기관, 전기가 발명되면서 세상의 산업을 모조리 바꿔놓았던 18~19세기의 산업혁명 같은 수준의 혁명이 될 것이라는 확신을 갖게 되었다. 그리고 나서는 '디지털혁명이 바꿔놓을 21세기, 무엇이 기다리고 어떻게 준비해야 하는가.'라는 질문을 풀고자 정리를 시작했다.

솔직히 이 책 한 권으로 디지털이 가져올 미래를 모두 정리하고 답을 내렸다 할 수는 없다. 대신 다양한 산업에 있는 기업과 경영자, 비즈니스맨에게 디지털에 대해 정확히 알려주고, 이로 인해 일어난 최근 난리들을 제대로 바라볼 수 있도록 돕기 위해 최대한 노력했다. 가능한 한 여러 각도를 통해서 지금의 변화를 해석해보았다. 이 세상의 수많은 산업과 기업들에서 벌어지고 있는 다양한 일들을 담다 보니 간혹 단순화시킨 부분도 있고 다루지 않은 부분도 있지만, 디지털이 가져올 혁명적인 변화를 큰 그림 안에서 파악할 수 있도록 하려고 했다.

이 책은 총 7장으로 되어 있는데, 크게 둘로 나눌 수 있다. 우선 앞부분은 디지털이 왜 혁명적인 변화인지를 설명하고자 했다. 1장에서는 간단히 디지털과, 디지털에 기반해 세상을 바꾸고자 하는 디지털 엔터프라이즈에 대해 정의했고, 2장에서는 이러한 디지털 엔터프라이즈들의 예를 통해 이들이 어떻게 기존 산업과 기업들을 뒤엎는 혁명적인 변화를 일으키고 있는지 살펴보았다. 3장에서는 이러한 변화를 만들어내기 위한 필요조건으로서 어떠한 디지털 역량이 필요한지 정의하였으며, 4장에서는 기존 기업과 새로 생겨나는 기업들이 서로 다른 역량들을 가지고 어떻게 경쟁하게 될 것인지 정리했다.

뒷부분에서는 디지털이 산업과 기업을 어떻게 바꿔놓을지, 보다 구체적으로 살펴보았다. 5장에서는 여러 산업들이 디지털을 통해서 어떻게 변화하고 있는지, 또 미래에 어떤 변화가 있을지 예측함으로써 디지털혁명의 그림을 산업별로 그려보고자 했다. 6장에서는 개별 산업의 그림이 아니고, 기업 공통의 프로세스 관점에서 디지털이 어떻게 적용되고, 이를 통해 기업이 일하는 방식이 어떻게 바뀔 것인지를 그려보았다. 마지막으로 7장에서는 한국의 산업과 기업, 정부가 이러한 변화를 어떻게 이용할 수 있을 것인지 큰 그림에서 제안하고자 했다.

책의 마지막에는 본문의 흐름과는 별개로, 디지털에 대한 이해를 돕고자 ICT산업이 어떻게 변화하고 있는지, 그리고 그 중요한 변수로서 중국의 ICT산업이 어떻게 진화하고 있는지 정리한 부록을 담았다.

이 책은 답을 내리기보다는 문제를 제기하는 책이 되었으면 한다. 디지털이라는 혁명적인 변화를 한국 기업들이 조금 더 심각하게 받아들이고 준비하는, 진지한 논의의 출발점이 되기를 기대한다. 동시에 최근 뉴스에서 접하는 다양한 기술 용어들을 궁금해하던 사람들에게도 변화의 큰 그림을 그리는 데 도움이 되었으면 한다.

책을 쓸 때마다 과연 이 책을 얼마나 많은 사람들이 보고 공감해줄 것인지 기대와 걱정이 교차하지만, 이번 책은 솔직히 걱정이 앞선다. 디지털이라는, 21세기 전체를 꿰뚫을 가장 중요하고도 큰 변화를 부족한 필자의 지식만으로 어느 정도나 이해했고, 풀어놓을 수 있었을까 하는 걱정이다. 하지만 비록 부족하고 틀린 점이 있더라도 디지털이라는 혁명적 변화가 다가오고 있다는 것을 한국의 산업과 기업이 인식하는 데 조금이라도 도움이 될 수 있다면 개인적인 부끄러움 정도는 감수할 수 있겠다는 생각이 마지막 용기를 내게 해주었다.

이 책에 담은 고민들은 컨설턴트인 필자와 몇 년간 치열하게 토론하고, 질문을 던져준 클라이언트들이 없었다면 시작되지도 못했을 것이다. 때론 공격적이고 무모한 주장까지도 일일이 상대하면서, 잘못된 것은 지적하고 맞는 것은 칭찬해준 모든 클라이언트 분들께 크게 감사드린다. 그리고 그런 힘든 과정에서 함께해주었던 베인앤드컴퍼니의 모든 동료들에게도 꼭 고맙다는 인사를 드리고 싶다. 마지막으로 항상 빨리 일을 마치고 집으로 돌아가고 싶었다는 말을 사랑한다는 말과 함께 아내와 딸에게 꼭 남기고 싶다.

이 엄청나고 흥분되는 디지털혁명의 시기를 함께 경험하고 있는 모든 사람들과 기업들에게 행운과 축복이 가득하기를 바란다.

2016년 3월
이지효

1장

디지털 엔터프라이즈,
대담한 시대를 열다

테슬라모터스Tesla Motors, 쿠팡, 알리바바Alibaba, 샤오미Xiaomi. 이제는 대부분 사람들 귀에 익어 익숙해진 회사들일 것이다. 단순히 귀에 익은 정도가 아니라 세상을 바꾸고 있는 것처럼 보이는 회사들이다. 그러나 이 회사들이 본격적으로 알려지기 시작한 지는 불과 1~2년도 채 되지 않았다. 이처럼 테크놀로지Technology, 특히 전기전자 기술과 인터넷 기술을 기반으로, 기존 산업의 제품과 서비스에 도전장을 내놓는 회사들이 최근 들어 무수히 등장하고, 실제로 의미 있는 성과들을 내면서 사람들은 새로운 형태의 기업들에 대해 관심을 갖기 시작했다. 최근에는 단순한 관심을 넘어, 이러한 기업들이 세상을 바꿀 것이라는 의견들이 조금씩 세를 불려가고 있다.

표 1-1 주요 기업들의 기업가치(2015년)

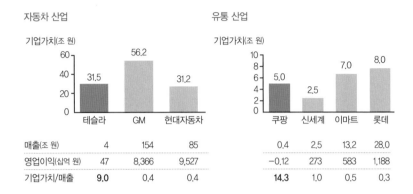

자동차 산업

기업가치(조 원)	테슬라	GM	현대자동차
	31.5	56.2	31.2
매출(조 원)	4	154	85
영업이익(십억 원)	47	8,366	9,527
기업가치/매출	**9.0**	0.4	0.4

유통 산업

기업가치(조 원)	쿠팡	신세계	이마트	롯데
	5.0	2.5	7.0	8.0
매출(조 원)	0.4	2.5	13.2	28.0
영업이익(십억 원)	-0.12	273	583	1,188
기업가치/매출	**14.3**	1.0	0.5	0.3

자동차산업: 제품을 디지털화하는 테슬라의 가치가 기존 자동차 기업의 가치를 초월하기 시작
유통산업: 쿠팡 등 디지털 기반 전자상거래 기업의 가치가 기존 유통업체의 가치를 초월하기 시작

기업가치°를 살펴보자. 세상에서 가장 큰 종합산업이라 할 수 있는 자동차산업에서 글로벌 Top5 업체인 현대자동차의 매출은 2015년 기준, 85조 원 정도다. 그런데 매출이 현대자동차의 20분의 1인 약 4조 원에 불과한 테슬라모터스(이하 테슬라)가 기업가치에 있어서는 현대자동차를 넘어서고 있다.

자동차산업만의 일이 아니다. 2015년 6월, 한국의 새롭게 떠오르는 전자상거래업체인 쿠팡은 일본의 소프트뱅크SoftBank로부터 1조 원이 넘는 신규 투자를 유치하면서 기업가치를 5조 원 이상으로 인정받았다. 한국 유통업체의 최강자인 롯데나 신세계-이마트의 기업

• 엄밀히는 시가총액이나, 편의를 위해 기업가치로 표현하였다.

가치와 크게 차이가 나지 않는 수준이다. 반면 쿠팡의 매출을 보면 이마트의 30분의 1, 롯데의 70분의 1 수준밖에 되지 않는다. 그런데 도대체 어떠한 이유로 시장에서는 테슬라나 쿠팡 같은 새로운 기업들이 엄청난 가치를 가지고 있다고 인정해주는 것일까?

게임의 법칙이
뒤흔들리고 있다

기존 상식으로는 불가해한 새로운 테크놀로지 기업들의 가치를 이해하기 위해서는 이들이 어떤 식으로 기존 기업들의 아성을 무너뜨릴 것인지를 살펴볼 필요가 있다. 테슬라가 가장 좋은 예가 될 것이다.

2003년 미국 캘리포니아 주 팰로앨토에 설립된 테슬라는 2006년 첫 번째 모델 '로드스터Roadster'를 발표하고, 2008년 시장에 내놓았다. 길이 4미터가 채 되지 않는 2인승 차량이었지만, 11만 달러(약 1억 3천만 원)라는 높은 가격표가 붙어 있었다. 하지만 2012년 시장에 출시한 두 번째 모델인 '모델SModel S'는 첫 번째 모델인 로드스터보다 훨씬 크고 성능도 뛰어난 중형 스포츠 세단임에도 가격은 7만 달러(약 8천만 원)로 크게 낮아졌다. 2017년 출시 예정인 네 번째 모델인 '모델3Model 3'의 예상 판매가는 그 절반 가격인 3만 5천 달러(약 4천만 원)에 불과하다. 이렇게 성능은 더 좋아지면서도 가격은 지속적으로 떨어지는 전략은 어디서 나온 것일까? 지금까지의 자동차 회사들에서는 찾아볼 수 없었던 이런 방식에 바로, 미래의 새로운 테크놀로지 기업, 즉 '디지털 엔터프라이즈Digital Enterprise'를 엿볼 수 있는 힌트가 있다.

테슬라의 제품 전략은 기존 자동차 회사들의 접근 방식과 근본적으로 다르다. 지금까지의 자동차 회사들은 매우 점진적인 개선을 통해 신제품을 개발해왔다. 자동차 연비는 연평균 약 4%씩 개선되었고, 부품 가격은 연평균 3%씩 절감되었다. 무엇보다 기존 자동차 회사들은 모델 체인지Model Change라 하여, 5~7년 주기로 부품 사양과 외형 등을 바꾸며 새로운 기능들을 추가해왔다. 그리고 새로운 모델을 발표할 때마다, 과거 모델은 구현하지 못하던 새로운 기능들을 선보

표 1-2 테슬라의 모델들과 가격

출처: 테슬라

이면서 더 비싼 가격표를 붙이는 것을 당연하게 여겼다. 새로운 기능을 원하는 소비자는 이전 모델을 버리고 더 많은 돈을 주고 새 모델을 구입해야만 했다. 바로 이것이 지금까지 자동차산업을 이끌어온 게임의 법칙이었다.

하지만 테슬라는 자동차산업의 게임의 법칙이 아닌 전자산업의 게임의 법칙을 끌고 들어왔다. 전자산업에서의 개선은 매우 급속도로 이뤄진다. 스마트폰을 예로 들면 핵심 부품인 디스플레이 패널의 가격은 연평균 37%, 메모리 반도체의 가격은 연평균 15%씩 떨어진다. 동시에 성능은 해마다 15% 이상씩 개선된다. 그리고 무엇보다 전자산업에서 신모델들은 이전 세대 모델들보다 가격이 더 낮아지는 것이 보통이다. 테슬라의 가격 정책, 즉 신제품을 발표할 때마다 급격히 가격이 떨어질 수 있는 것은 바로 테슬라가 전자산업의 게임의 법칙을 따르고 있기 때문이다.

비단 가격과 성능만이 아니다. 2015년 BMW는 자사의 최고 모델인 7시리즈의 신모델을 공개했는데, 언론의 하이라이트를 받은 새로운 기능이 바로 자동 주차였다. 주차하기 전에 운전자가 차에서 내려 리모컨만 누르면 자동차가 좁은 주차 공간으로 알아서 찾아 들어가는 기능이다. 이러한 멋진 기능을 원하는 소비자라면 당연하게도 이전 모델을 팔아버리고 새로운 7시리즈를 구매해야만 한다.

BMW가 이를 공개한 바로 다음 주, 테슬라는 완전히 상상을 뛰어넘는 방식으로 새로운 기능을 발표했다. 이미 3년 전에 시장에 출시한 모델S 차량의 소프트웨어 업그레이드를 발표한 것이다. 새로운 버전의 소프트웨어에는 자동 운전, 즉 운전자가 운전대와 페달에서

손발을 떼더라도 자동차가 알아서 차선과 신호, 교통 상황을 인식하여 자동으로 운전하는 새로운 기능이 핵심 기능으로 추가되었다. 놀라운 점은 이러한 신기술이 탑재된 차량을 갖기 위해서 기존에 갖고 있던 모델S를 팔지 않아도 된다는 것이었다. 2012년부터 생산된 모델S를 갖고 있다면, 자기 차고에서 클릭 몇 번만으로 새로운 소프트웨어를 다운받을 수 있고, 30분 만에 신기술을 탑재한 차를 소유할 수 있다.* 이러한 방식의 성능 개선은 기존 자동차 회사들로서는 상상할 수도 없는 방식이었고 큰 충격을 안겨주었다.

앞으로도 테슬라는 자신만의 게임의 법칙을 계속 강화시켜나갈 가능성이 높다. 아마도 테슬라의 다음 모델은 더욱 낮은 가격에 더욱 좋은 성능을 갖추고 있을 것이다. 그리고 3~6개월마다 소프트웨어 업그레이드를 통해, 이미 차량을 구입한 모든 고객들로 하여금 최신 기능을 쉽게 기존의 차량에 추가할 수 있도록 해줄 것이다. 이미 모델S는 기존 자동차 회사들의 차량보다도 매력적이고 우수하다고 인정받고 있으며 앞으로 이러한 격차는 더욱 커질 것이다.

과연 기존의 자동차 회사들이 이러한 테슬라와 경쟁할 수 있을 것인가? 아마도 쉽지 않을 것이다. 지금 테슬라가 시장에서 인정받고 있는 높은 기업가치는 바로 이러한 새로운 게임의 법칙을 인정해주고 있는 것이라 이해해야 한다. 이처럼 전자·IT 기술에 기반한 새로운

---

* 심지어 2016년 초에는 앞으로 2년 내에 LA에서 스마트폰으로 뉴욕의 차고에 있는 차를 호출하면 무인 자동으로 차고문을 여닫고, 중간에 충전까지 해가면서 미 대륙을 횡단해 LA까지 오는 기능을 선보이겠다고 발표했다.

표 1-3 **테슬라가 시도하고 있는 게임의 법칙의 변화**

	자동차산업의 게임의 법칙	ICT산업의 게임의 법칙
비용 곡선	"매우 완만함" • 가격 하락 및 성능 향상 느림 　– 가격 하락: 자동차 부품 연평균 ~3% 　– 성능 향상: 자동차 연비 연평균 ~4%	"매우 가파름" • 가격 하락 및 성능 향상 빠름 　– 가격 하락: 스마트폰 디스플레이패널 　　연평균 37%, 메모리 반도체 15% 　– 성능 향상: 스마트폰 성능 연평균 15%
성능 개선과 신제품에 대한 시각	• 하드웨어 전면 교체(비가역적) 　– 새 기능은 완전히 새 제품에서 구현 　　또는 제품 교체 필요(예: BMW 'new7' 　　자동 주차 기능) • 더 좋은 성능의 제품을 더 비싼 가격에 　제공	• 소프트웨어 업그레이드(가역적) 　– 새 기능이 필요하면 기 판매된 제품의 　　소프트웨어 업그레이드(예: 테슬라 '모델S' 　　자동 운전 기능) • 더 좋은 성능의 제품을 더 저렴한 가격에 　제공
제품 교체 주기	• 기존 제품이 낡거나 고장 나 이뤄지는 　교체 • 상대적으로 김(~7년) 　– 과거 5년간 6.3년 → 7년으로 연장	• 보다 나은 성능의 제품을 사용하기 위한 　업그레이드 • 매우 짧음(1~3년) 　– 과거 5년간 스마트폰 교체 주기 　　48개월 → 16개월로 단축

게임의 법칙을 만들어내는 기업이 바로 미래의 기업, 디지털 엔터프라이즈다.

'전기차이니 당연한 거 아니야?'라고 생각하는 사람들이 있을지도 모르겠다. 하지만 전자산업, IT산업이 일으키는 게임의 법칙의 파괴력은 앞으로 다양한 산업에서 적용될 것이다. 다른 예로 2015년 애플Apple이 새롭게 선보인 애플워치Apple Watch를 생각해보자. 가장 대중적인 모델을 기준으로 약 400달러(약 48만 원)에 출시되었지만, 성능에는 실망감을 보인 사람도 많았다. 기존 시계들과 비교했을 때

별로 나을 것이 없으며, 시계산업에는 아무런 영향이 미치지 못할 것이라는 이야기들이 흘러나왔다. 실제로 판매량 역시 아주 성공적이지는 못했다.

하지만 첫 번째 버전의 애플워치가 성공했느냐 실패했느냐는 중요하지 않다. 애플워치 역시 전자산업의 게임의 법칙을 따라갈 것이기 때문이다. 아마도 2016년 애플은 두 번째 버전의 애플워치를 선보일 것이고, 그 다음 해에는 세 번째 버전을 선보일 것이다. 버전이 바뀔 때마다 애플워치의 성능은 20% 이상씩 좋아질 것이고, 두께는 얇아지고 가벼워질 것이며, 배터리 시간은 길어질 것이다. 화면 또한 더욱 좋은 화질을 제공하게 될 것이다. 그렇게 두세 버전이 지나고 난 뒤의 애플워치는 첫 번째 버전과는 차원이 다른 훌륭한 제품이 되어 있을 것이다.

바로 이것이 무서운 점이다. 기존의 스위스 시계 회사들이 아무리 노력한다 해도, 이들이 만들어내는 제품의 개선은 애플을 따라갈 수 없을 것이 거의 확실하기 때문이다. 아마도 수년 내에 전 세계의 시계 회사들은 극소수의 초고가 브랜드를 제외하면(이조차도 사실 불투명하긴 하다) 생존 위기에 직면하게 될 것이다.

이와 같이 ICT Information and Communication Technology(정보통신) 기술을 활용하여 파괴적 혁신Disruptive Innovation을 만들어냄으로써 기존 산업의 게임의 법칙을 깨뜨리고 판을 뒤흔드는 새로운 회사들이 최근 들어 거의 모든 산업에서 명함을 내밀기 시작했다.

디지털이란
과연 무엇인가

이러한 파괴적 혁신 기업들의 특징은 무엇보다 ICT산업의 기술과 역량을 다른 산업에 끌고 들어가 핵심적인 혁신 수단, 경쟁 도구로 활용한다는 점이라 할 수 있다. 이러한 기업들을 기존 기업들과 구분하기 위해 '디지털 엔터프라이즈'라 부르고자 한다.

그 전에 잠시 디지털Digital의 의미부터 짚어보자. 사전적인 의미로 디지털은 연속적인 값을 의미하는 아날로그Analog의 반대말, 즉 1과 0, ON과 OFF처럼 불연속적인 단위를 가리킨다. 단순한 수학적인 개념일 뿐인 디지털이 중요한 의미를 갖는 이유는, 바로 현존하고 있는 모든 컴퓨터가 디지털을 기반으로 만들어졌기 때문이다.

수학자 앨런 튜링Alan Turing에 의해 개념이 구체화된 컴퓨터는 논리적 연산을 처리해낼 수 있는 기계로 정의할 수 있는데, 그 기반에는 연산을 처리하기 위한 정보의 기본 단위인 0과 1이라는 디지털적인 단위인 2진법이 있다. 즉, 전기가 통하고(1), 통하지 않는(0) 상태만으로 정보를 표시하고 이를 처리할 수 있다는 개념을 통해 연산이 가능한 전자회로가 구현될 수 있었고, 1948년 최초의 컴퓨터인 에니악ENIAC이 만들어지면서 ICT산업이 본격적으로 시작되었다. 즉, ICT산업은 디지털에 그 기반을 두고 있고, 따라서 디지털이라는 단어는 광의의 의미에서는 IT, ICT, 정보통신, 전기전자 등의 개념을 포괄하거나 동등한 의미를 지닌 용어로 사용되고 있다. 이 책에서도 디지털을 광의의 의미로 사용할 것이다.

디지털이라는 단어를 사용하는 데 있어 가장 우선적으로 떠올려야 하는 것은, 이 단어의 의미가 바로 '정보의 처리'를 디지털화하는 혁신으로부터 비롯되었다는 점이다. '정보'라고 하면 무언가 특별한 지식이나 숫자 같은 것을 생각하기 쉽지만, 사실 정보의 처리는 이 세상 모든 것의 핵심이다. 생각해보면 인간이나 사회, 기업의 모든 활동은 정보에 기반하여 이뤄진다. 아침에 일어나서 발은 어디를 디딜 것인지, 문은 어떻게 열 것인지, 옷은 무엇을 입을 것인지 같은 인간의 사소한 행동 하나하나조차도 사실은 눈으로 입력된 시각 정보를 해석하고, 이에 맞춰 적절한 의사결정을 내리고, 몸에 신호를 보내는 정보처리 과정을 통해서 이뤄지게 된다. 사회나 기업의 작동에 있어서는 더 말할 것도 없다. 모든 의사결정, 모든 프로세스는 정보에 기반하여 이뤄진다. 컴퓨터로 대표되는 디지털 기술의 근간이 곧 정보를 처리하고 가공하고 사용하는 기술이라는 점을 생각하면, 왜 디지털이 이렇게 모든 영역에서 화두가 되고 있는지를 이해하는 시작으로서 충분할 것이다.

주목할 부분은 디지털을 통해 구현되는 ICT 기술, 즉 디지털 기술이 갖는 특징이다. 앞서 테슬라의 예에서 잠깐 살펴본 것처럼 디지털 기술은 다른 산업이나 기술과는 차별화된 특징이 있는데, '무어의 법칙Moore's Law'이 바로 그것이다. 세계 1위의 반도체 회사인 인텔Intel의 창업자 고든 무어Gorden Moore가 1965년에 주창한 무어의 법칙은, 하나의 반도체 IC Integrated Circuit(집적회로) 칩 안에 들어가는 디지털 연산회로의 가장 기본 단위인 트랜지스터transistor의 수가 2년마다

표 1-4 무어의 법칙. 하나의 반도체 IC칩에 들어 있는 트랜지스터 수의 증가

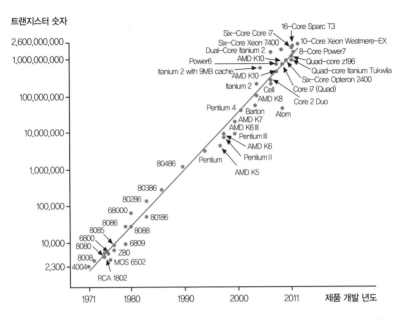

트랜지스터 숫자

출처: Wgsimon, Microprocessor transistor counts 1971~2011&Moore's Law, Wikimedia Commons, 2011
이 표는 크리에이티브 커먼즈 저작자 표시 3.0 라이선스에 따라 이용 가능합니다.

2배씩 증가한다는 것인데, 이는 곧 디지털 기술의 성능이 2년마다 2배씩 향상될 수 있다는 것을 의미한다. 처음에는 반도체 IC의 개선 속도를 예측하기 위해 제시된 개념이던 무어의 법칙은 40년이 지난 지금까지 흔들리지 않고 지속되어왔는데[*] 이러한 '기하급수적geometric progression'인 특징이 디지털의 파괴적 혁신을 가능하게 했다.

• 최근에는 그 속도가 오히려 더 빨라져서 18개월마다 2배씩 개선되는 것으로 수정해야 한다는 의견도 있다.

여기서 한 가지 추가로 생각해볼 점은 무어의 법칙은 집적도의 개선만을 이야기했지만, 그 결과물은 여러 방향으로 나타날 수 있다는 점이다. 집적도가 2배 개선되어 성능이 2배 좋아진다는 이야기는, 곧 동일한 성능을 유지하면서 가격은 절반으로 낮출 수 있다는 의미도 된다. 2년마다 2배는 별로 대단하지 않게 보일지 모르지만, 20년이면 1,000배, 40년이면 100만 배가 된다. 이러한 엄청난 개선 속도야말로 디지털 기술의 본질이며, 다른 모든 기술과 디지털 기술을 다르게 만드는, 나아가 기존의 모든 산업과 미래의 디지털화된 산업을 구분하게 만드는 핵심이다. 결국 디지털화하는 어떠한 제품이건 산업이건 그 첫 시작은 별 볼 일 없더라도 무서운 속도로 개선이 이뤄질 것이고, 언젠가는 기존 제품을, 기존 산업을 뛰어넘을 것이기 때문이다.

요즘 화두로 떠오르고 있는 머신러닝과 인공지능Artificial Intelligence; AI 역시 마찬가지다. 현재 머신러닝의 성능이 어느 정도인지는 부차적인 문제다. 중요한 것은 디지털 기술의 발전 속도를 감안할 때, 머신러닝이나 인공지능은 기하급수적인 속도로 개선될 것이고, 언젠가는 인간의 지능을 뛰어넘을 수 있을 것이라는 점이다.

디지털 골든크로스

이러한 디지털 기술의 기하급수적인 개선은 최근 본격적으로 이뤄지고 있는 디지털의 확산을 가능하게 한 가장 중요한 요인이다. 1940년대부터 시작된 디지털 기술의 발전은 처음에는 천천히 이뤄졌으나, 무어의 법칙을 좇아 70년 이상 달려온 결과, 이제는 폭발적인 단계에 접어들었다. 이는 단순히 컴퓨터 성능에만 국한된 이야기가 아니고, 최근에는 정보 프로세스의 모든 단계에서 큰 혁신들이 이뤄지고 있다.

시각적 정보를 수집하는 이미지 센서를 비롯하여 중력가속도, 온도, 적외선, 자외선, 음향 등 모든 신호들을 디지털 정보로 변환할 수 있는 각종 센서Sensor, 디지털화된 정보를 전송하는 유무선 통신네트워크, 전달된 정보들을 저장해놓을 수 있는 데이터 스토리지Data Storage, 모인 정보들을 가공하고 분석하는 빅데이터Big Data 기술에 이르기까지 정보처리 과정의 모든 영역에서 디지털 혁신이 이뤄지면서, 세상에 존재하는 모든 정보들을 디지털화하여 사용할 수 있게 되었다. 이처럼 사람, 기업, 사회의 모든 의사결정 과정에 디지털 기술을 활용할 수 있게 되면서 디지털은 그 폭을 끊임없이 넓혀가고 있다. 그러면서 많은 기업의 프로세스와 제품들이 디지털화되고 있으며 디지털화된 기업과 제품들은 기존 기업, 기존 제품들과 경쟁하게 되었다.

특히 지금 시점이 중요한 까닭은 우리가 살고 있는 지금 이 시대에, 이러한 디지털 기술에 기반한 프로세스와 제품들이 기존 방식의 프로세스와 제품들을 뛰어넘는 '디지털 골든크로스Digital Golden-Cross'가 이뤄지고 있기 때문이다. 과거 아날로그(디지털의 상대 개념으로서의 아날로그)적인 방식으로 이뤄지던 사회와 기업의 활동들은 매우 점진적이고 산술급수적Arithmetic progression으로 발전해왔으나, 디지털적인 방식이 도입되면서 새롭게 정의된 사회와 기업의 활동들은 기하급

표 1-5 디지털 골든크로스

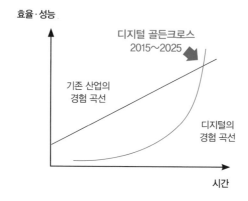

수적으로 발전할 수 있게 되었다. 그리고 바로 이 시대에, 두 방식의 격차가 사라지고 디지털적인 방식이 아날로그적인 방식을 추월하는 골든크로스가 이뤄지고 있는 것이다. 앞으로의 10년은 모든 산업이 디지털을 통해 근본적으로 변화하는, 산업혁명에 버금가는 10년이 될 것이다.

디지털은
모든 곳에 스며들고 있다

　　　　　디지털 골든크로스가 이뤄지면서 이제 산업과 기업에서 디지털을 바라보는 관점을 바꿔야 하는 시점이 되었다. 지금까지의 디지털이 대부분의 산업과는 무관한 것이었다고 한다면, 앞으로는 어떠한 산업도 디지털 없이는 제대로 돌아갈 수 없게 될 것이다. 물론 과거에도 디지털은 많은 산업에서 부분적으로 활용되어왔다. 거의 모든 회사에서 스프레드시트, 워드프로세서 등 사무용 소프트웨어들을 이용하고 있고, 은행처럼 복잡한 정보를 정확히 다뤄야 하는 기업들은 자체적으로 IT 부서와 데이터센터를 갖추고 있다. 하지만 대부분 산업에서 디지털 기술은 산업의 핵심적인 기능과는 무관하게, 백오피스Back Office에서의 업무 효율을 높이기 위한 보조적 수단으로 이용되어왔다. 그리고 IT 부서들은 본업을 보조해주기 위한 사소한 기능을 하는 '비용Cost Center'으로 인식되어온 것이 사실이다. 산업 구분에 있어서도 디지털이 중심이 되는 ICT산업과 이와는 완전히 무관한 산업으로 쉽게 구분이 가능했다.

하지만 앞으로의 산업에서 디지털 기술은 지금까지와는 근본적으로 다른 모습을 보이게 될 것이다. 디지털 기술을 이용한 정보 프로세스의 효율이 높아지면서, 사업의 모든 프로세스에서 효율과 효과를 극대화하는 데 '반드시 필요한 역량'으로서 디지털 기술이 필요해질 것이다. 디지털을 이용한 '데이터 기반'의 의사결정을 통해 보다 정확한 상황 판단과 합리적인 의사결정이 이뤄지게 될 것이고, 많은 제품과 서비스가 디지털화되면서 전자상거래나 무인 자동차에서 볼 수 있는 것처럼 훨씬 큰 고객 가치를 창출하게 될 것이다. 그리고 ICT산업이라는 구분은 사라질 것이다. 모든 산업에서 디지털이 중추적인 역할을 담당하게 될 것이기 때문이다.

사실 이러한 변화는 우리가 모르는 사이 벌써 시작되었다. 기업

표 1-6 디지털의 확산

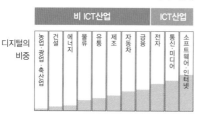

	과거~현재	현재~미래
디지털의 비중	비 ICT산업 / ICT산업	ICT산업과 비ICT산업 간 경계 모호·소멸

(과거~현재) 비 ICT산업: 농업·광업·축산업, 건설, 에너지, 물류, 유통, 제조, 자동차, 금융 / ICT산업: 전자, 통신·미디어, 소프트웨어·인터넷

(현재~미래) ICT산업과 비ICT산업 간 경계 모호·소멸: 농업·광업·축산업, 건설, 에너지, 물류, 유통, 제조, 자동차, 금융, 전자, 통신·미디어, 소프트웨어·인터넷

디지털에 대한 시각

주 사업의 효율을 높이기 위한 보조적 수단	모든 프로세스의 경쟁력을 좌우하는 핵심 요소
• 사업의 핵심 기능은 아니며, 핵심 기능을 지원하기 위한 하나의 부가적 역할 　- 자료 수집, 분석 등의 차원에서 업무 효율성 개선 　- 인사, 회계·재무 등에서 보조적으로 IT 기술 활용 • 보조 부서로서의 IT 　- 핵심 부서로 인식되고 있지 않으며 비용 부문(cost center)으로 관리되고 있음	• 사업의 모든 프로세스의 효율과 효과성을 극대화하기 위한 필수 요소 　- 데이터 기반 의사결정: 모든 정보를 수집·분석하여 최적의 의사결정을 내릴 수 있게 됨 • 제품·서비스의 가장 중요한 혁신 　- 많은 산업에서 기존의 제품·서비스가 ICT를 통해 재정의됨으로써 보다 큰 고객 가치 창출 　- 단순 비용이 아닌 수익을 창출해내는 도구로서의 IT

의 결과물인 제품을 중심으로 살펴보면, 대표적인 아날로그 기계 제품이라 할 수 있는 비행기의 경우, 부품 가운데 전자 부품이 차지하는 비중이 2005년까지만 해도 8%에 불과했으나, 2013년에는 이미 30%까지 증가했다. 의료 기기의 경우에도 2005년 기준 10%에 불과하던 전자 기기의 비중이 2014년에는 45% 수준까지 늘어났다. 자동차의 경우, 전자 부품의 비중이 이미 2014년에 23%를 차지하

표 1-7 각 산업의 디지털 침투율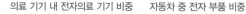

항공기 중 전자 부품 비중　　　의료 기기 내 전자의료 기기 비중　　　자동차 중 전자 부품 비중

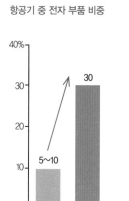 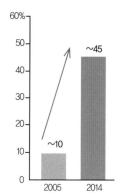 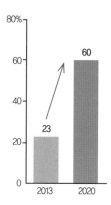

출처: 베인앤드컴퍼니

고 있으며, 2020년에는 60% 이상으로 증가할 것으로 예상된다.

이러한 디지털의 침투는 단순히 완제품에 그치지 않는다. 더욱 중요한 것은 기업 구석구석에 디지털이 스며들고 있다는 점인데, 그 속도는 놀라울 정도다. 우선 유통산업을 살펴보자. 불과 5~6년 전만 하더라도 디지털이라는 것은 전자상거래에서나 해당되는 이야기이지, 오프라인을 잡고 있는 전통 유통업체들과는 전혀 상관없는 일이었다. 실제로 2008년 영국의 대표적인 유통업체 테스코Tesco가 소비한 전체 비용 중에서 IT에 사용한 비용은 1%*에 불과했다. 그러

• 상품 원가를 제외한 나머지 비용 중에서 IT가 차지하는 비중.

나 물류, 재고 관리, 고객 서비스 등에서 효율을 높일 수 있는 디지털 기술들이 속속 등장하면서 유통산업 내부의 다양한 프로세스에 적용되기 시작했다. 2014년 기준, 미국의 대표적인 유통업체인 월마트Walmart의 전체 비용 중에서 IT에 사용된 비용은 14%까지 늘어났다. 나아가 아예 디지털에 뿌리를 두고 있는 전자상거래업체 아마존Amazon의 경우, 전체 비용 중 IT 관련 비용이 33%에 달한다.

유통뿐이 아니다. 대표적으로 물리적인 프로세스가 중심이 되는 물류산업에서도 디지털의 중요성은 더욱 커지고 있다. 과거 수십 년 동안 전 세계의 제조 공장 역할을 했던 중국이 인건비 상승으로 인해 더 이상 저비용 생산 기지로서의 역할을 하지 못하게 되면서, 전 세계 기업들은 비용에 대한 압박을 크게 받기 시작했다. 그 해결책으로서 SCMSupply Chain Management(공급망 관리)의 효율을 높이는 데 관심이 집중되면서 물류 체계 최적화를 위한 다양한 IT기술이 도입되었다.

대표적인 글로벌 물류업체인 DHL의 경우를 살펴보면 1999년 전체 비용 중에서 IT 관련 비용은 6%에 불과했으나, 2000년대 중반에는 25% 이상으로 급증했고, 2014년에는 무려 33%를 투자했다. 기업이 쓰는 비용을 경쟁력을 위한 투자라고 해석해본다면, 1999년에는 DHL의 경쟁력 중 20분의 1만이 디지털을 통해 만들어졌으나, 2014년에는 3분의 1이 디지털을 통해 창출되었다고 볼 수 있다. 아마도 디지털이 차지하는 비중은 앞으로도 지속적으로 늘어날 가능성이 높다.

최근 인터넷 전업은행과 핀테크˚가 화두인 금융산업 역시 다르지 않다. 우리나라 대표적 은행인 국민은행의 경우, 2012년 전체 비용

표 1-8 각 산업에서 기업들이 지출하는 비용 중 IT가 차지하는 비중

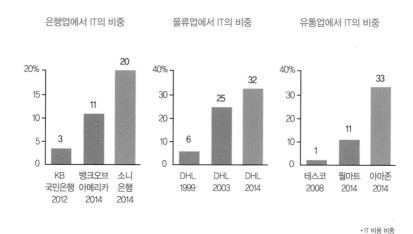

은행업에서 IT의 비중 · 물류업에서 IT의 비중 · 유통업에서 IT의 비중

• IT 비용 비중

중에서 IT에 투자한 비용은 3%에 불과했다. 하지만 이미 디지털화가 활발하게 진행 중인 미국의 대표적 은행 뱅크오브아메리카Bank of America는 2014년, 전체 비용 중에서 11%를 IT에 투자했고, 일본의 대표적 인터넷 은행인 소니은행Sony Bank의 경우 무려 20%를 IT에 투자했다. 특히 뱅크오브아메리카가 1년에 IT에 사용하는 비용은 무려 90억 달러(약 10조 원)에 달하는데, 대표적인 인터넷 기업인 구글Google이 데이터센터에 투자하는 비용이 1년에 120억 달러(약 14조 원)라는 점과 비교해보면 금융산업이 얼마나 디지털에 가까이 다가

• Fintech. 금융(Finance)과 기술(Technology)이 결합된 신조어다. 디지털 기술을 기반으로 한 새로운 금융 사업모델들을 의미한다.

가고 있는지 느낄 수 있다.

이처럼 많은 산업에서 디지털이 경쟁력의 핵심 요소로 자리잡고 있으며, 특히 선진 기업들은 경쟁력 강화 수단으로서 적극적으로 디지털을 도입하고 있다. 디지털 골든크로스가 이뤄지고 있는 이 시대에 기업들의 디지털 활용 비중이 앞으로도 지속적으로 증가할 것은 너무도 명확하다.

고정관념을 뒤엎은
대담한 기업들

단순히 IT를 조금 더 사용하고 새로운 디지털 기술을 조금 더 받아들이는 것이 중요한 게 아니다. 디지털 확산으로 일어나는 가장 핵심적인 변화는, 기존 산업과 기업들이 따르던 게임의 법칙을 뒤엎는 데 디지털이 강력한 역할을 한다는 점이다.

2014년 자동차산업의 선도주자라 할 수 있는 BMW가 새로운 전기차인 i시리즈를 출시했다. 기존 자동차 기업들 대부분이 기존의 내연기관 자동차에서 구동계만을 엔진에서 모터로 바꿔서 전기차를 개발하는 방식을 택한 반면, BMW는 나름 많은 고민 끝에 원점으로 돌아가 전기차를 개발했다. 차체의 경우 철강이 아닌 가볍고 단단한 탄소섬유 소재인 CFRP Carbon Fiber Reinforced Plastic로 새롭게 디자인하고 양산을 위해 전문업체인 SGL카본 SGL Carbon과 합작해 새 공장을 짓기까지 했다. 이러한 BMW의 노력은 업계에서 관심의 대상이었고,

출처: SGL그룹

BMW i3의 섀시. 성인 두 명이 들 수 있을 정도로 가볍다.

심지어 테슬라 같은 전기차업체들보다 더 혁신적인 시도로 받아들이는 시선도 있었다.

그해 테슬라 투자자 컨퍼런스에 모인 애널리스트들은 BMW의 전기차 시장 진입에 대해 많은 질문들을 던졌는데, 테슬라 경영진들은 이를 가볍게 받아넘겼다.

"BMW가 전기차 시대에 온 것을 환영한다. 우리와 같이 시대에 맞는 결정을 내린 것이다. 하지만 (전기차) 선배로서 한마디 하자면 아직 멀었다. (기존 사고방식으로는) 우리를 따라오긴 어려울 것이다."

이에 대해 자만이라고 이야기한 사람들도 있다. 하지만 테슬라가 그렇게 이야기할 수 있었던 데는 이유가 있다. 테슬라는 기존 자동차 기업들과는 근본적으로 다른 방식으로 접근하고 있기 때문이다. 기존 자동차 기업들이 기존 자동차에서 엔진만을 모터로 바꿨다면 BMW는 자동차 구조까지 바꾸며 한발 더 나아갔다. 하지만 테슬라는 여기서 한발이 아니고 여러 발 더 나아갔다.

우선 자동차라는 제품 자체를 재정의했다. 테슬라는 자동차를 하드웨어 중심의 기계 제품이 아닌, 스마트폰처럼 하드웨어와 소프트웨어가 유기적으로 결합한 디지털 디바이스로 정의 내렸다. 이러한 사고방식 덕분에 테슬라의 전기차들은 출시로써 제품 개선이 종료되는 것이 아니라, 출시 후에도 소프트웨어 업그레이드를 통해 지속적으로 성능을 향상시킬 수 있게 되었다. 기존 자동차 기업이었다면 출시 후 성능 개선이라 함은 심각한 하자가 발생한 부품을 교환하는 것 같은 리콜 개념 외에는 상상할 수 없는 일이었을 것이다. 2012년에 출시된 자동차에 2015년이 되어서 작은 기능도 아닌, 차를 운전자가 손대지 않아도 자동으로 주행하는 기능을 집어넣는 업그레이드, 그것도 고객이 자기 집에서 몇 번의 클릭과 30분의 다운로드만으로 끝낼 수 있는 손쉬운 업그레이드를 바라보면서 기존 자동차 기업들이 느꼈을 충격은 상상하기 어렵지 않다.

그뿐이 아니다. 핵심 부품들을 전자산업 관점에서 고민하고, 그에 맞는 원가 구조를 만들어냄으로써 기존 자동차업체들이 빠져 있던 고정관념에서 벗어났다. 앞서 이야기했듯 전자 부품 가격은 매우 급속하게 떨어진다. 과거 자동차업체들은 1년에 1~3% 남짓의 비용 절감을 부품업체들을 어르고 달래 겨우 만들어내다 보니 새로 출시한 신모델이나, 출시한 지 5년이 지나 모델 체인지를 앞둔 구형 모델이나 제조비용에 있어서는 큰 차이가 없어서 큰 고민 없이 가격을 매길 수 있다.

하지만 전자 부품의 경우 1년에 10%만 가격이 떨어진다고 가정

테슬라가 2015년 10월, OS 업그레이드를 통해 추가한 자동 운전 기능.

하더라도 신모델 출시 시점의 제조비용과 5년이 지난 시점의 제조
비용에는 50%가 넘는 차이가 발생하게 된다. 그래서 전자 기업들에
서는 신제품을 출시할 때는 마진이 없거나, 있더라도 미미한 수준으
로 가격을 매긴 후, 시간이 지나 제조비용이 낮아지는 시점부터 마
진을 벌충하는 경우가 흔히 있다. 한 예로 애플의 아이폰iPhone은, 매
년 가을 첫 출시 때의 제조비용과 한 해가 지나 모델 체인지를 앞둔
시점의 제조비용이 20% 가까이 차이 나는 것으로 알려져 있다.

테슬라는 이러한 전자제품으로서의 전기차에 맞는 가격과 원가
구조를 만들었다. 그리고 기존 자동차업체들과는 완전히 다른 원가
구조를 바탕으로 기존 기업들은 생각할 수도 없던 품질을 갖출 수
있게 되었다. 한 예로 2015년 발표한 신모델 '모델Xmodel X'에서 테슬
라는 자동차의 공조 파트를 완전히 새롭게 디자인했다. 이제 테슬라

의 자동차 내부 공기는 완전히 정화되어 병원 수술실 수준의 깨끗한 공기를 유지할 수 있게 되었다.

이러한 테슬라의 제품 경쟁력은 기존 자동차로서는 꿈꿀 수 없었던 수준의 만족도를 고객들에게 가져다주고 있다. 주력 차량인 모델 S는 미국의 가장 공신력 있는 소비자 단체인 컨슈머 리포트Consumer Report로부터 사상 최초로 100점 만점을 넘어 103점을 부여받았다. 자동차 안전도 평가 기관인 미국 NHTSA National Highway Traffic Safety Administration(고속도로교통안전청)의 안전도 평가에서는 5점 만점을 넘어 5.4점을 획득했는데 이 역시 사상 최고점이었다. 두 차례나 만점을 넘는 평가를 받았다는 사실 자체가 이미 테슬라가 지향하는 자동차라는 것이 기존의 고정관념을 훌쩍 뛰어넘었다는 것을 증명한다.

여기에서 한발 더 나아가 이러한 원가 구조의 이점을 극대화하기 위해 산업의 가치사슬에도 직접 손을 뻗고 있다. 핵심 부품 중 하나인 배터리 가격을 더욱 낮추기 위해 배터리업체인 파나소닉Panasonic과 합작하여 초대형 배터리 공장인 기가팩토리Gigafactory를 건설하고 있으며, 전기차 최대의 약점인 주행 거리 한계를 극복하기 위해 초고속 충전기를 갖춘 전기차 전용 충전소를 전 세계에 직접 건설하고 있다. 기존 자동차 기업들이 자신이 잘하는 영역에만 집중하고, 연구개발R&D의 많은 부분들을 보쉬Bosche, 컨티넨털Continental 등 1차 공급업체Tier 1 Supplier들에 의존하고 있는 것과는 완전히 다른 방향으로 움직이고 있는 것이다.

또한 제품뿐 아니라 제품을 생산하고 기업을 움직이는 프로세스마저도 원점에서 다시 고민했다. 설립 초기, 기업을 원활히 운영하기 위한 IT 인프라를 구축하기 위해 고민할 때였다. 당시 테슬라는 글로벌 ERPEnterprise Resource Planning(전사적 자원 관리) 솔루션의 독보적 강자인 독일 SAP와 자사의 ERP 구축에 대한 논의를 시작했다. 하지만 오래지 않아 테슬라의 경영진들은 SAP의 ERP 솔루션이 기존 자동차 기업들의 프로세스를 기반으로 하고 있다는 사실을 알아차렸고, 그걸로는 테슬라가 구현하고자 하는 전기차에 최적화된 프로세스를 제대로 지원하기 어렵다고 판단했다. 그리하여 2,500명이 넘는 소프트웨어 엔지니어들을 새로이 채용하여 ERP 솔루션, CRMCustomer Relationship Management(고객 관계 관리) 솔루션, 이를 뒷받침하는 클라우드Cloud 인프라 등 모든 IT시스템을 직접 구축하기로 결정하고 실행에 옮겼다. 여기에는 두 가지 큰 시사점이 있다. 첫 번째는 가치사슬과 프로세스에 있어 테슬라와 기존 자동차 기업 사이에는 매우 큰 차이가 있을 것이라는 점이고, 두 번째는 테슬라의 IT 역량이라는 것이 전문 IT 기업들과 큰 차이가 없을 것이라는 점이다. 테슬라의 자동차의 운영체계OS 역시 리눅스Linux를 기반으로 자체 개발한 것이다.

이처럼 테슬라는 제품, 이를 뒷받침하는 프로세스, 나아가 산업 전체 생태계까지 모든 것을 원점에서부터 새롭게 디자인해냈다. 기존 자동차 기업들의 게임의 법칙과는 완전히 다른 게임의 법칙을 들고 경쟁하고 있는 것이다. 과연 테슬라를 자동차 회사라 부르는 것이 적당한 것일까? 아마 디지털 기술을 기반으로 한 디지털 기업, 즉 디지털 엔터프라이즈라 부르는 것이 더 좋은 정의일 것이다.

테슬라만이 아니다. 유통산업의 새로운 도전자 쿠팡을 살펴보자. 쿠팡은 최근 수천억 원의 자금을 투자하여 자체 물류센터와 배송망을 구축하고 있다. 지금까지 국내 유통산업에서 고객 배송은 이미 전국에 널리 펴져 있는 택배 회사를 이용하는 것이 당연시되어왔다. 하지만 쿠팡은 자체적으로 물류센터와 배송망을 만들고 배송기사마저 정규직으로 채용하고 있다. 이를 두고 배송망에 거액을 투자하는 것이 낭비이며 무모한 시도라는 우려의 시각도 존재하지만 쿠팡의 움직임에는 흔들림이 없다. 이는 쿠팡이 추구하는 사업모델이 기존의 것들과는 근본적으로 다르기 때문이다.

전자제품, 책, 화장품 등 온라인 전자상거래에 적합하다고 여겨지는 상품들에 집중하고 있는 기존의 전자상거래업체들과는 달리, 쿠팡은 휴지, 기저귀, 식료품 등 이마트나 홈플러스 같은 오프라인 업체들이 주력하는 상품 영역에서 경쟁을 시도하고 있다. 그 기반에는 기존 오프라인 업체들이 수천억 원, 수조 원을 들여 오프라인 매장들을 건설하고, 매장 직원들을 고용함으로써 발생하는 막대한 비용을 절감하고, 대신 물류와 배송에 투자함으로써 고객 편의성에서 앞설 수 있다는 판단이 깔려 있다. 심지어 비싼 임금을 주고 고객의 문앞까지 상품을 배송하는 배송 직원들을 직접 고용하더라도, 이들을 통해 고객서비스의 품질을 높일 수 있고, 이에 감동한 고객들의 충성도를 통해 시장점유율을 늘릴 수 있다면 전체 비용 측면에서도 오프라인 업체들보다 경쟁력 있는 비용 구조를 갖출 수 있을 것이라는 판단인 것이다.

즉 상품 원가, 매장 고정비, 판매 인력 인건비 중심의 기존 오프라인 업체 비용 구조에, 쿠팡은 상품 원가와 배송비로 경쟁하겠다는 것이다. 여기에 촘촘한 물류 배송망을 통해 주문 후 수 시간 내에 어떠한 상품이든 배송할 수 있다면, 고객이 굳이 시간을 내서 매장을 방문하는 것보다 스마트폰 클릭 몇 번만으로 더 빨리 물건을 받아볼 수 있으니 고객 가치 측면에서도 더 낫다고 판단하고 있다. 이러한 새로운 게임의 법칙은 기존의 오프라인 업체들로서는 도저히 따라 하기 어렵다.

쿠팡은 오프라인 매장이 아닌 온라인을 통해 구현되는 서비스와 이에 최적화된 물류-배송 프로세스에 미래 유통의 경쟁력이 달려 있다고 보고 있다. 실제로 역량을 확보하는 데도 기존의 유통 인력보다는 IT 인력을 중심으로 조직을 불려가고 있고, 네이버나 다음 같은 디지털 기업 출신의 우수 인력들을 기존 연봉의 몇 배를 주고 영입하고 있다. 심지어 2014년에는 실리콘밸리의 빅데이터 스타트업인 캄씨CalmSea를 인수하기도 했다. 자, 쿠팡을 유통 기업이라고 부르는 게 맞을 것인가? 디지털 기업이라고 부르는 게 맞을 것인가?

디지털 엔터프라이즈란 무엇인가

이제 가장 중요한 문제를 생각해보자. 이러한 디지털 시대를 이끌어나갈 디지털 기업, 즉 디지털 엔터프라이즈란 어떠한 기업인가? 앞서 이야기한 바와 같이 디지털 엔터프라이즈란 디지털 기술을 활용, 기존 산업과 기업들이 따르던 게임의 법칙을 뒤집어엎고 새로운 게임의 법칙을 창출하는 기업을 의미한다.

디지털 엔터프라이즈란

- 디지털 기술을 활용하여
- 기존 산업의 가치사슬과 프로세스의 해체·재조합을 통해 새로운 사업모델을 구축하고
- 이를 통해 게임의 법칙을 새롭게 정의하고 경쟁하는 기업

이러한 디지털 엔터프라이즈들이 구축하는 새로운 사업모델은 크게 세 가지 관점에서 이해할 수 있다.

새로운 고객가치New product:

고객에게 전달하는 제품과 서비스를 통한 기존의 가치제언Value Proposition을 원점에서 재정의한다. 이는 제품이나 서비스를 디지털 기반으로 전환하는 동시에, 디지털로 인해 가능해진 새로운 가치들을 덧붙임으로써 이뤄질 수 있다.

새로운 프로세스New Process:

기존 산업의 프로세스를 디지털 기술을 기반으로 근본적으로 재설계한다. 특히 디지털 기술을 통해 모든 프로세스의 투명성을 높이고, 데이터에 기반한 의사결정 시스템을 도입함으로써 기존 프로세스에 존재하는 비효율을 없애는 동시에, 디지털로써 변화되는 새로운 수명 주기Lifecycle, 개발·생산 주기Lead time, 비용 곡선Cost curve 세 가지를 어떠한 관점으로 활용할 것인가가 중요하다.

표 1–9 디지털 엔터프라이즈

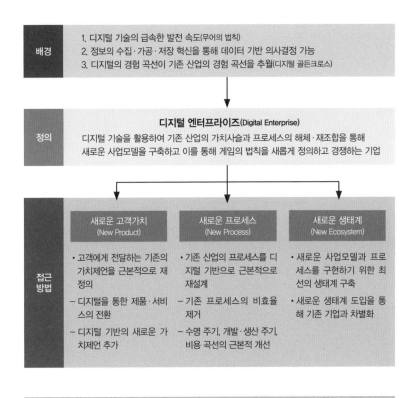

새로운 생태계New Ecosystem:

새로운 사업모델과 제품·서비스가 구현될 산업 전체 생태계를 원점에서 다시 구축하는 것이다. 특히 기존 기업들과 경쟁하기 위해서는 기존 기업들의 공급업체들로 구성된 기존 산업의 생태계를 뒤집어엎을 수 있는 접근이 요구된다.

다음 장에서는 실제 사례를 통해 디지털 엔터프라이즈들이 어떻게 사업모델을 재정의하고 게임의 법칙을 바꿈으로써 기존 산업을 뒤집어엎었는지 살펴보도록 하자.

2장

게임의 법칙은
어떻게 뒤집히고 있는가

디지털 엔터프라이즈가 새로운 단어일
수는 있으나 새로운 개념은 아니다. 디지털 기술을 활용하여 기존
산업의 게임의 법칙을 뒤엎고자 하는 시도는 오래 전부터 있었다.
다만 차이가 있다면 앞으로는 디지털 엔터프라이즈가 아니면 대부
분의 산업에서 살아남기 어려울 것이라는 점이다.

성공적인 디지털 엔터프라이즈들을 하나씩 살펴보면서 이들이
어떻게 새로운 고객가치New Product, 새로운 프로세스New Process, 새로운
생태계New Ecosystem 세 가지 각도에서 기존 기업들과의 경쟁을 뛰어넘
었는지를 이해해보자.

상품이 아닌 경험을 제공하라:
쿠팡과 아마존

디지털 엔터프라이즈가 만들어낸 유통산업의 새로운 게임의 법칙을 이해하기 위해서는 우선 유통산업이 어떻게 진화해왔는지 알아볼 필요가 있다. 디지털로 인한 유통의 진화는 크게 두 단계로 나누어 살펴볼 수 있다. 첫 번째는 온라인 전자상거래가 탄생한 2000년대의 진화이고, 두 번째는 모바일과 배송이라는 새로운 개념의 전자상거래가 등장한 2010년 이후의 진화다.

유통은 기본적으로 효율을 높이는 방향으로 진화해왔다. 보다 많은 물건을, 보다 저렴한 가격에, 보다 편리하게 구매할 수 있도록 말이다. 이러한 진화는 오프라인에서부터 시작되었다. 동네 구멍가게나 슈퍼마켓, 화장품 가게 등 영세 자영업자들이 각각 독립적으로 운영하던 유통업체가 대형 할인점, 기업형 슈퍼마켓처럼 대규모 자본에 기반하여 큰 물류 체계를 갖추고 여러 점포들을 운영하는 유통기업으로 진화했다. 이렇게 기업형으로의 진화가 이뤄지는 가운데, 2000년대 인터넷 확산과 더불어 전자상거래라는 진화가 더해지게 되었다.

전자상거래는 시간과 장소의 한계를 극복하고, 흔히 '롱테일Long-tail'로 설명되는 상품 구색의 무한한 확장을 통해 기존 오프라인 유통의 효율을 새롭게 개선시키며 빠르게 확산되었다. 그런데 전자상거래의 진화 형태는 오프라인 유통의 진화 정도에 따라 국가별로 차이를 보이고 있다. 선진화된 유통 기업들이 영세 유통업체를 이미

표 2-1 과거 유통산업의 진화

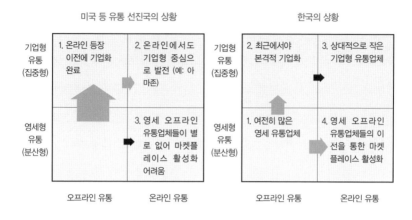

평정한 국가(미국, 영국 등 선진국)에서는 오프라인 유통 기업들과 직접 경쟁하는 아마존 같은 대형 온라인 유통 기업들이 중심이 되었다. 반면에 오프라인 유통의 진화가 늦어 수많은 영세 유통업체들이 남아 있던 국가(한국, 중국, 인도 등 개발도상국)들에서는 오히려 영세 유통업체들이 선진화된 유통 기업들과 경쟁하기 위한 수단으로서 온라인을 적극적으로 받아들이면서, 수많은 영세 유통업체들이 고객들과 연결할 수 있는 장터로서의 전자상거래, 즉 마켓플레이스Marketplace라 불리는 형태의 전자상거래가 주된 진화 방향이 되었다. 그 결과 미국에서는 아마존 같은 온라인 유통 기업, 한국에서는 지마켓, 옥션 같은 마켓플레이스들이 퍼스트 무버First Mover로서 시장을 장악하면서 오프라인을 잠식해나가고 있었다.

하지만 2010년쯤 다시 새로운 진화가 나타나게 된다. 시작은 기존 유통업체들과는 별로 관계가 없어 보이던 소셜커머스Social Commerce 기업들의 등장이었다. 2008년 미국 그루폰Groupon의 설립으로 본격화된 소셜커머스 기업들은 처음에는 음식점 할인 쿠폰이나 공연 티켓 등을 공동 구매 형식으로 온라인에서 판매하는 사업으로 시작되었다. 그루폰의 사업모델을 차용한 티켓몬스터, 쿠팡 같은 한국 기업들도 처음에는 쿠폰이나 티켓을 주거래 대상으로 삼았다. 영세 오프라인 매장들의 신규 고객 유입 수단으로 빠르게 확장되던 소셜커머스는 오래지 않아 성장 한계에 부딪치면서 새로운 영역, 새로운 사업모델을 탐색하게 되는데, 바로 기존 마켓플레이스의 영역이었다.

마켓플레이스에서 다양한 상품들을 판매하던 판매자들이 딜Deal 이라는 형태로 한 번에 대규모 물량을 떨어낼 수 있는 소셜커머스의 판매 방식에 주목하게 되면서 기존의 유통 영역에 발을 내딛게 된 것이다. 나아가 소셜커머스업체들은 영리하게도 한정된 시간 동안 한정된 물건을 저렴하게 판매하는 딜이라는 특성을 활용하여 모바일 시장을 선점했다.

스마트폰의 확산으로 인해 PC 기반 전자상거래가 모바일커머스로 진화할 것이라는 예측은 오래 전부터 있었으나, 2010년까지만 하더라도 이를 성공적으로 구현한 사업모델은 존재하지 않았다. 스마트폰의 좁은 화면과 제한된 인터페이스로 인해, PC 모니터에 맞춘 커다란 화면에 수많은 상품들을 늘어놓고 소비자가 원하는 걸 선택하게 하던 기존의 전자상거래 방식이 모바일커머스에 적절하지 않았기 때문이다. 하지만 소셜커머스업체들은 제품 카테고리마다 무수한 상품을 늘어놓고 고객에게 고르게 하는 방식을 탈피해, 미리 정해둔 단 하나의 상품을 딜이라는 형태로 판매했기 때문에 모바일이라는 새로운 인터페이스에 훨씬 잘 들어맞았다. 그렇게 쿠팡과 티켓몬스터는 모바일커머스 시장이라는 새로운 영역을 선점하며 유통 시장에서 점유율을 빠르게 넓혀 나갔다.

주목해야 할 점은 그루폰을 필두로 전 세계에 우후죽순으로 생겨난 소셜커머스업체들 중에서 이렇게 유통에서의 성공적인 진화를 달성한 업체는 한국의 쿠팡과 티켓몬스터뿐이라는 것이다. 이는 전자상거래로의 진화 형태와 맞물린다. 즉 온라인 마켓이 마켓플레이스 중심으로 진화한 한국에서는 딜이라는 모바일과 소셜커머스에 적합한 판매모델에 상품을 판매하고자 하는 공급업체들이 충분했던 반면, 이미 오프라인 마켓에서 기업화가 이뤄진 미국에서는 모바일커머스로 진화할 기반이 존재하지 않았다. 소셜커머스 선도 업체인 그루폰은 심지어 한국의 티켓몬스터를 자회사로 가지고 있었음에도 한국에서의 성공 사례를 자사에 옮겨 심는 데 실패하여 쇠락의 길을 걷고 있다.

최근 쿠팡은 여기서 한발 더 나아간 사업모델을 전개하고 있는데, 바로 배송 내재화다. 쿠팡은 모바일커머스에서의 성공에 그치지 않고 전체 유통산업에서 선도주자가 될 방법을 고민했고, 온라인을 뛰어넘어 오프라인 유통 기업의 시장점유율을 빼앗아오기 위한 사업모델을 시도하고 있다. 유통이라는 것이 결국은, 보다 저렴하게, 보다 편리한 방법으로 고객에게 상품을 전달해주는 것이라는 본질을 고려할 때, 오프라인이 할 수 없는 방식으로 게임의 법칙을 정의하고자 하는 것이다.

이를 위해 쿠팡은 전체 비용 구조 면에서 오프라인 유통업체 대비 낮은 비용을 가지면서도 고객에게 더 나은 편의와 가치를 제공하기 위한 방안으로 배송의 내재화를 선택했다. 큰돈을 들여 수천 명의 배송 직원을 직접 고용했다. 그리고 보다 빠르게 고객에게 상품을 전달하는 '로켓배송'이라는 콘셉트를 실현하기 위해서, 기존의 중개형 사업모델에서 벗어나 직접 재고 부담을 안고 상품을 구매하였다가 주문 즉시 배송하는 직매입형 모델로 전환했다. 이는 장기적

표 2-2 유통산업의 진화 경로

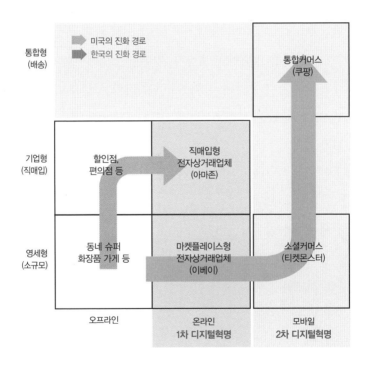

관점에서 매우 의미 있는 진화라 할 수 있다. 유통산업의 진화가 효율성 증가라는 큰 방향성에서 이뤄지는 것이라 볼 때, 영세 유통업자 중심으로 이뤄지는 마켓플레이스 모델은 중장기적으로는 충분한 경쟁력을 갖추기 어렵기 때문이다.

결론적으로 쿠팡이 추구하고 있는 사업모델은 유통산업의 진화 관점에서 가장 앞서 있는 모델이라 볼 수 있다. 물론 성공하기까지 막대한 자금을 투자해야 하는 등 운영상 난제들이 있겠으나, 이를 잘 관리해나간다면 전체 유통산업을 뒤엎을 수 있을 것으로 기대된다. 그리고 실제로 쿠팡뿐 아니라 아마존 같은 선진국의 전자상거래 업체들도 최근, 배송의 발전이 진화를 위해 필요하다고 보고, 드론Drone을 이용한 배송 기술을 개발하는 등 동일한 사업모델로의 진화를 시도하고 있다. 유통산업의 진화와 방향성에 대해 큰 그림을 그려보았으니, 이제 아마존과 쿠팡을 디지털 엔터프라이즈라는 관점에서 한번 살펴보자.

게임의 법칙:

디지털 엔터프라이즈로서 아마존은 무엇보다 게임의 법칙을 재정의했다. 과거에는 '고객들이 편하게 찾아와 원하는 상품을 직접 선택하여 구매할 수 있도록 접근이 편리한 오프라인 매장과 다양한 상품을 진열할 수 있는 레이아웃을 구축하는 것'이 유통산업의 게임의 법칙이었다면, 아마존은 '고객에 대한 깊은 이해를 바탕으로 유통업체가 선제적으로 추천한 상품을, 온라인을 통해 편리하고 신속하게 집에서 받아볼 수 있도록 하는 것'으로 게임의 법칙을 정의

아마존이 직접 운영하는 식료품 배송 서비스인 아마존 프레시(위)와
무인 배송을 위해 개발 중인 드론.

했다. 새로운 게임의 법칙은 기존의 오프라인 업체들이 추구해오던
것과는 큰 차이가 있고, 심지어 오프라인 업체들로서는 도저히 따라
할 수 없는 것들이다.

　중요한 것은 이렇게 정의한 게임의 법칙을 바탕으로 아마존이나

표 2-3 디지털 엔터프라이즈들이 새롭게 정의한 유통산업의 게임의 법칙

게임의 법칙	Back-end 운영	MD	Front-end 서비스
기존 기업 오프라인에 풍부한 상품 구색을 갖춰놓고 고객들이 직접 찾아와 선택·구입(이마트, 월마트, 롯데)	• 저임금 노동력을 통한 효율성 개선 • 오프라인 매장 운영에 집중된 프로세스	• 다양한 상품의 안정적 소싱에 초점 • MD의 카테고리 순환 근무	• 점포 내 고객 서비스 개선에 초점. 그러나 오프라인만으로는 한계 존재
디지털 엔터프라이즈 고객에 대한 깊은 이해를 바탕으로 추천한 상품을 고객이 온라인에서 구매·배송(아마존, 쿠팡)	• 완전 자동화 무인 창고 • 개별 점포 필요 없어 규모 확장 제한 없음 • 직매입과 배송까지 내재화함으로써 운영 효율성 극대화	• 상품 구색 측면에서 온라인을 통한 롱테일 구현 • 카테고리 전문성과 데이터 분석 기반 고객 이해를 통한 큐레이션에 초점	• 배송뿐 아니라 제품 전시·추천 등을 통해 고객 니즈 정확히 충족 • 매장 운영비 등 전통적 비용을 배송 등 차별화 서비스에 투입

쿠팡 같은 디지털 엔터프라이즈들은 제품과 서비스, 프로세스, 생태계를 디지털 기술의 힘을 빌려 근본적으로 뜯어 고쳤다는 점이다.

새로운 고객가치:

아마존은 오프라인에서는 불가능한 서비스를 보다 나은 고객 편의를 위해서 새롭게 제공함과 동시에, 오프라인과는 다른 비용 구조에서 오는 저렴한 가격을 제공함으로써 새로운 고객 가치를 창출하고자 한다. 이를 위해 미국 우정국과 다양한 협력, 신속한 배송을 위한 식료품 배송 내재화(아마존 프레시), 드론 같은 신기술 도입 등 배송에 지속적인 혁신을 시도하고 있다.

두 번째로 구매 과정에서 편의성을 높이기 위해 다양한 디지털 기술을 도입하고 있다. 파이어플라이FireFly는 고객이 스마트폰으로 물건을 찍으면 그 상품의 온라인 판매 페이지로 바로 연결시켜준다. 대시Dash는 주로 반복 구매가 이뤄지는 휴지, 세제 같은 생필품 옆에 붙여놓는 작은 디지털 디바이스로, 고객이 필요할 때 버튼을 누르기만 하면 자동으로 주문이 된다. 에코Echo는 음성 인식 기술을 바탕으로 한 디바이스로, 간단한 말 몇 마디만으로 주문할 수 있게 만들었다.

세 번째로 고객의 니즈를 깊이 있게 이해하고 자극하고자 한다. 아마존은 다양한 고객 정보와 구매 이력들을 분석해서, 특정 고객이 어떤 상품을 좋아하고 구매할지 미리 예측해 판매 촉진에 활용한다. 머신러닝 기반의 상품 추천 엔진을 통해, 고객 개개인이 접속할 때마다 각자가 구매하고 싶어 할 상품들을 제시해주는데, 전체 매출의 30% 이상이 이를 통해 이뤄지는 것으로 알려지고 있다. 그뿐 아니라 특정 고객의 구매 패턴을 분석해서 제품을 재구매할 시기가 다가오면 상품을 미리 근처 물류센터에 준비시켜두어 배송 시간을 단축하기까지 한다. 쿠팡의 경우 배송 직원을 직접 고용함으로써 배송 서비스의 품질을 향상시키고 있다. 이러한 새로운 고객경험들은 오프라인과는 다른 새로운 가치를 제공함으로써 고객 충성도와 시장 점유율을 높이는 가장 중요한 수단이 되고 있다.

(왼쪽 위부터 시계 방향) 아마존 파이어플라이, 아마존 대시, 쿠팡 배송 직원, 아마존 에코.

새로운 프로세스:

쿠팡과 아마존은 이러한 새로운 고객 가치를 전달하기 위해서 디지털을 이용해 전체 프로세스를 근본적으로 혁신하고 있다. 단순히 고객 접점뿐 아니라, 그 뒤에서 이뤄지는 복잡다단한 오퍼레이션에 더 많은 디지털 기술들이 이용되고 있다. 엄청나게 쏟아지는 주문과 물류를 원활히 처리하기 위해 데이터를 저장하고 처리하는 데이터 센터와, 다양한 상품들을 적재하고 발송하는 물류 창고 관련 기술에서 아마존은 세계적으로 독보적인 입지에 올라 있다. 아마존은 클라우드 서비스를 대규모로 구현해낸 최초의 기업이며, 아마존의 창고는 3만 대 이상의 로봇이 움직이는 자동화를 통해 기존 창고 대비 20~40% 비용을 절감해낸 세계 최고로 효율적인 창고다. 아마존은 자체적인 IT 기술로 '기획 – 공급자 관리 – 물류 – 고객 주문 – 배송'에 이르는 전체 프로세스를 구축해냈고, 이는 산업 최고 수준이며 극한의 효율성*을 달성한 것으로 평가받고 있다.

새로운 생태계:

새로운 고객가치와 새로운 프로세스 구축에 필요한 디지털 기술과 역량을 확보하기 위해 아마존은 다각도의 노력을 기울이고 있다. 프로세스를 개선하는 데 도움이 되는 신기술들을 적극적으로 탐색하며 가능성이 보이는 많은 스타트업들에 초기 투자를 하고, 가치가 확실한 기술을 가지고 있는 회사는 직접 인수하기도 한다. 2012년, 물류 로봇 전문 개발업체인 키바시스템스Kiva Systems를 7억 7500만 달러(약 9천억 원)에 인수함으로써 세계에서 가장 앞선 무인 물류 창고를 운영할 수 있게 되었다. 그 외에도 SSD 같은 클라우드의 핵심 부품에서 전자지도업체에 이르기까지 다양한 디지털 기술에 투자하고 있다.

가치사슬 면에서도 주변 다양한 업체들을 끌어들이기 위해 노력

---

* 아마존은 효율을 극대화하기 위해 프로세스의 구석구석까지 더 깊이 파고들고 있는데, 예를 들면 최근에는 해운으로의 진입을 검토하고 있다. 이미 탁월함을 인정받은 창고·물류 로봇과 자동화 기술을 활용하여 기존 컨테이너 부두를 완전히 뒤바꾸고 효율을 더욱 끌어올림으로써 중국에서 더 많은 상품을 더 저렴하게 가져오겠다는 것이다. 아마존은 프로세스 곳곳에서 효율을 극대화하기 위해 끊임없이 노력하며, 유통과 물류산업을 근본적으로 뜯어고치고 있다.

아마존의 무인 창고와 물류 로봇 키바.

하고 있다. 예를 들어 자사가 구축한 선진 물류·배송 시스템을 아마존 물류 대행 서비스Fulfillment by Amazon를 통해 외부 유통업체들이 활용할 수 있도록 하였으며, 그 상품을 아마존에도 진열함으로써 고객의 원스톱 쇼핑 니즈를 충족시키고 있다.

마지막으로 생태계의 핵심, 공급에도 손을 뻗고 있다. 아마존과 쿠팡은 다양한 상품 공급업체들을 적극적으로 끌어들이고 있을 뿐 아니라, 나아가 자체 브랜드Private Brand; PB까지 만들며 상품 차별화에도 공을 들이고 있다. 오프라인의 강점이 오랫동안 쌓아온 소싱 네트워크라는 점을 감안하면, 온라인 고객 데이터베이스를 주축으로

표 2-4 아마존의 사업모델

법칙의 재정의	오프라인에 다양한 제품 구색을 갖추어 고객들이 직접 찾아와 선택해서 구입	고객에 대한 깊은 이해를 바탕으로 추천된 상품을 온라인에서 구매·배송

고객가치 오프라인이 할 수 없는 편의를 지속적으로 창출	프로세스 디지털 역량 내재화를 기반으로 극한의 효율 추구	생태계 다각도의 개방형 혁신 생태계 구축

• 배송의 지속적 혁신
  – 배송 단축 노력 지속
  – 드론 등 새로운 도구 개발
• 주문 과정 편의성 증진
  – 아마존 파이어플라이, 대시, 전화기 등 고객 UX 혁신 지속
• 고객 니즈를 지속적으로 자극
  – 머신러닝 기반 추천을 통해 매출 30~40% 창출
  – 고객 과거 구매 패턴을 통해 사전 예측하여 배송 시간 단축 등

	전체 프로세스와 IT 시스템을 아마존에서 전면 자체 개발
	
	• IT 활용, 오프라인 대비 효율성 차별화에 총력
	  – 전 프로세스의 자체 개발
	  – 물류센터 자동화로 비용 20~40% 절감(현재 11개 창고에서 로봇 3만 대가 물류 작업)
		• 디지털 역량을 위해 다수의 스타트업 인수·투자·제휴 등 개방형 혁신 추진
		  – 디지털 콘텐츠, 창고 물류 시스템 등 핵심 역량 관련 기업은 직접 인수(키바시스템스 등)
		  – 클라우드 개발을 위해 다양한 IT 기업들과 공동 개발 프로그램 운영
		• 원스톱 쇼핑 제공을 위해 다수의 외부 유통업체들을 입점시키고, 이들의 편의를 위한 플랫폼 제공
		  – 외부 유통업체들도 'Fulfillment by Amazon(물류)' 'Amazon Payment(결제)' 등 플랫폼 활용 가능
		  – 다양한 형태의 숍인숍 서비스 시도

상품 차별화에 성공할 경우 아마존과 쿠팡은 유통산업을 넘어 소비
재산업까지 지배할 수 있을지도 모른다.

결론적으로 오프라인 기업들이 지배하던 유통산업에 뛰어든 디

지털 엔터프라이즈들은 제품과 서비스를 통해 고객 가치를 새롭게 정의하고, 디지털 기술에 기반하여 프로세스를 최적화하면서, 이를 뒷받침할 수 있는 생태계를 구축함으로써 게임의 법칙을 근본적으로 변화시키고, 기존의 오프라인 업체로서는 도저히 따라올 수 없는 입지를 굳혀나가고 있다. 디지털 엔터프라이즈들이 유통산업 전체를 지배할 날이 멀지 않은 것으로 보인다.

감각보다 데이터를 믿어라: 자라

디지털 엔터프라이즈들이 전통 강자들을 흔들고 있는 산업을 말할 때 패션산업도 빼놓을 수 없다. 저렴한 가격으로 패션업계를 흔든 자라Zara에 대해 알고 있는 사람은 많지만, 이 회사를 디지털 엔터프라이즈로 생각하는 사람은 드물다. 하지만 자라는 디지털 기술을 통해 기존 산업을 뒤엎은 대표적인 회사다.

게임의 법칙:

과거 패션산업은 디자이너를 중심으로 한 산업이었다. 천부적인 감각과 직관을 가진 예술가인 디자이너들이 새로운 아이디어를 내고, 이를 기반으로 패션업체가 고객의 니즈를 자극하는 방식으로 시장이 움직여왔다. S/S(봄 여름) 시즌과 F/W(가을 겨울) 시즌의 반년 주기로 새로운 의상이 출시되었으며, 최소 6개월 전에 제품 디자인을 완료하여 패션쇼를 열고, 해당 시즌에 판매할 제품 전량을 미리 제작하여 재고로 쌓아놓고 판매를 시작했다.

신제품 가운데 제값에 팔리는 것은 절반이 채 되지 않았고, 시간이 지남에 따라 조금씩 세일 폭을 늘려가다가 시즌이 종료되면 헐값에 처분하는 것이 일반적이었다. 어쩌다 잘 팔리는 제품은 순식간에 동이 나버려, 더 팔고 싶어도 팔 수 없는 기회손실까지 발생했다. 그러다 보니 가격을 정할 때 세일해서 팔릴 상품, 떨이 처분할 것까지 감안해야 하여, 원가에 훨씬 높은 마진을 붙일 수밖에 없었다. 매우 비효율적으로 보이지만 패션산업계는 이러한 사업모델을 당연하게 여기며 수십 년간 운영되어왔다.

자라는 달랐다. 자라의 창업자 아만시오 오르테가Amancio Ortega는 이러한 비합리성을 깨뜨리고자 새로운 사업모델을 고안해냈다. 그는 고객 니즈를 디자이너나 회사가 이끌 수 있다는 것을 믿지 않았고, 고객이 실제로 구입하는 의류를 보고 판단해야 한다고 생각했다. 실제로 자라는 새로운 디자인 제품을 극소량만 시험적으로 생산하여 출시한 뒤, 매장에서 실제 판매되는 데이터를 수집하여 잘 팔리는 제품만을 추가 생산하는 방식으로 운영된다. 그러다 보니 큰 폭으로 세일하지 않아도 재고를 최소화할 수 있을 뿐 아니라, 잘 팔리는 제품을 더 많이 제작해 판매할 수 있어 기회손실이 발생하지 않는다. 결과적으로 생산 원가에 적정한 수준의 마진만으로도 충분히 가격을 매길 수 있어, 기존 패션산업 사업모델을 따르는 회사보다 훨씬 저렴한 제품을 판매할 수 있게 되었다. 자라는 전 세계를 선도하는 패션 브랜드로 자리 잡았고, 창업자인 오르테가는 세계 2위의 부자

표 2-5 **자라의 사업 프로세스와 IT시스템**

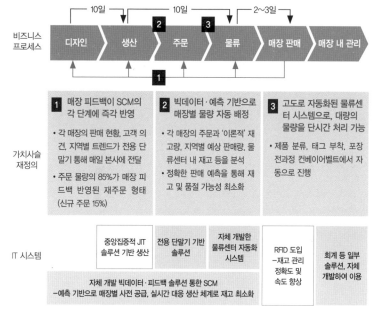

비즈니스 프로세스

┌─ 10일 ─┐ ┌─ 10일 ─┐ ┌─ 2~3일 ─┐

디자인 〉 생산 ②〉 주문 ③〉 물류 〉 매장 판매 〉 매장 내 관리

①

가치사슬 재정의

① 매장 피드백이 SCM의 각 단계에 즉각 반영	② 빅데이터·예측 기반으로 매장별 물량 자동 배정	③ 고도로 자동화된 물류센터 시스템으로, 대량의 물량을 단시간 처리 가능
• 각 매장의 판매 현황, 고객 의견, 지역별 트렌드가 전용 단말기 통해 매일 본사에 전달 • 주문 물량의 85%가 매장 피드백 반영된 재주문 형태 (신규 주문 15%)	• 각 매장의 주문과 '이론적' 재고량, 지역별 예상 판매량, 물류센터 내 재고 등을 분석 • 정확한 판매 예측을 통해 재고 및 품절 가능성 최소화	• 제품 분류, 태그 부착, 포장 전과정 컨베이어벨트에서 자동으로 진행

IT 시스템

중앙집중적 JIT 솔루션 기반 생산	전용 단말기 기반 솔루션	자체 개발한 물류센터 자동화 시스템	RFID 도입 -재고 관리 정확도 및 속도 향상	회계 등 일부 솔루션, 자체 개발하여 이용

자체 개발 빅데이터·피드백 솔루션 통한 SCM
-예측 기반으로 매장별 사전 공급, 실시간 대응 생산 체계로 재고 최소화

▨ 자라가 직접 구축·내재화한 영역

JIT(Just in Time): 적기에 공급과 생산을 진행해 재고비용을 최소화하는 생산 방식.
RFID(Radio Frequency Identification): 초소형 IC칩에 담긴 정보를 무선 주파수를 이용해 읽는 기술로, 공장에서부터 소비자가 물건을 집는 순간까지 전 과정을 추적할 수 있다.

가 되었다.*

새로운 게임의 법칙을 현실화하기 위해서 자라는 디지털 기반의 새로운 프로세스를 만들었다. 디지털 엔터프라이즈로서 자라의 접근 방법을 살펴보자.

• 2015년 10월에는 잠시, 빌 게이츠(Bill Gates)를 추월해 전 세계 1위 부자가 되기도 했다.

새로운 고객가치:

제품과 서비스를 재정의했다. 재고 비용과 품절로 인한 기회손실을 제품 가격에서 제외함으로써 가격 차별화를 시도했다. 또한 제품 디자인과 상품 구색을 미리 정하지 않고 고객 니즈에 따라 지속적으로 업데이트해야 하는 것으로 정의함으로써 고객이 느낄 가치를 높였다. 일례로 일반적인 패션 브랜드가 선보이는 아이템은 1년에 2천~4천 개 수준이나, 자라는 고객 반응을 반영한 지속적인 개선으로 1년에 만 개 이상의 아이템을 선보인다. 기존 브랜드들은 자신들의 디자인을 알리기 위해 엄청난 돈을 광고에 쏟아 붓는 반면, 자라는 광고를 거의 하지 않는다. 이 모든 것들이 품질은 같아도 훨씬 저렴하면서도 고객의 니즈가 속속들이 반영된 제품을 선보일 수 있는 배경이 되었다.

새로운 프로세스:

이러한 새로운 제품과 서비스를 구현할 수 있도록 모든 프로세스를 원점에서 다시 설계했다. 우선 디자인과 상품 구색에 대한 의사결정 방식을 바꿨다. 자라의 디자이너는 독자적으로 일하는 것이 아니고 시장 데이터를 분석하는 시장 분석가와 1대1로 협업하여 디자인 의사결정을 내린다. 이를 위해 자체 개발한 판매 관리 시스템 등 IT 시스템을 통해 전 세계 매장에서 이뤄지는 판매 데이터를 실시간으로 집계하고, 수요를 예측할 수 있도록 했다. 그리고 신규 주문이 들어온 뒤 전 세계의 매장에 진열하기까지 걸리는 시간을 최소화하기 위해 생산 체계를 유연화하고 공급망을 IT 기반으로 고도화함으

표 2-6 **자라의 사업모델**

법칙의 재정의	우선 제품을 디자인하고 생산한 후에 고객에게 PUSH		고객 니즈를 확인하여 생산하는 PULL
고객가치 재고비용·완판 기회 손실을 제품 가격에서 제외 근본적 가격 차별화	**프로세스** 새로운 가격 제도를 가능하게 하는 IT기반 프로세스 재구축		**생태계** 단순 비용절감이 아닌 시간 단축에 초점을 맞춘 생태계
• 제품의 가격 책정에 대한 접근 방법을 근본적으로 변경 - 제조원가＋재고비용＋기회 손실 비용의 제품 가격이 아닌 제조원가＋판매비·일반 관리비로 이뤄진 제품 가격 - 기존 모델 대비 50% 이상 절감 • 제품 디자인을 사전에 정의 해두지 않고 고객 니즈에 맞춰 디자인과 제품 구색 실시간 업데이트	• 제품 디자인을 디자이너의 독자적인 판단이 아닌, 실시간 집계되는 고객 데이터를 토대로 시장 분석 담당자와 1:1 공동 개발 "우리 사업모델은 간단하다. 고객과 디자인, 또 디자인과 생산을 직접 연결시킨 것뿐이다."_창업자 • 자체 개발한 IT 시스템을 통해 실시간으로 판매 데이터 집계, 수요를 예측함으로써 재고 최소화 • SCM 고도화를 통해 생산부터 매장 진열까지 최소화(10일 이내)		• 중국 등 저가 생산 기지에 의존하는 기존 의류업체와는 달리 스페인에 핵심 생산 기지를 둠 - 시장에 대한 신속한 대응에 초점 • IT 기능의 상당 부분을 내재화하고 시스템 대부분 자체 개발

로써 주문부터 매장 진열까지 시간을 10일 이내로 단축시켰다. 이러한 프로세스에 대해 오르테가는 다음과 같이 말한다.

"우리 사업모델은 간단합니다. 고객과 디자인, 디자인과 생산을 직접 연결시킨 것뿐입니다."

하지만 이 간단해 보이는 사업모델을 통해 자라는 전 세계 어떤 패션 기업도 해내지 못한 왕국을 완성해가고 있다.

새로운 생태계:

이러한 제품과 서비스, 프로세스를 뒷받침할 수 있도록 생태계도 다시 구축했다. 지금껏 패션업계에서는 비용을 줄이는 데 초점을 맞춰 생태계가 이뤄져 왔다. 따라서 중국, 베트남, 방글라데시처럼 인건비가 싼 곳을 찾아 공장을 옮기고, 더 저렴한 곳에 하청을 주는 구조가 일반적이었다.

하지만 판매 6개월, 1년 전부터 제품을 생산하는 패션업계의 일반적인 방식과는 달리, 주문에서 판매까지 10일 내에 끝내야 하는 자라는 본사가 있는 스페인에서 대부분 제품을 생산한다. 즉 비용이 아닌 시간에 초점을 맞춰 생태계를 구축한 것이다. IT 시스템의 경우에도 프로세스에 최적화된 솔루션을 위해서 대부분을 자체 개발했다.

자라는 기존 패션업계의 게임의 법칙을 완전히 바닥부터 뒤집어 새로운 게임의 법칙을 만들어냄으로써 큰 성공을 거두었는데, 이를 가능하게 한 데는 디지털 기술의 공이 매우 크다. 자라는 패션업계의 대표적 디지털 엔터프라이즈다.

자동차는 기계가 아니다:
테슬라

앞서 살펴보았던 테슬라도 디지털 엔터프라이즈라는 관점에서 간단히 정리해보자.

게임의 법칙:

기존 자동차 기업들은 자동차를 하드웨어로 규정했다. 그리고 핵심 부품 중 상당 부분은 외부 업체에 맡기고 디자인과 마케팅에 집중했다. 5~7년 주기로 새로운 기능들을 추가한 신모델을 발표하며, 이를 구모델보다 비싼 가격에 판매하는 것으로 사업을 운영해왔다.

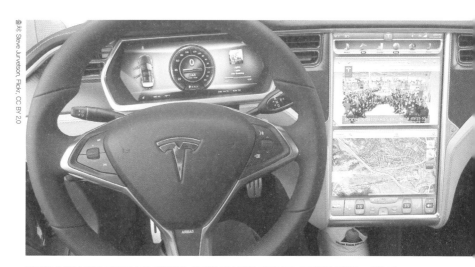

출처: Steve Jurvetson, Flickr, CC BY 2.0

자동차가 아닌 전자 디바이스의 개념에서 설계된 테슬라의 대시보드. 17인치에 달하는 대형 터치스크린 디스플레이를 장착해, 태블릿을 조작하는 것과 유사한 방식으로 자동차의 기능들을 이용할 수 있다.

하지만 테슬라는 자동차를 하드웨어와 소프트웨어가 결합한 디지털 디바이스로 새롭게 정의하였다. 그리고 기존 자동차산업의 경험곡선Experience Curve이나 비용 구조가 아닌 전자산업의 경험곡선과 비용 구조를 적용하는 사업모델로 변화시킴으로써 자동차산업을 뒤집고 있다.

새로운 고객가치:

테슬라는 기존 자동차의 구조와 제조 방식에 얽매이지 않고 제품의 기능을 원점에서 재정의하고 있다. 기존 자동차 회사는 수십 년 간 흘러온 방식으로, 기존 차량의 구조와 기능들을 비판 없이 받아들이고 설계해왔지만, 테슬라는 전기차라는 새로운 디바이스가 고객에게 왜 필요하며, 어떤 기능이 구현되어야 하는지부터 접근함으로써 기존 자동차들이 놓치고 있던 많은 것들을 끄집어냈다. 아마 다른 자동차 회사였다면 기존 자동차보다 500배 좋은 공기정정 기능은 단번에 쓰레기통으로 들어갈 아이디어였을 것이다.

소프트웨어 중심의 전자 디바이스로 제품을 정의함으로써 소비자들은 완전히 새로운 가치를 전달받을 수 있게 되었다. 수년 전에 구매한 차가 6개월마다 지속적으로 업그레이드되는 것은 매우 즐거운 경험일 것이 분명하다. 이렇게 다양한 가치 창조가 가능한 것은 테슬라의 비용 구조가 기존 자동차 회사와는 근본적으로 다르기 때문이다. 주요 부품들의 가격이 매해 수십 퍼센트씩 떨어질 것이라는 확신이 있다면, 굳이 출시 첫 해부터 마진을 확보하기 위해 여러 가지 기능을 희생시키지 않아도 되기 때문이다.

표 2-7 **테슬라의 사업모델**

법칙의 재정의	생산과 부품은 외부 업체에 맡기고 하드웨어 기반 신제품을 5~7년마다 개발하여 더 비싸게 판매		디지털화된 전 공정과 생태계를 내재화하고 소프트웨어 기반으로 지속적으로 개선하면서 가격도 절감

고객가치	프로세스	생태계
소프트웨어 중심의 디지털 디바이스	디지털 역량 내재화를 기반으로 극한의 효율 추구	다각도의 오픈이노베이션 생태계 구축
• 제품 기능 자체를 원점에서 재정의 – 기존 차량의 공조와는 다른 공기 정화 기능을 설계, 병원 수준의 실내 공기 정화 • 소프트웨어 중심의 디바이스 구축 – 제품 출시로 모든 개발이 종료되는 것이 아니라 출시 이후에도 소프트웨어 업그레이드를 통해 지속적으로 제품 개선 • 디지털의 비용 곡선 – 매해 급속한 수준으로 성능 향상과 가격 하락	• 제품을 모듈화시켜 분산 개발 후 통합하는 보텀업 방식이 아닌 전체 아키텍처 설계에서부터 시작하는 탑다운 방식의 개발 프로세스(소프트웨어 개발 방법론 도입) • 공정을 완전 자동화하고, 디지털 기반으로 재설계 – ERP, CRM 등 새로운 프로세스에 최적화된 방식으로 자체 구축 – 공장 내 물류·생산 시스템 자체 기술로 구축 • 온라인 중심 판매·마케팅 진행	• 디지털의 비용 곡선 달성을 위해 새로운 전기차에 맞는 독자적 생태계 구축 • 전기차 시장 전체의 파이를 키우기 위해 모든 특허를 공개하는 등 개방형 혁신 추구 • 제품 혁신을 위해 필요한 경우 핵심 기능 내재화 – 기가팩토리를 통해 배터리 가격 낮추려는 노력 극대화 – 솔라시티(태양광 발전회사)와 급속 충전소까지 직접 구축

새로운 프로세스:

테슬라는 제품 설계와 생산에 있어서도 기존의 방식과 크게 다른 프로세스를 택했다. 기존 자동차들은 하나의 제품을 여러 조각으로 모듈화시켜 여러 곳에서 분산 개발한 뒤 이를 합치는 보텀업Bottom-up 방식으로 설계가 이뤄진다. 하지만 테슬라는 제품 전체 아키텍처를 완벽하게 정립한 후 모듈 단위로 설계하는 탑다운top-down 방식의 소프트웨어 개발 방법론을 적용했다. 생산 공정에 있어서도 유연한 생산이 가능하도록 디지털 기술을 활용하여 공장 내 물류·생산 시스템을 완전히 자동화했다. 판매·마케팅 역시 기존 오프라인 영업망 중심이 아닌 온라인을 중심으로 새롭게 구축했다.

새로운 생태계:

테슬라가 특히 중요하게 여긴 것은 전기차 생태계의 구축이다. 기존 자동차산업이 100년 넘게 구축해온 생태계와 경쟁하기 위해 자동차 생산뿐 아니라 핵심 부품인 배터리를 제작하는 공장인 기가팩토리, 이용 편의성을 높이기 위한 전기 충전소, 나아가 충전소에서 사용할 전기를 생산하는 태양광 발전소인 솔라시티Solar City까지 직접 구축했다. 급기야 전기차 시장 전체를 키우고자 2015년, 자사가 보유하고 있는 모든 전기차 관련 특허들을 무상으로 공개했다.

테슬라는 새로운 제품과 서비스, 프로세스, 생태계를 구축하며 이미 기존 자동차 회사들을 뛰어넘는 탁월한 제품들을 만들어내고 있다. 하지만 중요한 것은 지금 현재가 아니다. 테슬라의 제품은 전자산업의 게임의 법칙을 따라 해마다 큰 폭으로 개선될 것이고 머지않아 기존 자동차 회사들은 도저히 불가능한 가격과 성능을 보유하게 될 것이기 때문이다.

3장

무엇이 파괴적 혁신을
가능하게 하는가

앞서 살펴본 바와 같이 몇몇 산업에서는 이미 디지털 엔터프라이즈들이 기존의 판을 뒤엎고 완전히 새로운 게임의 법칙으로 산업을 리드하고 있다. 앞으로 10년이 디지털이 기존 방식을 앞지르게 되는 디지털 골든크로스 시기임을 감안할 때, 여러 산업에서 디지털 엔터프라이즈들이 점점 빠르게 등장할 것이고, 기존의 기업들을 몰아내고 시장을 장악하게 될 것이다. 그렇다면 디지털 엔터프라이즈들에게 필요한 역량이 무엇인지 살펴보자.

디지털 엔터프라이즈들은 산업을 디지털 기반으로 재정의하고 게임의 법칙을 근본적으로 뒤집음으로써 변화를 일으킨다. 이러한 과정을 디지털 트랜스포메이션Digital Transformation이라 정의해보자.

디지털 트랜스포메이션이란
• 기존 산업의 게임의 법칙을

표 3-1 디지털 엔터프라이즈의 구성 요소

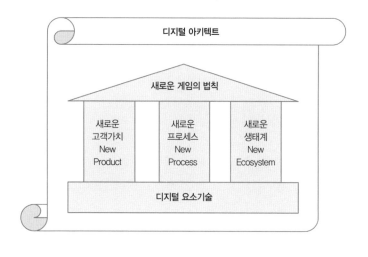

- 디지털 기술을 활용하여 뒤집어엎는 과정으로
- 디지털 엔터프라이즈가 수행하는 역할

디지털 트랜스포메이션을 위해 필요한 역량은 크게 두 가지로 나누어볼 수 있다. 하나는 전략적인 관점에서 디지털 엔터프라이즈를 설계해내는 디지털 아키텍트Digital Architect 역량이고, 다른 하나는 이렇게 설계한 디지털 엔터프라이즈를 뒷받침하는 실행력인 디지털 요소기술 역량이다.

즉, 디지털 엔터프라이즈로 자리매김하기 위해서는 디지털 아키텍트로서 디지털 엔터프라이즈의 세 가지 구성요소라고 할 수 있는 새로운 고객가치, 새로운 프로세스, 새로운 생태계를 디자인하고,

이로써 새로운 게임의 법칙을 정의한 후, 디지털 기술을 활용해 구현해내야 한다.

핵심은
디지털 아키텍트

일론 머스크Elon Musk는 테슬라의 CEO 말고도 프로덕트 아키텍트Product Architect라는 또 하나의 직함을 갖고 있다. '아키텍트'가 건물을 기획하고 디자인하며, 건설하는 과정을 관리하는 '건축가'를 뜻한다는 점을 생각하면 프로덕트 아키텍트라는 직함은 매우 의미심장하다. 일론 머스크가 테슬라라는 조직을 이끄는 수장일 뿐만 아니라, 테슬라가 만들어내는 제품Product을 기획하고 디자인하며, 그 전체 과정을 관리하는 역할을 맡고 있다는 뜻이다. 테슬라가 기존 자동차 기업들과는 완전히 다른 관점에서 제품을 만들어내는 데는 다 그만한 이유가 있는 것이다.

디지털 엔터프라이즈를 위해 아키텍트는 반드시 필요한 역량이다. 빅데이터, IoTInternet of Things(사물인터넷), 클라우드 등과 같은 무수한 디지털 요소기술들은 어디까지나 목적을 이루기 위한 기술적 수단일 뿐, 진정으로 산업을 바꾸기 위해서는 디지털 트랜스포메이션을 설계할 디지털 아키텍트가 있어야 한다.

디지털 아키텍트는 크게 세 가지 요소로 나눌 수 있다. 첫 번째, 디지털 마인드Digital Mindset다. 기존의 관성이나 낡은 패러다임에 얽매이지 않고 완전히 새로운 사업모델을 설계할 수 있는 사고가 필요하다. 시대가 바뀌고 있고, 디지털 아닌 기존의 방식으로는 살아남을 수 없다는 것을 명확히 인지하고, 디지털을 통해 혁신적인 변화를 만들어내겠다는 자세가 필요하다.

두 번째는 디지털 전문성 Digital Expertise 이다. 디지털 엔터프라이즈가 되기 위해서는 새로운 제품과 서비스, 새로운 프로세스, 새로운 생태계를 구현해내기 위해 필요한 기술들이 무엇인지를 이해하고, 이를 적절히 활용할 수 있어야 한다. 보통 디지털이라고 하면 제품과 서비스만 디지털에 맞추면 된다고 생각하지만, 진정한 디지털 엔터프라이즈는 프로세스와 생태계까지 디지털이라는 관점에서 종합적이고 유기적으로 고려하여 설계되어야 한다.

세 번째는 산업 전문성 Domain Expertise 이다. 전쟁에서 이기기 위해서는 적을 명확히 이해하는 것이 가장 우선이다. 지금 해당 산업에서 고객의 니즈는 무엇인지, 기존 제품들은 어떤 니즈를 충족시키고 있으며 어떤 부분을 빠트리고 있는지, 기존 기업들의 프로세스는 어떠한지, 그리고 산업의 전체 생태계는 어떻게 구성되어 있는지를 잘 알고 있어야 한다.

이러한 디지털 아키텍트 역량은 조직 차원에서 확보되어야 한다. 특히 CEO를 포함한 최고경영진이 디지털 아키텍트 역량을 직접 보유하거나, 적어도 디지털 아키텍트가 무엇인지 이해하고 디지털 아키텍트 전담 조직과 인력에 힘을 실어줘야 한다. 그리고 디지털 아키텍트 조직이 설계한 디지털 트랜스포메이션에 맞춰 조직의 모든 문화와 구조를 재정비해야 한다.

표 3-2 **디지털 아키텍트 역량의 구성 요소**

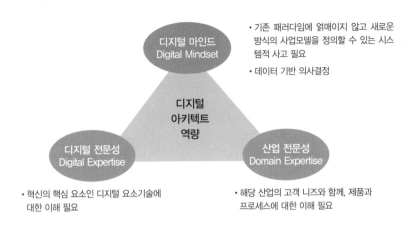

테슬라의 경우 최고경영진인 CEO, CIO, CTO가 디지털 아키텍트의 중추적 역할을 담당하고 있다. CEO 일론 머스크는 프로덕트 아키텍트로서 디지털 디바이스로서의 자동차에 대한 비전을 제시하고, 이를 구현하기 위한 산업 차원의 큰 그림을 그린다. CTO 제프리 스트로벨Jeffrey Straubel은 에너지 전문가로서 배터리, 모터, 소프트웨어 등 테슬라의 전기차를 실현하기 위한 모든 기술 요소 개발을 총괄한다. CIO 제이 비자얀Jay Vijayan은 VM웨어VMware, 오라클Oracle 등 선도 디지털 인프라 기업에서 장시간 경력을 쌓은 전문가로서 테슬라의 디지털 인프라를 총괄한다. 앞서 디지털 엔터프라이즈를 구현하는 세 가지 축 관점에서 해석하자면, CTO가 새로운 제품과 서비스를, CIO가 새로운 프로세스를, CEO가 새로운 생태계를 총괄하면서 함께 새로운 게임의 법칙을 써나가는 역할을 맡고 있다고 볼 수 있다.

3가지
디지털 요소기술

　　　　　디지털 아키텍트가 그려낸 디지털 엔터프라이즈의 아키텍처는 디지털 기술을 통해 구현된다. 디지털 요소기술은 크게 애플리케이션Application, 플랫폼Platform, 인프라Infra, 세 가지로 나누어 생각해볼 수 있다.

　첫 번째, 디지털 애플리케이션이란 각 산업과 사업모델에서 요구하는 제품과 서비스를 실제로 디자인하고 개발하여 구현하는 역량이라고 정의할 수 있다. 하드웨어와 소프트웨어를 사용하여 고객의 니즈를 충족시키는 최적의 사용자 경험User eXperience; UX을 제공하고 이를 통해 새로운 고객가치를 만들어내는 역량이다.

　두 번째, 디지털 플랫폼이란 디지털 애플리케이션을 구현하기 위한 기반기술이다. 디지털의 본질이 정보처리에 있다고 볼 때, 디지털 플랫폼 기술의 핵심은 정보를 디지털 데이터화하고 이를 수집, 가공, 저장, 처리하는 데 있다. 특히 작금의 디지털 골든크로스의 발생으로 인해 사회, 기업의 많은 핵심 프로세스들이 데이터 기반으로 이뤄지게 되면서 디지털 플랫폼은 디지털 애플리케이션을 제대로 구현하기 위하여 반드시 필요한 핵심 기반기술로 인식되고 있다. 각종 디지털 정보를 수집하는 IoT, 이를 가공하고 처리하는 빅데이터, 이를 기반으로 고도의 인사이트를 추출해낼 수 있는 머신러닝은 3대 플랫폼 기술이라 할 수 있다. 디지털 플랫폼은 과거에는 전문적 역량을 갖춘 외부 IT업체 등으로부터 조달받는 기술 역량으로 이해되

표 3-3 **디지털 요소기술**

		정의	최근 트렌드	
디지털 요소기술	애플리케이션	산업 특성과 고객 니즈에 맞는 제품과 프로세스 디자인 및 구현 역량 • 특정 산업에서 요구되는 디지털 제품·서비스를 실제로 디자인하고 개발하여 구현 • 하드웨어와 소프트웨어를 통해 고객 니즈를 실질적으로 해결하고 최적의 고객경험(UX)을 제공	소프트웨어 기반 서비스화 • 하드웨어 대비 소프트웨어 비중 지속적으로 증가 • UI·UX의 중요성이 높아지고 있으며, 고객에게 제공되는 가치가 제품에서 서비스로 변화하고 있음	디지털의 핵심 역량으로 반드시 내재화 필요
	플랫폼	데이터 기반의 프로세스 구축 역량 • 차별적인 애플리케이션 실현을 위해 모든 정보를 디지털 데이터화하고 이를 수집·가공·저장·처리하여 인사이트 도출 • 3대 기반기술: IoT, 빅데이터, 머신러닝	데이터 기반 • 모든 제품 및 서비스가 데이터 기반 분석을 통해 개발·제공되는 방향으로 급속한 발전 진행 중 • 많은 기업들이 최근 역량 내재화를 위해 대규모 투자	
	인프라	디지털 플랫폼 작동을 위한 기반 인프라 • 기업 모든 프로세스를 뒷받침하기 위한 디지털 인프라로서 데이터센터를 구축·운영 • 디지털 엔터프라이즈에 맞는 새로운 프로세스를 구축하고 이를 IT로 뒷받침	클라우드 • 과거 내재화 중심의 IT 인프라가 클라우드 확산에 따라 빠르게 아웃소싱 중심으로 변화 중	인프라 구성 및 운영에 대한 이해를 바탕으로 아웃소싱 가능

어왔으나, 최근에는 디지털 엔터프라이즈라면 디지털 트랜스포메이션을 위해서 반드시 내재화해야 하는 역량으로 인식되기 시작했다.

세 번째, 디지털 인프라는 디지털 엔터프라이즈의 작동을 위한 기반 역량으로, 디지털 엔터프라이즈의 새로운 프로세스를 실제로 작동케 하기 위한 IT 기반을 의미하며, 디지털 애플리케이션과 디지털 플랫폼이 작동할 수 있는 컴퓨팅 파워를 제공한다. 과거에는 디지털 인프라가 전산 센터 등을 통해 반드시 내재화해야 하는 기술적 역량으로 이해되어왔으나, 앞으로 클라우드가 확산되면 전문적인 외부 클라우드업체로부터 쉽게 조달받을 수 있을 것으로 기대된다.

이 세 가지 역량은 디지털 엔터프라이즈에 필수적으로 요구되는 기반기술 역량이다. 이해하기 쉽도록 자동차를 예로 들어본다면, 디지털 애플리케이션은 자동차의 내외부 디자인, 디지털 플랫폼은 엔진, 디지털 인프라는 차대(섀시)로 비견해볼 수 있다. 겉으로 드러나는 것은 디지털 애플리케이션뿐이지만, 디지털 플랫폼 기술 없이는 차별화된 성능, 즉 고객에게 차별화된 가치를 전달하는 것이 불가능하다. 그리고 디지털 플랫폼이 작동할 수 있는 틀을 디지털 인프라가 제공해준다.

디지털 애플리케이션은 최근 들어 그나마 많은 기존 기업들도 중요성을 인식하고 이를 적극적으로 확보하기 위한 노력이 시작된 반면, 디지털 플랫폼이나 디지털 인프라의 경우 아직까지 그 실체와 중요도를 잘 이해하지 못하고 있는 실정이다. 그러면 디지털 플랫폼을 중심으로 세 가지 요소기술을 조금 더 깊이 살펴보자.

우선 디지털 애플리케이션 역량이다. 디지털 엔터프라이즈가 고객에게 제공할 제품과 서비스를 디지털을 활용하여 구현해낼 때, 크게 3단계의 프로세스를 거치게 된다. 우선 도메인 모델링 Domain Modeling 이다. 특정 산업이나 사업모델에 있어 디지털을 통해 고객 니즈를 충족시킬 방법을 찾아내고 모델링을 통해 구체화시켜야 한다. 두 번

표 3-4 디지털 애플리케이션 역량

🔍 도메인 모델링	UI·UX	🛠 애플리케이션 개발
• 특정 산업 영역에 대한 지식과 경험을 바탕으로, 해당 산업의 디지털 트랜스포메이션을 위한 구체적 요소를 도출 • 고객 니즈, 산업 프로세스, 산업 생태계에 대한 이해에 기반하여 불편함을 정확히 파악하고, 이를 해결해낼 수 있는 구체적인 방식을 찾아야 함	• 고객의 가치 전달 전체 과정에서 최선의 경험을 제공할 수 있도록 제품·서비스를 디자인 • 하드웨어와 소프트웨어, 제품과 서비스를 종합적으로 고려해야 함	• 새로운 가치 제안을 위해 디지털을 이용해 하드웨어와 소프트웨어 통합적으로 구현 • 디지털 디바이스로서 하드웨어와 애플리케이션 소프트웨어 개발이 동일한 차원에서 이뤄지는 경우가 많으며, 기존 IT 역량과는 차이가 있음

째는 UI·UX 디자인이다. 고객이 해당 산업에서 가치를 전달받는 전체 경로를 이해하고 그 과정에서의 경험들을 종합적으로 최적화하여야 한다. 특히 최근 아날로그적인 경험들이 디지털로 변화하고, 하드웨어에서 소프트웨어로, 제품에서 서비스로 가치가 이전되는 상황을 고려한 큰 그림에서의 UI·UX 디자인은 매우 중요하다. 세 번째는 도메인 모델링과 UI·UX 디자인을 통해 제시된 고객 가치를 실제로 디지털로 구현해내는 애플리케이션 개발 단계다. 디지털 기술을 활용하여 실제 제품과 서비스를 하드웨어와 소프트웨어로 만들어내는 것이다.

물론 디지털 엔터프라이즈가 아니더라도 디지털 애플리케이션은 필요하다. 이미 대부분의 기업들이 자신들의 제품과 서비스에 디지털을 조금씩은 이용하고 있는 것이 사실이다. 기존 자동차 기업들만

아우디(Audi)의 신형 TT에 탑재된 디지털 대시보드(왼쪽)와 BMW의 스마트키(오른쪽).

보더라도 최근 들어 상당히 많은 디지털 기술을 자동차 곳곳에 공격적으로 적용하고 있다. 올해 새롭게 선보인 BMW의 스마트키는 자동차키를 디지털 디바이스화시켜서 마치 스마트폰을 이용하는 것처럼 여러 정보를 확인하고, 터치스크린을 통해 조작할 수 있다.

하지만 앞으로의 디지털 골든크로스 시기에 요구되는 디지털 애플리케이션은 훨씬 심오한 차원의 디지털 역량을 필요로 한다. 무인 자동차를 예로 들어보자. 과거 아날로그 바늘과 여러 개의 표시등으로 이뤄진 자동차 대시보드를 최신 OLED 디스플레이로 바꾸고, 물리적 버튼들을 터치스크린으로 바꾸는 것은 그리 어려운 문제가 아니다. 여기까지는 기존의 게임의 법칙을 따르면서도 충분히 가능하다. 하지만 무인 자동차를 구현하기 위한 디지털 애플리케이션은 완전히 차원이 다른 이야기가 된다.

무인 자동차가 실제로 움직이려면 크게 네 단계의 데이터 프로세스가 이뤄져야 한다. 우선, 자동차에 부착된 카메라, 레이더, 초음파

구글의 무인 자동차가 인식하는 주변 상황. 차량들의 주행 방향과 속도, 신호등을 판단해서 회전을 결정하고(위), 공사 중인 도로의 표지판과 도로 위의 장애물을 인식하여 최적 경로를 결정한다(아래).

등 다양한 센서를 통해 차선, 주변 차량이나 행인 등의 움직임, 신호등, 노면 상태 등의 데이터를 수집한다. 더불어 현재 속도, 모터의 회전 수, 각 바퀴의 구동력 상태 등 차량 내부 데이터와 GPS 위성을 통한 위치 정보, 통신망을 통해 받는 지도, 실시간 교통량 정보 등을 모두 모은다. 두 번째로, 이러한 모든 신호를 하나의 통합된 지도상의 데이터로 정리한다. 세 번째로, 이 데이터를 바탕으로 실제 운행을 위한 경로를 시뮬레이트하고 최적의 경로를 결정한다. 마지막으로 결정된 경로를 구현하기 위해 액셀러레이터, 브레이크, 조향 장치 등 자동차의 각 부분을 제어하여 실제 움직임을 만들어낸다. 이러한 복잡다단한 애플리케이션을 만들기 위해서는 정보의 수집부터 가공, 처리, 의사결정에 대한 기반 플랫폼 기술이 선행되어야 한다.

이처럼 정보처리의 기반기술이라 할 수 있는 디지털 플랫폼과 인프라는 크게 네 가지로 생각해볼 수 있다. IoT는 사물인터넷이라고도 하며, 각종 사물에 센서와 네트워크 기능을 부여하여 인터넷과 연결하는 기술을 통칭한다. 반도체 기술과 통신 기술의 발달로, 세상에 존재하는 모든 종류의 신호(시각, 청각, 촉각, 미각 등)를 센서를 통해 디지털 데이터로 변환할 수 있게 되었고, 매우 적은 전력만으로도 송수신할 수 있게 되면서 모든 사물에 이를 부착하여 데이터화하려는 시도가 가능해졌다.

이렇게 모든 신호와 정보들의 데이터화가 가능해지면서 이를 분석하여 의미 있는 인사이트를 뽑아내기 위한 기술이 필요해졌는데, 이것이 빅데이터 기술이다. 세상의 정보는 계속해서 축적되고 있는데, 정보가 디지털화되면서 그 양이 급격히 늘어났다. 마틴 힐버트Martin Hilbert의 연구에 따르면 전 세계 데이터 양은 2000년대 들어 급격하게 늘기 시작했는데, 1986년에는 약 2.6엑사바이트Exabyte(10의 18제곱)던 전 세계의 데이터가 2007년에는 300엑사바이트*가 되었다. 불과 20년 사이에 100배 이상 급증한 것은 바로 디지털 때문이다.

1986년에는 불과 1%만이 디지털 데이터였으나, 2002년에는

표 3-5 데이터의 증가

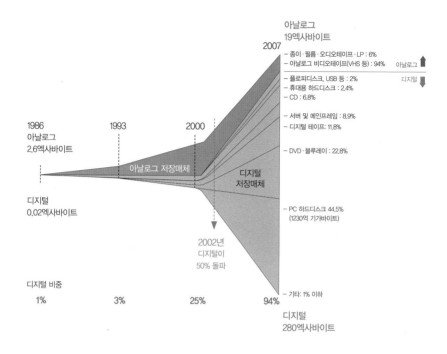

아날로그
19엑사바이트

2007
– 종이·필름·오디오테이프·LP : 6%
– 아날로그 비디오테이프(VHS 등) : 94%   아날로그

– 플로피디스크, USB 등 : 2%   디지털
– 휴대용 하드디스크 : 2.4%
– CD : 6.8%

– 서버 및 메인프레임 : 8.9%
– 디지털 테이프 : 11.8%

– DVD·블루레이 : 22.8%

1986   1993   2000
아날로그
2.6엑사바이트

아날로그 저장매체   디지털
저장매체

디지털
0.02엑사바이트

– PC 하드디스크 44.5%
(1230억 기가바이트)

2002년
디지털이
50% 돌파

디지털 비중
                                                    – 기타: 1% 이하
1%   3%   25%   94%

디지털
280엑사바이트

출처: Hilbert, M & Lopez, P.(2011) The World's Technological Capacity to Store, Communicate, and Compute Information, Science, 332(6025), 60-65

50%를 넘겼고, 2007년에는 94%의 정보가 디지털 데이터가 되었다. 지금 전 세계에 어떤 방식으로든 저장된 데이터 중 99%는 최근 30년간 축적된 데이터이고, 이는 IoT 등에 힘입어 더욱 빠른 속도로

● CD 한 장에 들어가는 데이터 양이 600메가바이트(10의 6제곱)이고 최근 PC의 저장 용량이 보통 500기가바이트(10의 9제곱)이니 300엑사바이트는 CD 5천억 장 또는 PC 6억 대를 가득 채우는 양이다.

늘고 있다. 문제는 이렇게 커진 데이터를 처리하기 위해 기존 방식과는 다른 형태의 새로운 분석 기법이 필요해졌다는 것이다. 이를 처리하는 기술을 빅데이터라 한다.

여기서 한발 더 나아간 기술이 머신러닝이다. 머신러닝은 말 그대로, 사람이 아닌 기계가 스스로 학습하여 문제를 해결하도록 하는 기술이다. 원래 빅데이터와는 상관없이 1960년대부터 논의되던 컴퓨터 기술 중 하나였으나 최근 들어서야 본격화되기 시작했는데 여기에는 컨볼루셔널 뉴럴 네트워크 Convolutional Neural Network (회선 신경망) 처럼 새로운 기술적 방법론이 개발된 이유도 있지만, 컴퓨터가 스스로 배울 수 있는 데이터가 급격히 늘어난 이유가 크다.

머신러닝의 기본은 뉴럴 네트워크 같은 기본적인 학습 알고리즘을 장착한 컴퓨터에 문제와 정답으로 된 데이터 세트를 입력하면, 컴퓨터가 데이터를 자체적으로 분석하여 문제와 정답을 연결하는 문제 해결 알고리즘을 자체적으로 만들어나가는 것이다. 따라서 문제와 정답으로 이뤄진 세트가 많을수록 머신러닝(학습)의 정확도가 높아지게 된다. 빅데이터의 경우, 사람이 입력한 알고리즘을 바탕으로 데이터를 분석해나가는 반면, 머신러닝은 알고리즘 자체를 컴퓨터가 계속 발전시키기 때문에 데이터가 늘수록 성능과 정확도가 지속적으로 향상될 수 있다.

머신러닝은 아직은 기술력이 충분하지 않아 현 시점에서는 그 활용 범위에 제약이 있으나 최근의 데이터 증가량과 디지털 기술의 발전 속도를 감안하면, 이 역시 10~20년 내에 골든크로스를 넘어서게 될 것으로 예상되면서 최근 주목받고 있으며, 결국 인공지능으로

표 3-6 디지털 플랫폼과 인프라의 구조

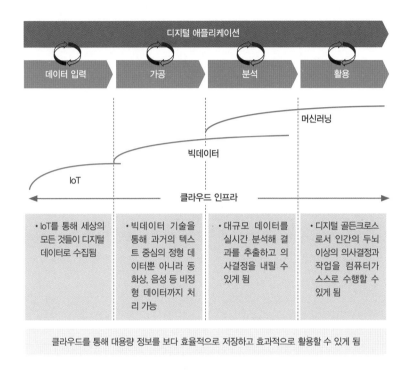

발전할 것으로 기대되고 있다.

이렇게 IoT, 빅데이터, 머신러닝은 데이터를 입력하고 처리하는 가장 핵심적인 기술로, 디지털 애플리케이션 고도화를 위해서는 반드시 필요한 기반이 된다.

한편 모든 사물이 데이터를 생성하게 되면서 대규모, 대용량의 데이터센터를 갖추고 많은 데이터를 모아 처리하는 새로운 인프라

기술이 등장하게 되었는데, 이것이 클라우드다. 과거에는 개별 기업들이 각각 서버와 스토리지를 갖춘 전산 시설을 내재화하고 있는 것이 일반적이었으나, 데이터가 방대해지고 다뤄야 하는 기술적 난이도와 요구되는 투자비용도 급증하면서, 전문업체가 대규모 데이터 센터를 짓고, 네트워크를 통해 이를 필요로 하는 기업들에게 컴퓨팅 역량을 제공하는 방식으로 진화가 이뤄졌다. 앞으로의 디지털 기술에 있어 클라우드는 반드시 필요한 인프라가 될 것이지만, 내재화될 다른 기술들과는 달리 외부 전문업체를 활용하는 방식으로 진화해 나갈 것으로 예상된다.

디지털 요소기술과 관련해서 과거에는 기업들이 애플리케이션과 인프라를 내재화하는 데 집중했다면, 최근에는 핵심적인 요소기술로서 플랫폼에 모든 관심이 쏠리고 있다. 대표적인 디지털 엔터프라이즈 중 하나인 구글의 경우 약 1,300명에 달하는 박사 인력 중에서 플랫폼 기술인 빅데이터와 머신러닝, 인공지능 관련 박사가 50%가 넘고, 인프라와 UX·UI까지 포함하면 80% 이상이 디지털 요소기술 관련 박사들이다.

주목할 점은 기존 기업들도 디지털 플랫폼 역량에 지대한 관심을 갖고 투자하고 있다는 점이다. 토요타TOYOTA의 경우, 2015년 미국 실리콘밸리에 머신러닝·인공지능 연구소 설립을 발표했는데, 향후 200명 이상의 연구원을 확보하고 10억 달러(약 1조 2천억 원)의 투자를 통해 디지털 플랫폼 기술을 내재화할 계획을 밝혔다. 앞으로 디지털 트랜스포메이션이 확대될수록 모든 산업 내의 문제들은 디지털 기술을 바탕으로 해결하게 될 것이다. 따라서 플랫폼을 중심으로 디지털 요소기술의 중요성은 더욱 커질 것이며, 관련 역량을 확보하는 것이 기존 기업에게는 가장 풀기 어려운 숙제가 될지 모른다.

갈수록 중요해지는 소프트웨어

디지털 기술에 있어 가장 큰 특징은 소프트웨어다. 앞서 디지털 기술의 시작은 모든 종류의 정보를 0과 1이라는 디지털 데이터로 바꾸고, 정보들을 처리하는 데 있어 논리화된 디지털 회로를 이용할 수 있게 된 것이라고 살펴본 바 있다. 더 간단히 말하면 디지털 기술은 정보를 디지털화하고, 이를 연산하는 기술이라 할 수 있다. 따라서 디지털 기술은 '논리logic'와 데이터로 이뤄지게 된다. 이러한 디지털 기술은 다시 하드웨어와 소프트웨어 두 가지를 통해서 실제로 구현된다. 소프트웨어가 문제 해결을 위한 복잡한 논리를 알고리즘이라는 논리적인 구문 형태로 만들면, 하드웨어가 연산processing하는 것으로 단순화시켜 이해할 수 있다.* 따라서 디지털

• 물론 알고리즘을 하드웨어로 구현하는 것도 가능하다. 하지만 소프트웨어는 지속적으로 그 알고리즘을 변경할 수 있는 반면, 한 번 하드웨어로 구현된 알고리즘은 변경이 불가능하여 에러가 발생했을 때 디버깅이나 수정이 불가능하고 유연성이 떨어지게 된다. 따라서 단순화된 면은 있으나, 소프트웨어와 하드웨어의 역할은 알고리즘과 그 연산으로 이뤄진다고 설명하였다.

표 3-7 미군 전투기의 기능 중 소프트웨어를 통해 구현되는 기능의 비중

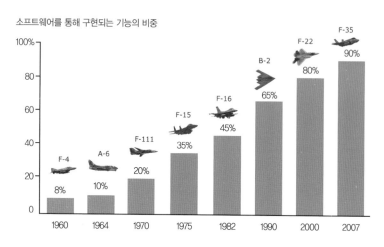

출처: 이성남, '무기체계 SW Blue Ocean 창출을 위한 제언', 《국방과기술》 제433호, 2015년 3월

기술이 복잡하면 복잡해질수록 알고리즘이 복잡해질 수밖에 없고, 이를 연산해야 하는 하드웨어의 성능 또한 더욱 높아져야만 한다.

그런데 하드웨어와 소프트웨어에는 결정적인 차이가 있다. 하드웨어의 경우, 단위 연산을 얼마나 빠르게 처리하느냐는 문제이기 때문에 발전 속도가 명확하게 정해져 있다. 무어의 법칙을 따라 하나의 반도체 내에 집적되는 트랜지스터의 숫자가 늘어나면, 처리할 수 있는 연산의 수도 늘게 되는 것이다. 반면 소프트웨어의 경우, 동일한 결론을 내기 위한 알고리즘이라고 해도 매우 다양한 방법이 존재할 수 있고, 매우 복잡한 문제라고 해도 매우 단순한 논리에 의해 해결될 수도 있다. 따라서 소프트웨어는 하드웨어에 비해 유연성이 매우 높으며, 만드는 사람에 따라 수준 차이가 매우 극명하게 갈릴 수

있다는 특징을 갖는다.

앞서 살펴본 바와 같이 디지털 기술이 발달하며 많은 문제와 정보들이 디지털로 치환되고 있다. 이는 다시 말하면 과거에는 아날로그적, 또는 비非 디지털적으로 처리되던 프로세스들이 모두 디지털화된 데이터와 알고리즘을 통해서 처리된다는 의미다. 따라서 알고리즘을 담당하는 소프트웨어의 중요성은 날이 갈수록 증가하고 있다. 한 예로 미군 전투기에서 소프트웨어를 통해 이뤄지는 기능이 1960년대 개발된 F-4는 10% 미만이었으나 최신 전투기 F-35의 경우 90%에 달한다.

디지털 시대의 희소 자원, 소프트웨어 인력

결국 디지털 요소기술을 확보한다는 것은, 이러한 요소기술들을 실제로 구현할 소프트웨어 역량을 갖는 것이라고 할 수 있다. 디지털 기술이 발전할수록 소프트웨어의 중요성이 커지면서, 이미 ICT 기업* 상당수는 하드웨어에서 소프트웨어로 무게중심을 옮겼다. ICT 기업의 간판격인 IBM은 하드웨어 제조 사업 중심

• 이 책에서는 '디지털을 통해 각 산업에서 판을 뒤엎고 게임의 법칙을 새롭게 정의하는 기업'을 디지털 엔터프라이즈라 정의하였다. 이러한 디지털 엔터프라이즈와 전자, IT 등 기존 디지털산업 내 기업들을 구분하기 위해 기존의 디지털산업 내 기업을 'ICT 기업'으로 표기하였다.

표 3-8 **주요 ICT 기업들의 소프트웨어로의 무게중심 이동**

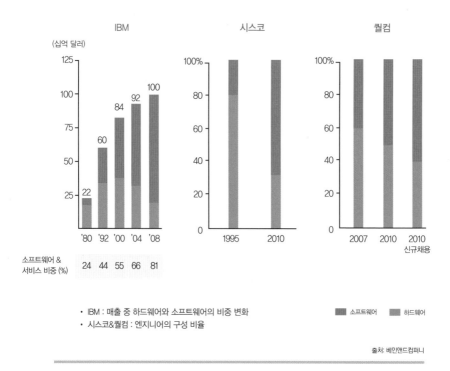

소프트웨어 & 서비스 비중 (%)	24	44	55	66	81

- IBM : 매출 중 하드웨어와 소프트웨어의 비중 변화
- 시스코&퀄컴 : 엔지니어의 구성 비율

■ 소프트웨어 ■ 하드웨어

출처: 베인앤드컴퍼니

이던 사업 포트폴리오에서 하드웨어를 포기하고 소프트웨어에만 집중하는 것으로 전략을 변경했다. 대표적인 하드웨어 기업 중 하나인 시스코Cisco는 1995년에는 엔지니어 중 80%가 하드웨어 인력이었는데, 2010년에는 소프트웨어 인력이 60% 이상을 차지하고 있다. 소프트웨어와는 전혀 무관할 것으로 생각하기 쉬운 반도체 기업인 퀄컴Qualcomm도 2010년을 기점으로 전체 엔지니어 중 소프트웨어 엔지니어가 하드웨어 엔지니어의 숫자를 넘어섰다.

이렇게 소프트웨어의 비중이 급격히 늘면서 필연적으로 인력 수급의 문제가 발생하고 있다. 당장 한국 대학들만 생각해보더라도 소프트웨어 교육이 이뤄지는 학과나 학생 수는 지난 수십 년간 크게 변한 바가 없다. 공급은 제한되어 있어 천천히 증가하고 있으나, 수요는 급격히 늘고 있는 것이 바로 소프트웨어 인력이다. 따라서 매우 귀한 자원이 되고 있으며, 앞으로 더욱 핵심적인 자원이 될 것이다.

소프트웨어 인력에 대하여 몇 가지 특징을 생각해볼 필요가 있다. 우선 기억해야 할 것은 소프트웨어란 복잡다단한 문제들을 디지털에 맞는 논리들의 집합인 알고리즘으로 구현해내는 것, 다시 말하면 논리를 구성하는 작업이라는 것이다. 이런 특징에 따라 소프트웨어 인력이 갖는 특성이 결정된다.

첫 번째는 유연성이다. 다른 영역에서 전문가라고 하면 특정 분야에 매우 깊은 지식과 경험을 가지고 있지만, 이러한 지식과 경험이 비슷한 분야에는 적용하기 어려운 경우가 많다. 그러나 좋은 소프트웨어 엔지니어는 전문 영역이 있다 하더라도 다양한 영역에 걸쳐서 문제를 해결해낼 수 있다.

두 번째는 창의성이다. 소프트웨어 개발이란 논리를 만들어내는 일이고, 논리는 기계적으로 구현되는 데 한계가 있다. 좋은 소프트웨어 엔지니어라면 논리적인 문제해결 능력을 갖추고 있는 창의적 인재일 수밖에 없다.

이로 인해 세 번째로 나타나는 속성이 편차다. 단순히 알고리즘을 만들 수 있느냐 없느냐로만 판단하면 별로 귀할 것 없는 것이 소프트웨어 인력이다. 하지만 같은 결과를 도출하더라도 알고리즘은 사람마다 다를 수 있는데, 논리 구조에 따라 프로그램 길이나 성능에서 극단적으로 차이가 발생할 수 있다. 다른 산업에서는 업무량을 '인시人時'를 기준으로 정할 수 있고, 투입하는 인원 수에 따라 성과가 결정되는 경우가 많지만, 소프트웨어에서는 한 명의 천재가 천 명의 범인凡人을 능가할 수도 있다.

범용의 문제해결 능력을 갖춘 고급 소프트웨어 인력이 더욱 희귀한 자원이 될 것은 너무나도 자명하다. 글로벌 선진 기업들은 이미 소프트웨어 인력들을 공격적으로 확보하고 있다. 페이스북Facebook, 구글 같은 많은 ICT 기업에서는 실력 있는 소프트웨어 엔지니어라고 하면 인력 상황이나 구인 계획과 관계없이 입사부터 시키고 나서 제자리를 찾아주는 경우가 일반적인 일이 되고 있고, 자동차 기업이나 금융 기업도 최근에는 공격적으로 소프트웨어 인력 확보에 나서고 있다. 대표적인 글로벌 금융 기업인 골드만삭스Goldman Sachs의 경우, 소프트웨어 인력이 1만 명에 달하는 것으로 알려지고 있는데, 4만 명이 채 안 되는 전체 직원 중 30%에 육박하는 수다. 골드만삭스의 부서 중에서 가장 큰 부서가 IT 부서라는 점은 놀랄 만한 일이지 않는가. 앞으로 디지털 엔터프라이즈가 되기 위해서, 또 디지털 엔터프라이즈와 경쟁하기 위해서는 좋은 소프트웨어 엔지니어의 확보가 필수다.

한 가지 짚고 넘어갈 점은 소프트웨어와 소프트웨어 인력이 갖는 특징이다. 앞서 살펴본 것처럼 소프트웨어 개발은 매우 창의적인 두뇌 노동을 요구하는 일이고, 소프트웨어 인력들은 독특한 문화를 가지고 있다. 실리콘밸리 또는 스타트업에서 일하는 사람이라고 하면

표 3-9 **디지털 트랜스포메이션을 위해 필요한 역량**

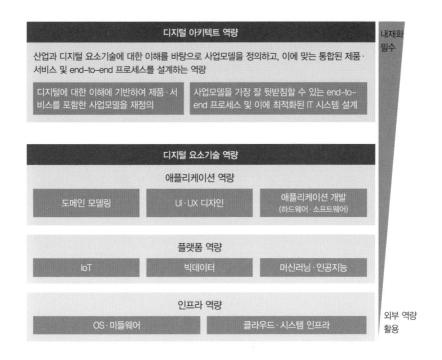

떠오르는 괴짜 이미지가 왜 생겨났는지 생각해볼 필요가 있다. 대부분 산업에서 기존 기업 문화와 조직 구조, 업무프로세스 속에서 소프트웨어 엔지니어들이 능력을 제대로 발휘하는 데는 한계가 있을 수밖에 없다. 다시 말하자면 제대로 된 디지털 엔터프라이즈가 되기 위해서는 기업 문화와 조직 구조까지도 기존 산업, 기존 기업들과 달라야 한다는 점을 유념할 필요가 있다.

결국
인적 자원의 문제다

간단히 정리해보자. 디지털 엔터프라이즈로서 경쟁력을 갖기 위해서는 우선 디지털 아키텍트 역량을 바탕으로 디지털 트랜스포메이션을 설계해낼 수 있어야 한다. 그리고 이를 디지털 요소기술을 통해 구현해야 하는데, 이러한 요소기술은 점점 더 소프트웨어에 의존하고 있다. 소프트웨어는 논리를 만들어내는 지적 작업이기에, 소프트웨어 역량은 전적으로 좋은 소프트웨어 엔지니어를 확보하는 데 달려 있다.

결론적으로 디지털 트랜스포메이션을 일으키기 위해서는 경영진을 중심으로 디지털 아키텍트에 대한 이해가 이뤄져야 하며 이러한 작업을 수행할 수 있는 역량을 확보하고, 이를 구현해내기 위한 수준 높은 소프트웨어 엔지니어들을 확보해야 한다. 특히 이들을 통해 단순한 애플리케이션이 아닌 플랫폼 기술들을 개발하고 준비해야 미래의 디지털 트랜스포메이션을 선도하고 경쟁에 대응할 수 있을 것이다.

4장

승자가 되기 위한
치열한 경쟁의 시나리오

DIGITAL AGE

디지털 트랜스포메이션은 눈앞에 다가
온 현실이 되었다. 디지털 기술이 바꿔놓을 수준은 지금까지 생각했
던 것들을 훨씬 뛰어넘을 가능성이 점점 더 커지고 있다. 디지털 트
랜스포메이션은 그 방향이나 규모 면에서 과거 산업혁명에 버금갈
수준이 될 것이라는 예상도 있다.

과거 산업혁명에서의 변화는 주로 물리적인 힘의 차원에서 이뤄
졌다. 즉 사람이나 동물의 힘을 이용해 동력을 얻던 과거에서 벗어
나, 내연기관이라는 파괴적 혁신을 통해 근본적으로 새로운 게임의
법칙을 만들어냈다. 산업혁명이 만들어낸 핵심적인 변화는 힘이라
는 차원에서 기존의 경험곡선과는 완전히 다른 경험곡선이 등장하
며 기존의 게임의 법칙을 완전히 부수어버린 데 있다. 산업혁명 시
기는 물리적인 힘을 얻는 방법에서 경험곡선이 교차하며 기계를 통
한 힘의 사용이 기존의 방식을 뛰어넘은 골든크로스 시기였다 할

표 4-1 **산업혁명과 디지털혁명의 비교**

	산업혁명	디지털혁명
시기	18세기부터 시작되어 19세기에 골든크로스 발생하면서 본격화	20세기부터 시작되어 21세기에 골든크로스 발생하면서 본격화
원인	증기기관과 내연기관에 기반하여 지금까지 사물을 움직이던 역학적인 측면에서의 새로운 경험곡선 도출	컴퓨터를 중심으로 한 디지털 기술에 기반하여 지금까지 의사결정을 내리고 사업을 수행하던 방식에 대한 새로운 경험곡선 도출
결과	대량생산·수송을 가능하게 하면서 생산·공급 관점에서의 새로운 게임의 법칙을 창출	대규모의 데이터 처리를 가능하게 하면서 모든 의사결정 방식에 대한 새로운 게임의 법칙을 창출

수 있다.

디지털이 가져올 변화도 크게 다르지 않다. 산업혁명이 힘 차원에서 혁신이었다고 한다면, 디지털혁명은 지식과 사고 차원에서의 혁신이라 할 수 있다. 최근까지는 사람의 지적 능력에 기반하여 이뤄지던 사회 활동과 기업 활동이, 무어의 법칙으로 대표되는 새로운 경험곡선이 적용되면서, 앞으로는 디지털 기술을 통해 처리되는 데이터에 의해 이뤄지게 되면서 기존 방식을 뛰어넘는 새로운 골든크로스가 등장하고 있는 것이다. 산업혁명의 뒤를 이은 디지털혁명이 다가오고 있다.

디지털 혁명

디지털혁명의 의미는 매우 크다. 전 세계의 경제 발전은 산업혁명을 통해 시작된 대량 생산에 기반하여 100년 이상 지속돼왔으나, 21세기 들어 그 성장의 S자 곡선이 이제는 한계에 다다랐음을 여실히 보여주고 있다. 세상 모든 발전은 선형적으로 이뤄지지 않는다. 하나의 성장 곡선이 한계에 다다르면 새로운 혁신이 나타나 새로운 S자 곡선을 그려나가면서 다음 단계로 성장이 이뤄지는 것이다.

최근 전 세계 모든 국가들이 새로운 S자 곡선을 찾아 헤매는 상

표 4-2 경제 성장의 S자 곡선과 주요 국가들의 현재 상황

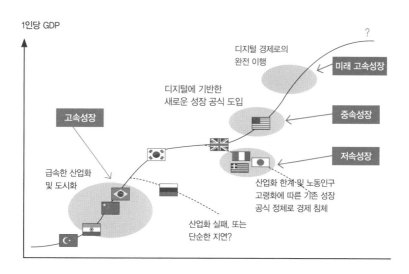

황에서 유일하게 새로운 S자 곡선을 만들어내는 데 성공한 것으로 보이는 국가가 있다. 바로 세계 최대 경제 강국인 미국이다. 모든 국가들이 경기 침체와 낮은 성장률로 걱정하는 와중에 오직 미국 경제만이 다시 살아나 성장하는 것으로 보이는 이유는 바로 미국이 디지털 트랜스포메이션에 기반한 디지털혁명의 문을 열어젖히고 있기 때문이다.

미국이 어떻게 새로운 성장 기반을 마련하고 있는지 살펴보는 것은, 특히 경제성장률 하락으로 골머리를 앓고 있는 한국에 여러 시사점을 던져준다. 과거 산업은 크게 보면 글로벌하게 운영되던 제조업과 내수 중심의 서비스업으로 이뤄져 있었다. 하지만 디지털 트랜스포메이션이 이뤄지면서 많은 서비스들이 급작스럽게 글로벌 산업으로 변화하고 있는데, 가장 앞에 미국 기업들이 있다.

지금 전 세계에서 가장 큰 광고 회사는 구글과 페이스북*이다. 이들은 과거에는 각 국가별로 이뤄지던 광고산업의 가치사슬에서 독점적인 지위를 차지하고 나서, 그 수익들을 미국으로 이전시키고 있다. 또 다른 예로 전 세계에서 영향력을 발휘하며 최근 이슈가 되고 있는 우버Uber를 떠올려보자. 우버는 택시 기사와 택시 회사로 구성된 기존의 택시산업에 끼어들어, 고객과 기사들을 직접 연결해주며 택시 회사들이 가져가던 몫을 차지하는 사업모델이라 할 수 있다. 과거에는 각국의 택시 회사들이 벌던 돈을 이제는 미국 실리콘밸리의 한 기업이 빨아들이고 있는 것이다. 고객과 빈집을 연결하여 숙

---

* 구글 매출의 90% 이상, 페이스북 매출의 95% 이상이 광고에서 발생한다.

박업계의 새 강자로 떠오른 에어비앤비 AirBnB 역시 마찬가지다. 그 외에도 수많은 서비스 산업에서 미국의 디지털 엔터프라이즈들은 기존의 게임의 법칙을 깨뜨리는 디지털 트랜스포메이션을 만들어내면서 각 나라에 빨대를 꽂고 미국으로 돈을 쭉쭉 빨아들이고 있다.

누가 최후의
승자가 될 것인가

디지털 엔터프라이즈들이 기존 기업들의 밥그릇을 깨뜨리고 빼앗게 되면서 이들 기업 간의 경쟁은 더욱더 다양한 영역에서 이뤄지게 될 것이다. 당장은 기존 게임의 법칙을 가지고 싸우는 기존 기업들에게 디지털 엔터프라이즈가 새로운 게임의 법칙으로 도전하는 양상이 되겠지만, 궁극적으로 볼 때 결과는 불 보듯 뻔하다. 디지털이라는 혁신으로 도전하는 디지털 엔터프라이즈들이 최종 승자가 될 것이다. 지금 시점에서는 디지털 엔터프라이즈들의 제품이 어설퍼 보이고, 프로세스가 낯설게 느껴질지 몰라도, 무어의 법칙을 따라가는 디지털 경험곡선은 기존의 경험곡선을 추월할 것이고, 어느 순간부터 기존 기업들은 디지털 엔터프라이즈의 경쟁력을 따라가기 어렵게 될 것이다.

이러한 경쟁의 양상을 생각해보면, 처음부터 디지털 엔터프라이즈를 노리는 신생 기업이든 기존 기업이든 결국에는 하나의 지향점, 즉 디지털 트랜스포메이션을 이끄는 디지털 엔터프라이즈로의 변화를 추구할 수밖에 없을 것으로 전망된다. 디지털 엔터프라이즈라는 것이 꼭 테슬라나 쿠팡 같은 새로운 기업만을 의미하는 것은 아니다. 디지털 기술을 활용하여 기존 산업의 게임의 법칙에서 벗어나고자 하는 기업이라면 기존 기업이라고 하더라도 디지털 엔터프라이즈가 될 수 있다.

앞서 디지털 엔터프라이즈에게 필요한 역량을 논의한 바 있지만 이번에는 산업에서 요구되는 모든 역량이라는 관점으로 시각을 넓혀 생각해보자. 과거에는 산업별로 요구되는, 기존의 게임의 법칙에 기반한 핵심적인 역량이 존재했다. 그리고 디지털 기술은 제한적인 범위에서 이러한 핵심 역량들을 보조하는 수단으로서 역할을 해왔다. 즉 과거에는 ICT 기업들이 기존 기업들을 보완하는 존재로서 협업을 해온 것이라 할 수 있다.

하지만 미래의 경쟁 구도는 완전히 새롭게 뒤바뀔 것이다. 디지털에 대한 이해를 바탕으로 디지털 아키텍트 역량을 갖추고 새롭게 게임의 법칙을 정의하고자 하는 신생 기업들이 디지털 엔터프라이즈로서 등장할 것이다. 그리고 이에 대항하기 위해 기존 기업들도 디지털 역량을 쌓으려 노력하면서 디지털 엔터프라이즈로의 변신을 꾀할 것이다. 이러한 경쟁에 한 가지 변수가 더 있다. 바로 기존의 ICT 기업들이다. 과거 ICT 기업들은 기존 기업들을 보조해주는 역할을 주로 수행해왔지만, 디지털 요소기술 면에서는 가장 많은 역량을 축적해온 기업이다. 따라서 새롭게 변화하는 디지털 트랜스포메이션이 이뤄지는 미래에는 과거 같은 보조적 역할에 머무르지 않고 더 큰 파이를 차지하기 위해 디지털 엔터프라이즈로 직접 변신하

표 4-3 미래의 경쟁 구도

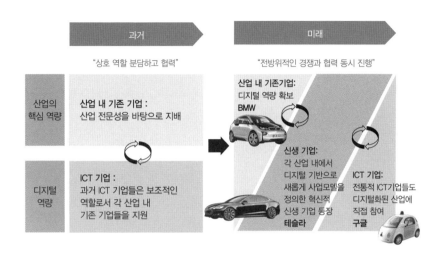

여 경쟁에 뛰어들 가능성이 있다.

자동차산업을 예로 들어보자. 신생 기업인 테슬라가 새로운 게임의 법칙을 들고 자동차산업에 뛰어들면서 판이 흔들리기 시작하더니 중국의 BYD 등 새로운 전기차업체들이 뒤를 이어 시장에 속속 등장했다. 그러자 기존 업체들 대부분이 심각한 위협을 느끼고 전기차에 공격적으로 투자를 진행하고 있다. GM이 볼트Volt를 필두로 전기차 개발에 적극 나섰고, 그 뒤를 이어 닛산Nissan, 포르쉐Porsche 등 거의 모든 자동차 회사들이 전기차를 출시하거나 개발에 열중하고 있다.

그러면서 전기차에서 한 단계 더 진화한 무인차 또는 자율주행차라는 개념이 등장하게 되었고 벤츠Benz나 아우디Audi 등은 전기차보다 이에 더 집중하고 있다. 자율주행차는 동력원을 내연기관에서 모터로 바꾼 데서 한발 더 나아가 자동차의 모든 기능을 디지털화한 차로, IoT 센서를 통해 다양한 주변 정보들을 확보하고, 이를 빅데이터로 처리한 후 머신러닝이나 인공지능으로 사람의 조작 없이도 목적지까지 운전을 수행하는 자동차다.

기존 자동차 기업이나 테슬라 같은 신생 기업들도 이러한 자동차를 개발하여 의미 있는 성과를 내고 있으나, 사실 이를 위한 디지털 요소기술을 가장 잘 갖추고 있는 기업들은 기존 ICT 기업들이다. 실제로 자율주행차 개발에서 가장 앞서 있는 기업은 구글이다. 구글은 이미 73대의 시제품을 만들어 누적 거리 193만 km에 달하는 주행 테스트를 거치며 완성도를 높여가고 있다. 2015년 기준 미국 캘리포니아에 등록된 자율주행차는 총 102대인데, 그중 70%가 구글 것이라는 사실만 봐도 얼마나 앞서 있는지 짐작할 수 있다. 최근에는

(위부터) 구글, 바이두, 벤츠가
테스트 중인 자율주행차

최강 ICT 기업인 애플마저 자율주행차를 비밀리에 개발 중이라는 루머가 거의 기정사실화되고 있고, 중국 ICT 기업인 바이두Baidu 등 다양한 기업들이 자동차산업에 뛰어들고 있다.

다른 산업 역시 마찬가지다. 금융산업의 경우 새로운 사업모델들로 무장한 핀테크 기업들이 무수히 생겨나고 있는 동시에, 기존 금융 기업들도 적극적으로 디지털 역량에 투자하면서 새로운 사업모델로의 변신을 노리고 있다. 여기에 애플, 카카오 같은 기존의 ICT 기업들도 적극적으로 금융산업 진출을 시도하고 있다. 앞서 살펴보았듯 골드만삭스 전체 인력 중 30%가 이미 디지털 인력이고, 뱅크오브아메리카는 5년간 150억 달러(약 18조 원)라는 어마어마한 돈을 디지털에 투자하고 있다. 애플은 애플페이Apple Pay를 통해 지불 결제 시장에 진입하여 신용카드를 대체하고자 하며, 언젠가는 아이폰을 통해 종합 금융 서비스를 제공할 것으로 예상하는 시각들이 많다. 카카오 역시 한국의 인터넷 전문 은행 사업권을 획득하게 될 가능성이 높다.

디지털 트랜스포메이션을 선도하기 위하여 신생 기업과 기존 기업, 그리고 기존 ICT 기업들은 이처럼 다양한 산업에서 격렬하게 맞부딪치게 될 것이다. 이러한 세 종류의 기업들은 디지털 엔터프라이즈가 되는 데 서로 다른 강점을 갖고 있어, 어느 기업이 주도권을 차지하게 될지는 아직 불확실성이 높다.

신생 기업들의 경우, 기존 산업의 게임의 법칙과 사업모델로부터 완전히 자유로운 만큼 특히 디지털 아키텍트 역량 관점에서는 가장 진취적일 가능성이 높지만, 보유하고 있는 자원에 한계가 있고, 디지

표 4-4 기업 형태에 따른 장단점

	산업 내 신생 기업	기존 ICT 기업	산업 내 기존 기업
디지털 아키텍트			
• 디지털 마인드	매우 강함	보통	약함
• 디지털 전문성	보통	강함	약함
• 산업 전문성	약함	약함	강함
디지털 요소기술			
• 애플리케이션	보통	강함	보통
• 플랫폼	약함	매우 강함	약함
• 인프라	약함	강함	보통
보유 자원	약함	보통	강함

털 요소기술 측면 역시도 부족할 가능성이 높다. ICT 기업들의 경우, 디지털에 대한 이해가 매우 높아 디지털 아키텍트에 대한 기본 소양을 갖추고 있을 가능성이 높으며, 디지털 요소기술 역량도 상당히 축적되어 있을 것이다. 다만 기존 핵심 사업이 있는 상황에서 얼마나 적극적으로 변화를 모색할 수 있을 것인지가 중요한 한계가 될 것이다. 기존 기업들의 경우, 기존 사업모델과 게임의 법칙이 새로운 움직임을 제약할 수 있는 약점이 있는 반면, 자원을 동원하는 능력 면에서 강점을 갖고 있기 때문에 경영진이 얼마나 빨리 디지털 아키텍트에 대한 이해도를 갖추느냐에 따라 대등한 경쟁을 펼칠 가능성도 있다. 즉, 세 종류 기업들 모두 강점과 약점을 갖고 있다.

따라서 이러한 세 종류의 기업들은 독자적으로 경쟁에 나서기도

하겠지만, 자신의 약점을 보완해줄 다른 종류의 기업과의 제휴를 적극적으로 모색하게 될 가능성도 있다. 특히 기존 기업들과 ICT 기업의 결합이 많이 이뤄질 것으로 예상된다. 실제로 구글은 자율주행차의 시장 확산을 위해 포드Ford와 손잡았고, 애플은 애플페이 확산을 위해 다양한 신용카드업체와 손을 잡았다. 어쩌면 많은 영역에서 일반적인 경쟁 패턴은, 우선 기업가 정신으로 무장한 신생 기업들이 선구적이고 비전이 확실한 새로운 사업모델과 게임의 법칙을 들고 시장에 진입하면, 기존 기업들이 이를 참고해 ICT 기업들에게 도움을 요청하고, 새로운 성장 기회를 노리는 ICT 기업들이 그 손을 맞잡으면서 이뤄질 가능성도 높다.

결국 최후의 승자가 되는 건, 어떤 기업 형태에서 시작했느냐보다, 누가 필요한 역량을 재빨리 갖추느냐에 달려 있을 가능성이 높다. 신생 기업에게는 디지털 아키텍트로서 생각한 아이디어들을 구현하는 데 필요한 요소기술들을 제한된 자원하에서 신속하게 확보하는 데 성패가 달릴 것이다. 기존 기업들에게는 기존의 사고 방식에서 탈피하여 얼마나 유연하게 디지털 아키텍트 역량을 확보할 것이냐가 가장 중요한 숙제가 될 것이다. ICT 기업들이야말로 가장 균형적으로 역량을 갖추고 있다고 할 수 있으나, 본업이 아닌 신규 사업으로 접근할 수밖에 없는 상황에서 과연 선택과 집중을 제대로 할 수 있을 것이냐가 가장 중요한 문제가 될 것이다. 세 유형의 기업들이 각각 어떻게 준비를 해나가게 될 것인지 특히 역량 확보 관점에서 이해해보도록 하자.

신생 기업:
대담하게 도전하라

신생 기업들은 디지털 트랜스포메이션을 목표로, 디지털 엔터프라이즈로서의 사업모델을 비전으로 하는 창업자들이 세운 회사다. 따라서 창업 시점부터 디지털 아키텍트 역량은 확보가 된 상태에서, 이들의 비전에 동참하는 사람들을 추가로 채용함으로써 기업의 모양새를 갖추어나가는 것이 일반적인 수순이다.

이들의 가장 큰 강점은 디지털 트랜스포메이션 방향에 대한 명확한 비전과, 디지털 엔터프라이즈로서 요구되는 문화와 조직을 갖고 있다는 점이다. 돈보다 미션과 비전, 문화를 중요시하는 디지털 시대의 소프트웨어 인력들을 유치하는 데 있어서 오히려 신생 기업들은 유리한 점이 있다.

문제는 요소기술 역량의 확보다. 신생 기업으로서는 게임의 법칙을 바꾸기 위한 사업모델에 요구되는 애플리케이션, 플랫폼, 인프라를 모두 갖춘 채 시작하기에는 돈을 중심으로 한 자원이 부족할 수밖에 없다. 따라서 초기에는 제한된 자원을 애플리케이션에 집중하고, 플랫폼이나 인프라에 있어서는 매우 제한적으로 역량을 갖추는 경우가 일반적이다. 이들이 애플리케이션 요소기술에 기반하여 첫선을 보인 제품·서비스가 시장에서 호응을 받게 되는 경우, 추가적으로 투자를 받아 나머지 요소기술들을 확보할 수 있지만 그렇지 못한다면 전체적인 역량과 자원의 한계 때문에 흔히들 이야기하는 죽음의 계곡*을 빠져나오지 못하고 사라질 수도 있다.

중요한 것은 추가 투자를 받은 시점에서 이를 어떻게 활용하여 한발 더 치고 나가느냐다. 쿠팡은 소셜커머스라는 새로운 사업모델을 제시하여 돈을 끌어 모은 후, 바로 새로운 시장인 모바일 중심 마켓플레이스 모델로 전환하면서 기존 기업과 차별화에 성공했다. 그 후 이를 바탕으로 궁극적인 유통모델, 즉 배송까지 결합한 완전한 통합모델을 기치로, 1조 원이 넘는 대규모 투자를 받아내면서 이제는 다른 어떤 경쟁 업체도 감히 넘보기 어려운 진입 장벽을 구축해 가고 있다.

비슷한 시기, 비슷한 성장 경로로 함께 커온 티켓몬스터나 위메이크프라이스는 모바일 중심 마켓플레이스 모델까지의 전환은 이뤄냈으나, 이후 궁극적인 사업모델에 대한 비전에서 한계를 보이면서 쿠팡과 격차가 점점 벌어지고 있다. 그렇다고 티켓몬스터 등이 놀고만 있었던 것은 아니다. 티켓몬스터는 모바일 중심 마켓플레이스 모델로 전환하며 받은 투자를 요소기술 확보에 집중했다. 즉 디지털 유통업체로서의 차별화를 위해 전체 IT 시스템을 완전히 원점에서 재구축하는 데 수백억 원을 투자한 것이다.

재미있는 사실은 이 시기 티켓몬스터와 쿠팡이 핵심 디지털 요소기술 확보를 위해 소프트웨어 인력들을 적극적으로 채용했다는 것이다. 티켓몬스터와 쿠팡은 기존 연봉의 2배 이상을 제시하고 네이

- 스타트업이 시작된 후 실제 매출이 발생하고 수익을 얻기까지 수 년의 시간이 걸리는데, 그 사이 초기 투자 자금이 소진될 경우, 고비를 넘지 못하고 사라진다. 이러한 고난의 시기를 사막을 건너는 과정에서 겪는 어려움에 빗대 죽음의 계곡(Death Valley)이라 표현한다.

표 4-5 **쿠팡의 사업모델 진화와 역량 확보**

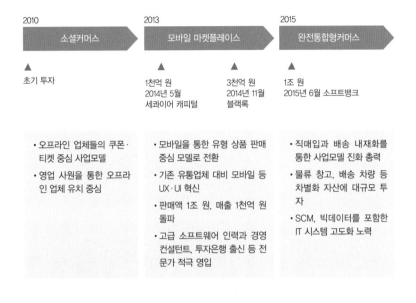

2010 소셜커머스	2013 모바일 마켓플레이스		2015 완전통합형커머스
▲ 초기 투자	▲ 1천억 원 2014년 5월 세콰이어 캐피털	▲ 3천억 원 2014년 11월 블랙록	▲ 1조 원 2015년 6월 소프트뱅크
• 오프라인 업체들의 쿠폰·티켓 중심 사업모델 • 영업 사원을 통한 오프라인 업체 유치 중심	• 모바일을 통한 유형 상품 판매 중심 모델로 전환 • 기존 유통업체 대비 모바일 등 UX·UI 혁신 • 판매액 1조 원, 매출 1천억 원 돌파 • 고급 소프트웨어 인력과 경영 컨설턴트, 투자은행 출신 등 전문가 적극 영입		• 직매입과 배송 내재화를 통한 사업모델 진화 총력 • 물류 창고, 배송 차량 등 차별화 자산에 대규모 투자 • SCM, 빅데이터를 포함한 IT 시스템 고도화 노력

버, 다음 등으로부터 우수 엔지니어들을 끌어모았다. 이러한 점이 디지털 중심 신생 기업들이 가질 수 있는 장점이라 할 수 있다. 기존의 유통 기업들, 특히 재벌 그룹에 속해 있어 그룹 내 통일된 직급과 보상 체계에 묶여 있는 CJ홈쇼핑, GS홈쇼핑, SK플래닛 같은 기존 기업들로서는 이런 식의 파격적인 우수 인력 유치에는 한계가 있을 수밖에 없다.

신생 기업들은 창업자들의 디지털 아키텍트 역량이 만들어내는 비전을 가장 중요한 자산 삼아, 시장과 투자자들에게 자신의 비전이 옳다는 것을 증명해내면서 조금씩 요소기술 역량을 붙여나가는 방식으로 성장하게 된다. 이 과정에서 확보한 자금들을 차별화된 사업 모델 실현을 위해 선택과 집중을 하는 것이 중요하며, 조직과 문화의 유연성을 바탕으로, 역량을 갖춘 핵심 인력 확보에 총력을 기울여야 한다.

기존 기업:
과감하게 혁신하라

기존 기업에게는 현재 자신이 갖고 있는 텃밭을 지키면서도 새로운 모델로 큰 충격 없이 이전하는 것이 중요한 과제가 된다. 선도적인 기업들이 어떻게 이러한 변화를 시도하는지부터 살펴보자.

월마트는 디지털 엔터프라이즈인 아마존의 급성장에 큰 충격을 받은 뒤, 디지털 트랜스포메이션을 가장 적극적으로 시도하고 있는 유통 기업 중 하나다. 월마트는 기존 사업모델이나 사고방식으로는 디지털 엔터프라이즈에 대항하는 데 한계가 있다는 사실을 깨닫고, 기존 조직과는 완전히 독립된 별도 조직을 신설하여 필요한 역량을 확보해나가고 있다.

월마트는 실리콘밸리에 200명 규모로 디지털 기술을 이용해 혁신을 추구하는 조직인 월마트랩스Walmart Labs를 만들었다. 이들은 수직적 구조인 월마트와는 완전히 독립적으로 운영되며, 실리콘밸리의 수평적인 팀 중심의 조직 구조와 문화를 추구한다. 디지털 아키텍트 역량을 갖추기 위해 두 명의 수장인 CIO와 CTO를 유통산업의 디지털 엔터프라이즈인 이베이eBay에서 영입하는 등 대부분 리더들을 ICT 기업이나 디지털 엔터프라이즈로부터 영입했다. 이들을 통해 월마트는 온오프라인을 결합한 새로운 방식의 사업모델로의 변신을 시도하고 있으며, 고객가치와 프로세스를 모두 새롭게 구축하고 있다.

특기할 점은 월마트가 디지털 아키텍트뿐 아니라 디지털 요소기술까지 모두 내재화를 시도하고 있다는 점이다. 월마트랩스 내에 온라인 유통 사업모델을 고민하는 CTO 외에도 이를 뒷받침할 웹 시스템과 디지털 인프라를 개발하는 플랫폼 담당 임원VP of platform and systems, 고객 분석과 공급망 데이터 처리를 위한 빅데이터 솔루션을 개발하는 엔지니어링 담당 임원VP of Engineering을 영입했다. 뿐만 아니라 고객 서비스를 개발하는 고객만족 담당 임원VP of customer promise이라는 직책까지 신설하여 20년 이상 모바일 애플리케이션 분야에서 일한 전문가를 영입했다.

월마트랩스는 온라인 유통의 핵심 차별화 요소라 할 수 있는 고객 분석 및 맞춤형 제품 추천 시스템을 완전히 자체 개발하여, 기존 오프라인 매장을 온라인에 옮겨놓기만 한 단순한 온라인 웹사이트가 아닌 아마존과 경쟁할 수 있는 수준의 온라인 사업모델을 구축해 가고 있다. 월마트랩스의 활약으로 월마트의 온라인 매출은 2011년 50억 달러(약 6조 원)에서 2014년 120억 달러(약 14조 원)로, 3년 사이에 2.5배 가까이 성장했고, 디지털 기술 도입을 통해 재고를 16% 줄이는 성과를 이뤄냈다.

기존의 많은 유통 기업들이 오프라인의 사업모델과 조직을 그대로 둔 상태에서 온라인을 그 밑에 존재하는 추가적인 점포로 다루는 것과는 달리 월마트는 기존 오프라인은 그대로 두고 온라인 사업모델에 특화된 완전히 새로운 조직을 만들어 디지털 엔터프라이즈가 되기 위한 역량을 별도로 쌓는 방법을 택했다는 점이 주목할 만하다.

자동차산업에서는 더욱 적극적인 모습들을 발견할 수 있다. 최근 몇 년 동안 대부분의 글로벌 자동차업체들은 실리콘밸리에 디지털 기술 연구를 위한 연구소들을 세우고, 자동차 인력이 아닌 디지털 인력들을 적극 영입하기 위해 경쟁을 벌이고 있다. 나아가 토요타의

표 4-6 주요 자동차업체들의 실리콘밸리 내 연구소 현황

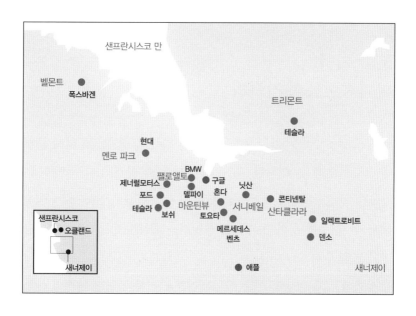

경우 디지털 요소기술 중 핵심이라 할 머신러닝과 인공지능 플랫폼 기술 연구를 위해 10억 달러(약 1조 2천억 원)를 투자하여 스탠퍼드 대학교를 거점으로 한 연구소를 설립했다.

이러한 기존 기업들의 가장 큰 자산은 뭐니 뭐니 해도 기존 사업을 통해 확보해둔 자원들이다. 반면 기존 사업이 갖고 있는 유산은 디지털 트랜스포메이션의 가장 큰 장애물이 될 수 있다. 따라서 기존 기업들은 초기에는 기존 조직, 사업모델과는 독립된 조직을 통해 디지털 트랜스포메이션을 위한 새로운 디지털 엔터프라이즈를 육성하고, 이후 디지털 엔터프라이즈가 자생력과 경쟁력을 어느 정도 확보한 뒤 기존 조직과 통합 또는 전환을 시도하는 것이 가장 바람직할 것으로 판단된다.

ICT 기업:
파괴적으로 확장하라

기존 ICT 기업들은 다른 경쟁자들에 비해 플랫폼이나 인프라 등 디지털 요소기술에서 한발 앞서 있다는 매우 큰 강점을 갖고 있다. 특히 소프트웨어 인력이 점점 더 귀해지는 현실에서 수천, 수만 명의 소프트웨어 인력을 확보하고 있다는 것은 엄청난 경쟁 우위가 된다.

사실 이들은 그동안 기존 산업들과는 완전히 독립된 별개의 산업으로서의 ICT산업에서 먹고살아 왔으나, 모든 산업이 디지털과 결합하고, 디지털의 게임의 법칙을 따라 움직이게 되는 상황에서 굳이 기존 사업 영역에만 머무를 이유가 없어졌다. 그리하여 최근 많은 ICT 기업들이 자신의 영역을 넘어 다른 산업으로 진입하면서 디지털 트랜스포메이션을 시도하고 있다. 이들의 경우 짧은 시간과 제한된 자원으로는 도저히 시도하기 어려운 디지털 플랫폼을 활용하는 데서부터 새로운 분야로의 진입을 시도하는 경우가 많다.

구글이 자율주행차를 가장 적극적으로 시도하는 이유는 자동차산업의 판을 바꾸는 데 플랫폼 기술을 활용하는 것이 구글로서는 가장 적절한 방법이기 때문이다. 아무런 역량이나 자산 없이 새롭게 자동차산업에 진입하는 테슬라와 디지털 요소기술을 갖추고 있는 구글의 시도는 시작부터 다를 수밖에 없다. 구글은 자체적인 플랫폼 기술을 바탕으로 자율주행차를 개발한 뒤, 이를 상용화시키는 데 있어서는 기존 기업들의 역량을 끌어다 보강하는 방향으로 움직이고 있다.

한 예로 2015년 10월, 전 현대자동차 미국법인 CEO였던 존 크라프칙John Krafcik을 자율주행차 사업의 최고경영자로 영입하였다. 그가 현대자동차의 미국 시장점유율이 가장 급격히 상승한 2008년부터 2014년까지 현대자동차의 전성기를 이끌며 후발 주자의 마케팅과 영업에 눈에 띄는 성과를 냈다는 사실을 미루어볼 때, 구글의 자율주행차가 공식적으로 시장에 등장할 시기가 그리 멀지 않았다는 예상도 가능하다.

이처럼 ICT 기업들의 경우 이미 갖추고 있는 탄탄한 플랫폼 역량을 바탕으로 강점을 발휘할 방향을 잡은 후, 스스로 디지털 아키텍트 역량을 확보하고 나서 기존 기업의 역량까지 흡수하는 방식으로 디지털 트랜스포메이션을 전개해나가는 것이 일반적인 방법이 될 것이다.

어쨌건 세상은
더욱 윤택해진다

이러한 경쟁 구도를 감안할 때, 디지털 요소기술의 확보는 최소한의 필요조건이 된다. 그런 점에서 향후 디지털 엔터프라이즈로서 가장 무서운 힘을 발휘할 기업은 신생 기업들보다는 오히려 플랫폼을 중심으로 디지털 요소기술을 가장 확실하게 갖추고 있는 ICT 기업들이라는 주장이 힘을 얻고 있다. 특히 눈여겨 보아야 할 것은 ICT 기업늘 중 선구석인 기업들은 이미 이러한 변화가 일어날 것이라는 예상하에 디지털 요소기술 확보에 집착해왔다는 점이다.

현 시점에서 핵심 요소기술인 IoT, 빅데이터, 머신러닝, 클라우드에 가장 앞서 있는 업체들은 신생 스타트업들이 아닌 구글, 아마존, IBM 같은 기존 ICT 기업들이며, 이들은 이러한 플랫폼 기술을 바탕으로 다양한 산업 분야로 직접 또는 간접적인 확장을 시도하고 있는 것이 사실이다. 이런 면에서 볼 때 미래의 경쟁 구도에 대한 예상, 즉 ICT 기업들이 미래를 장악할 것이라는 예측이 가장 가능성 높아 보이기도 한다.

표 4-7 **역량 축적의 방향성**

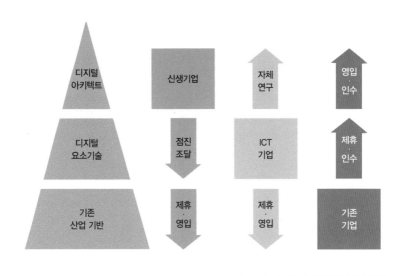

하지만 변화가 반드시 한 방향으로만 이뤄지는 것은 아니다. ICT 기업들의 경우 신생 기업들과는 달리, 이미 기존 ICT산업에서 본업을 갖고 있다. 따라서 플랫폼 역량을 통해 새로운 산업에 독자적으로 진입하는 모델 외에도 이를 활용하여 기존 기업이나 신생 기업과 제휴·협력하여 파이를 키우는 전략도 함께 전개하고 있다. 굳이 새로운 산업의 불확실성에 모든 것을 걸기보다는 어차피 반드시 필요로 하게 될 플랫폼에 대한 자신감을 바탕으로, 해당 산업에서의 파이를 일부라도 안정적으로 가져오는 방식을 택하는 것이다.

예를 들어 IBM의 경우, 미래의 가장 중요한 성장 동력으로 머신러닝을 꼽고 있다. IBM의 전성기를 이끌었던 CEO의 이름을 따서 왓슨*이라 이름 붙인 IBM 머신러닝 사업부는 다양한 방식으로 사업을 전개하고 있는데, 직접 사업을 전개하기보다는 주로 기존 기업들에게 플랫폼 역량을 제공해줌으로써 함께 디지털 트랜스포메이션을 이끌어가는 방식에 주력하고 있다.

일례로 의료산업 분야에서 왓슨은 전 세계 모든 의학 논문과 처방전을 디지털화하고, 여기서 학습한 것을 바탕으로 환자들의 증상이나 엑스레이 사진, 의료 데이터 등을 판독하여, 가장 가능성 높은 질병과 적절한 치료 방법을 제안하는 로봇 의사에 가까운 서비스를 개발 중이다. 이를 통해 기존 의사들을 디지털로 대체하기보다는 기존 병원과 의사들과 협력하여 의료 행위를 보조하는 수단으로 자리 잡는 것이 최종 목표다. 자체적으로 의사를 대신하는 방법을 택하고, 모든 파이를 독식하기 위해서 기존 기업들과 분쟁하는 등 어려움을 겪기보다는, 차라리 기존 기업들의 디지털 트랜스포메이션을 도와주면서 파이의 일부를 가져가고, 범용 디지털 요소기술로써 다양한 산업에 참여하는 방식을 취하는 것이다.

마찬가지로 요소기술 중 플랫폼이 아닌 인프라의 경우, ICT 기업들이 이미 클라우드라는 형태로 독립적인 사업모델화하여 디지털 엔터프라이즈를 구축하고자 하는 기존 기업과 신생 기업들에게 서비스를 제공하는 방식으로 사업모델이 이뤄지고 있다. ICT 기업들

- Watson. 1915년부터 1956년까지 토머스 왓슨(Thomas J. Watson)이, 뒤를 이어 1971년까지 그 아들인 토머스 왓슨 주니어(Thomas J. Watson Jr.)가 IBM을 이끌었다. 왓슨은 전 세계 컴퓨터산업을 만들어낸 대명사라 해도 과언이 아니다.

이 이러한 요소기술 제공자 역할로 사업모델을 정의할 가능성이 존재한다는 것은, 플랫폼 역량을 반드시 갖추고 있지 않더라도 경쟁력 있는 디지털 엔터프라이즈를 구축할 수 있는 가능성이 높아졌다는 의미도 있다. 이는 미래의 경쟁 구도를 더욱 복잡하게 만드는 또 하나의 요인이다.

결국 앞으로의 디지털 트랜스포메이션에서 승자는 디지털 요소기술도 중요하지만, 디지털 엔터프라이즈로서의 사업모델을 제대로 구축할 수 있는 디지털 아키텍트 역량에 달려 있다고 볼 수 있다. 여기서 반드시 놓쳐서는 안 되는 것이 바로 기존 산업에 대한 이해다. 디지털 아키텍트로서 갖춰야 할 세 가지가 디지털 마인드, 디지털 전문성, 산업 전문성임을 명심할 필요가 있다. 판을 뒤엎기 위해서는 기존 게임의 법칙이 무엇인지를 명확하게 이해하는 것이 선행되어야 한다.

쿠팡이 새로운 사업모델을 통해서 이마트나 롯데와 경쟁하기 위해서는 디지털에 기반한 배송과 고객 서비스의 차별화 이전에 유통의 기본, 즉 좋은 상품을 저렴한 가격에 소싱하는 기본이 갖춰져야 한다. 서로의 강점을 살리고 상대의 단점을 공략하기 위한 기존 기업과 신생 기업 간의 경쟁은 앞으로 더욱 치열해질 것이고, 그 승자가 누구인지를 가리기란 쉬운 일이 아니다. 쿠팡은 오프라인의 고정비로부터 자유로운 점을 이용하여 배송과 IT 기반의 서비스 차별화에 집중할 것이고, 이마트와 롯데는 특히 쿠팡이 확보하기 어려운 신선식품을 중심으로 한 소싱에서의 경쟁력으로 쿠팡을 밀어내려 할 것이다. 누가 이길 것인지가 흥미롭기는 하지만 무엇보다 중요한 것은 이러한 경쟁이 결과적으로 모든 산업의 수준을 한 단계 더 올려놓을 것이고, 그 과정에서 고객들에게 돌아갈 가치는 크게 높아질 것이라는 점이다. 디지털은 세상을 더욱 윤택하게 바꿔놓을 것이다.

5장

산업 패러다임의 변화는
이미 시작되었다

지금까지 세상이 디지털을 통해서 어떻게
바뀌고 있고, 그 과정에서 살아남기 위해 어떤 역량이 필요한지 개
념적 차원에서 살펴보았다. 이제는 각각의 산업 영역에서 디지털 트
랜스포메이션이 어떤 식으로 이뤄질지 보다 구체적으로 그려볼 차
례다. 아직은 디지털혁명의 초기이고, 불확실성은 너무도 크지만 지
금까지의 논의를 바탕으로 디지털 트랜스포메이션의 방향성을 짚
어보는 것은 미래를 준비하기 위해 반드시 해봐야 할 작업이기 때문
이다. 여기서 다룰 내용들이 정답이라기보다는 다양한 논의를 위한
출발점이라는 생각을 갖고 각각의 산업에 대해 살펴보도록 하자.

우선 디지털 트랜스포메이션의 방향을 큰 축에서 생각해볼 필요
가 있다. 디지털 엔터프라이즈가 만들어야 할 새로운 게임의 법칙을
위한 사업모델의 구성 요소가 새로운 고객가치, 새로운 프로세스, 새
로운 생태계라는 데서부터 시작해보자. 그중에서 새로운 생태계는

새로운 고객가치와 새로운 프로세스를 가능하게 하기 위한 보조적인 요소라는 점을 감안하면, 핵심은 새로운 고객가치와 새로운 프로세스다. 디지털을 통해서 이룰 수 있는 고객가치와 프로세스가 어떤 것이 있고, 이를 통해 기존 산업들이 어떤 식으로 바뀔지 생각해보는 것이 디지털 엔터프라이즈의 미래를 그리는 첫 시작이 될 것이다.

우선 새로운 고객가치는 기존 제품이나 서비스가 고객에게 주던 가치를 디지털을 통해 어떻게 바꿀 수 있느냐가 핵심인데, 크게 세 가지 방향으로 생각해볼 수 있다. 첫 번째는 디지털 제품으로의 전환이다. 디지털과는 무관하게 만들어지고 작동하던 제품을 디지털 제품으로 변화시킴으로써 더 나은 가치를 만들어내는 것이다. 자동차가 좋은 예다. 디지털 제품으로의 전환은 특히 비용 구조 측면에서 기존 방식에 비해 큰 절감 효과를 기대할 수 있다는 점에서 시간이 흐를수록 의미가 커진다. 두 번째는 오프라인에서 이뤄지던 것들을 디지털을 통해 온라인으로 전환하는 것이다. 과거 오프라인에서만 가능했던 금융 서비스들이 최근 모바일 중심으로 한 온라인에서 이뤄지고 있는 것이 좋은 예가 될 것이다. 세 번째는 온라인에 기반하여 추가 서비스를 제공하는 것이다. 최근 유행인 카카오택시 등 O2O Offline to Online 서비스들이 여기 속한다. 물리적으로 이뤄지는 오프라인 상품과 서비스는 그대로 유지한 상태에서 온라인을 통한 중개, 매개가 더해지면서 고객 가치가 추가되는 것이다.

다음으로 새로운 프로세스다. 디지털을 통해 정보를 훨씬 많이, 자유롭게 다룰 수 있게 되면서 기존의 사업 프로세스들이 더 효율적이고 효과적으로 변화할 수 있게 되었다. 이는 크게 두 가지 유형으로 구분해볼 수 있다. 첫 번째는 프로세스에 디지털을 활용해 투명성을 높임으로써 효율을 개선하는 것이다. 자라가 디지털 기술을 이용해 공급망SCM 혁신을 이룬 것 등이 이러한 새로운 프로세스의 예가 된다. 두 번째는 무인화·자동화다. 머신러닝과 인공지능의 발달로, 과거에는 사람이 하던 프로세스들을 더 정확하면서도 경제적으로 수행할 수 있게 되었다. 과거의 무인화가 주차비 정산, 경비 등 단순노무직을 대체하던 것이었다면, 현재는 복잡한 사고를 요구하는 데까지 확장되고 있다. 최근 화두가 되고 있는 자산관리에서의 로보어드바이저Robo-Advisor가 좋은 예다.

이러한 두 가지 변화 가능성을 바탕으로 산업을 정리해보면 크게 세 가지 방향의 디지털 트랜스포메이션을 생각해볼 수 있다. 첫 번째는 새로운 고객가치와 새로운 프로세스 두 가지 방향 모두에서 근본적으로 변화가 이뤄지는 산업들이다. 오프라인에서 이뤄지던 활동이 온라인으로 이전되며 빅데이터, 머신러닝 등의 도움으로 새로운 방식으로 사업이 이뤄질 금융산업, 온라인 도입과 함께 사업모델의 진화가 지속적으로 이뤄지고 있는 유통산업 등이 여기 속한다. 미디어산업 역시 디지털 기술의 발전에 따라 그 형태가 근본적으로 변하고 있다.

두 번째는 새로운 고객가치 중심으로 변화가 이뤄지는 산업들이다. 주로 소비재들이 여기 속하는데, 단순히 제품이 디지털화되는 것뿐 아니라, 과거에는 물리적인 제품을 기반으로 하던 사업들이 서비스 기반으로 이동하는 데까지 변화가 이뤄지고 있다. 자동차산업이 좋은 예가 될 것이다.

표 5–1 주요 산업별 디지털 트랜스포메이션의 방향성

크다

새로운 고객경험 (New user experience) • 자동차 • 전자 • 소비재	종합적 트랜스포메이션 (Total transformation) • 미디어 • 유통·물류 • 교육 • 금융
새로운 고객가치를 통한 혁신	새로운 효율성 (New efficiency) • 헬스케어 • 에너지 • 산업재 • 농수산

작다

작다   새로운 프로세스를 통한 혁신   크다

세 번째는 새로운 프로세스 중심으로 변화가 이뤄지는 산업들이다. 산업재, 농수산, 에너지 등이 여기에 속하며, O2O 역시 이 영역에 해당하는 변화로 볼 수 있다.

이러한 변화의 방향을 감안할 때, 첫 번째와 두 번째 유형의 산업에서는 신생 기업들과 ICT 기업들이 중심이 되어 디지털 트랜스포메이션을 이끌어갈 것이라 한다면, 세 번째 유형의 산업은 기존 기업들 중심으로 디지털 트랜스포메이션이 이뤄질 것으로 예상된다.

산업에 따라 디지털 프랜스포메이션이 크게 어떤 방향으로 이뤄질지 알아보았다. 이제 각 산업 내에서 어떠한 방식으로 디지털 트랜스포메이션이 이뤄지고 있는지 살펴보자. 이를 통해 어떤 기회들과 위협들이 존재하고 있는지 조금 더 파악할 수 있을 것이다.

모든 경계가 무너진다:
금융산업

금융산업은 디지털의 영향을 가장 크게 받을 것으로 예상되는 산업 중 하나다. 이미 많은 사람들이 핀테크로 인해 기존의 금융 기업들이 사라질 것이라는 예상까지도 하고 있을 정도다. 금융산업의 디지털을 통한 변화는 두 가지 동인에서 시작된다고 볼 수 있다.

우선 금융산업의 본질을 생각해보자. 금융산업에는 크게 두 가지가 있는데, 하나는 돈을 매개로 하여 수요자와 공급자를 연결시켜주는 것(은행, 보험, 증권)이고, 다른 하나는 돈을 굴리는 것(자산운용)이다. 이 두 가지 사업모델 모두 핵심은 위험risk과 수익을 적절히 관리하는 데 있는데, 그 과정에서 데이터 분석을 통한 정확한 예측이 핵심이다. 다시 이야기하자면 금융산업은 본질적으로 디지털 기술의 개입 가능성이 매우 큰 영역이다.

실제로 최근 핀테크의 상당수는 위험도와 수익 예측에 빅데이터와 머신러닝 기술을 접목함으로써 보다 개선된 사업모델을 만들어내는 것을 목표로 한다. 최근 유행인 P2P나 크라우드펀딩Crowd Funding은 은행의 낮은 금리로 돈을 끌어오기 어려운 개인이나 기업을 대상으로 한 금융 서비스로, 새로운 빅데이터, 머신러닝 기반의 신용도 평가 모델을 이용해 이들의 개인 정보나 SNSSocial Networking Service(사회 관계망서비스) 활동 등을 토대로 적절한 금리를 도출하는 것에 차별화를 두고 있다. 로보어드바이저는 개개인의 재무 구조와 니즈 등 정보를 분석해, 개인에게 맞춤한 포트폴리오를 제공함으로써 안정적인 자산 관리 서비스를 제공하는 것을 목표로 한다. 이처럼 데이터 기반 산업인 금융산업에서 디지털을 통한 프로세스를 도입해 효율을 극대화하는 것이 디지털로 인한 큰 변화 중 하나다.

또 다른 디지털을 통한 변화는 지금껏 오프라인에서 이뤄지던 모든 활동을 온라인화하는 것이다. 이미 돈의 상당 부분이 온라인을 통해 거래되고 있다. 통장과 도장을 들고 은행에 가서 돈을 입금하고 인출하는 것은 최근에는 매우 드문 일이 되었다. 향후 10년 내에 은행 오프라인 점포 대부분이 사라지게 될 것이라고 이미 많은 사람들이 예측하고 있고, 한국에도 오프라인 점포가 아예 없는 인터넷 전문 은행이 조만간 등장할 전망이다. 비용을 지불할 때도 플라스틱 카드뿐 아니라 애플페이, 삼성페이 같은 모바일을 이용한 디지털 지불 수단까지 등장하면서 실제 돈을 사용할 일이 점점 사라지고 있다. 한발 더 나아가 최근에는 비트코인Bit Coin을 필두로 아예 화폐 자체를 디지털 화폐로 대체하고자 하는 시도와 논의들이 활발히 이뤄지고 있다.

이러한 온라인화는 단순히 금융 거래 형태의 변화에서 그치는 것이 아니라 산업 전체의 틀을 흔들고 있다. 지금까지 금융은 여신, 수신, 결제, 보험, 증권 등 서비스별로 완전히 독립된 사업으로, 서로 상이한 위험도와 수익 모델에 기반해 이뤄져 왔다. 사업자 또한 오프라인에 개별적으로 매장을 갖추고 각각의 서비스를 제공해왔다.

하지만 온라인으로 고객 접점이 옮겨가고, 디지털을 통해 다양한 데이터를 종합적으로 처리함으로써 보다 정확한 판단을 내리고자

표 5-2 **금융산업의 변화 방향성**

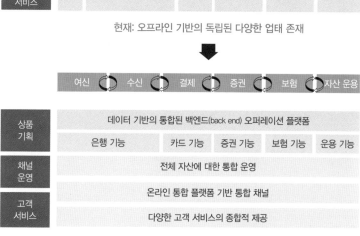

현재: 오프라인 기반의 독립된 다양한 업태 존재

미래: 디지털 기반의 통합된 새로운 사업모델로 진화

하는 니즈가 증가하면서 고객과 금융 기업 양쪽 모두가 지금껏 분리되어 있던 서비스의 구분을 허문 통합 서비스를 필요로 하게 되었다. 결국 미래의 금융산업은 온라인화된 금융 기업들이 정밀한 고객 분석 데이터에 기반해 마련한 다양한 금융 서비스를 하나의 온라인 플랫폼에서 제공하는 통합된 사업모델로 변화하게 될 것으로 예상된다. 고객 입장에서도 여러 기업의 서비스를 각각 이용하는 것보다는

표 5-3 금융산업의 디지털 트랜스포메이션

법칙의 재정의	오프라인 기반의 각각 독립된 사업으로, 전문성을 갖춘 인적 경쟁력에 기반한 서비스 차별화에 초점	통합된 단일 사업모델로서 데이터에 기반한 디지털 오퍼레이션을 통해 종합적인 금융서비스를 온라인으로 제공

고객가치 통합된 서비스	프로세스 완전한 데이터 기반 오퍼레이션	생태계 머신러닝, 빅데이터 등 플랫폼 업체와의 제휴
• 여신, 수신, 지불, 자산운용 등 다양한 금융서비스를 원스톱으로 온라인에서 해결 • 개인 니즈와 위험도에 대한 이해에 기반하여 맞춤형 자산 관리(로보어드바이저)	• 소득, 연령 등 인구통계학적 데이터뿐 아니라 SNS, 상세 지출 내역 등 개인 정보를 입체적으로 수집하고 철저하게 분석하여 개인화된 위험도 및 니즈 파악 • 모바일과 온라인에 최적화된 UX·UI 제공 • 금융 사기 및 고객 위험도에 대한 철저한 관리를 통해 리스크 최소화	• 빅데이터와 머신러닝 플랫폼 기술이 가장 집중적으로 활용될 영역 중 하나로서 다양한 외부의 솔루션들이 선제적으로 테스트·도입 • 클라우드 인프라 도입은 위험 회피적인 성향을 감안할 때 상대적으로 제한적일 것

통합 서비스를 이용하고자 하는 니즈가 더욱 커지게 될 것이다. 현재 로보어드바이저는 제한된 펀드(ETF) 중심의 자산 배분에 머무르고 있으나, 미래에는 예금, 보험, 펀드, 적금, 신용카드 등 모든 금융상품을 종합적으로 관리하는 기능으로 확장될 것이다.

디지털은 고객 접점뿐 아니라 뒤에서 이뤄지는 오퍼레이션까지도 근본적으로 변화시킬 것이다. 지금껏 경험에 기반해 개별적으로 이뤄지던 위험도와 수익에 대한 평가가 모든 데이터를 통합해 이뤄지게 되면서, 빅데이터와 머신러닝 중심의 플랫폼이 크게 중요시될 것이다. 또 부정 거래, 사기 행위 같은 이상 행동에 대한 추출이 자동으로 이뤄지고, 블록 체인 같은 신기술로 보안 문제가 해결되면서 훨씬 안전한 금융 서비스가 가능해질 것이다. 자산운용 부분도 지금은 수많은 펀드매니저들이 비싼 수수료를 받으면서 고객 자산을 굴리고 있지만, 앞으로는 워런 버핏Warren Buffet 같은 극소수의 천재 펀드매니저를 제외하고는 컴퓨터에 의한 포트폴리오 운용이 대세를 이루게 되면서 수수료가 매우 낮아질 것이다.

결론적으로 금융산업의 사업모델은 지금과는 매우 다른 형태가 될 가능성이 높다. 과거 금융산업은 상품에 따라 개별적이고 전문화된 오프라인 중심의 사업모델로 분화되어 있었다. 그러나 이제는 데이터 기반의 자동화된 오퍼레이션을 뒤에 두고, 앞에서는 하나로 통합된 온라인 플랫폼에서 다양한 금융 상품과 서비스들을 제공함으로써 극단적인 효율을 추구하는 통합 사업모델이 금융산업의 중심이 될 것이다.

금융 기업들의 보수성이나, 정책 기관의 영향을 크게 받는 산업적 특성을 감안하면 이러한 사업모델이 현실화되기까지는 예상보다 긴 시간이 걸릴 수도 있다. 하지만 이러한 사업모델의 단초가 되는 새로운 시도들이 최근 핀테크라는 이름으로 다양하게 나타나고 있다. 대표적인 모델 몇 가지를 살펴보자.

P2P:

현재 금융 기관들은 직장, 소득 수준, 자산, 연령, 학력 등 획일적인 기준으로 개인 위험도를 평가하고 그에 맞춰 대출을 제공한다.

거기에 보수적인 은행 정책까지 더해져 마땅히 받아야 할 이상으로 높은 대출 이자를 지불하는 고객들이 존재한다. 반면 경제활성화를 위한 정부의 의도적인 저금리 정책은 개인의 저축 니즈를 충족시키지 못하고 있다. 거기에 은행의 독점적인 사업모델로 인해 대출 이자와 저축 금리의 차이가 과도하게 벌어지는 것이 사실이다.

최근 생겨나는 P2P업체들은 고유의 빅데이터나 머신러닝 알고리즘을 이용한 위험도 평가 모델을 기반으로, 은행보다 높은 금리로 안정적으로 자금을 운용하고 싶은 개인과 낮은 금리로 돈을 빌리고 싶은 개인 또는 자영업자를 연결시켜주는 사업모델이다. 아직 기초 데이터가 부족하고, 신용 평가 모델에 대한 신뢰도가 확보되어 있지 않아 현재의 신생 기업 중 몇이나 살아남을 수 있을지 우려와 의구심이 크지만, 결국 현재의 은행 모델을 깨뜨리는 시작점이 될 가능성이 높다. 특히 은행보다 높은 위험도와 높은 금리의 대출 시장에서 돈을 벌어들이고 있는 신용카드업체들은 디지털을 이용해 보다 편리하게 대금을 지불할 수 있는 알리페이, 애플페이 등과 P2P의 협공에 조만간 생존 위협에 직면하게 될 것이다. 대표적인 P2P 기업인 미국 렌딩클럽Lending club은 이미 시가 총액이 85억 달러(약 10조 원)를 넘겼으며, 우리나라에도 유사한 신생 기업들이 앞다퉈 생겨나고 있어 미래 영향력을 발휘할 것으로 예상된다.

크라우드펀딩:
개인이나 기업들이 자금을 조달받는 방법 중 하나로, 금융 기업이 아닌 다수의 일반 대중crowd을 이용하는 것이다. P2P가 다多대다를

연결시키는 것이라면 크라우드펀딩은 하나의 기업과 다수의 고객을 연결시키는 방식을 취하고 있는데, 특히 스타트업이 초기 사업 자금을 확보하는 방법으로 각광받고 있다. 투자자 입장에서도 좋은 아이디어를 가진 스타트업에 종잣돈을 투자하는 방식 중 하나로 관심을 끌고 있다. 미국에서는 이미 킥스타터Kickstarter라는 크라우드펀딩을 통해 선도 가상현실 기업인 오큘러스Oculus를 비롯한 많은 스타트업들이 첫 시제품을 출시할 돈을 모아 성공적인 기업으로 성장해 나가고 있다. 한국에서도 최근 규제가 풀리면서 많은 스타트업들이 뛰어들고 있다.

로보어드바이저:

우리나라에서는 아직 소수의 부자들만 이용하고 있는 프라이빗 뱅킹 서비스를 대중화하는 모델이다. 전문 자산관리사에게 개별적으로 자문를 받을 만큼 충분한 자산을 갖고 있지 않은 사람들에게 개인의 위험 선호도, 자산 보유 현황, 미래 자금 소요 계획 등의 데이터를 분석하여 최적의 맞춤 자산 배분을 해주는 컴퓨터 기반 자동화된 자문 서비스다. 현재는 ETF 등 제한된 투자 상품만을 대상으로 하지만, 장기적으로는 통합 금융 서비스에서 고객에게 종합적인 자산·자금 관리를 해주는 핵심 서비스가 될 것으로 기대되고 있다.

컴퓨터 기반 자산운용:

로보어드바이저가 고객 데이터 분석에 초점을 맞춘 모델이라면, 반대로 투자 자산에 대한 데이터 분석을 통해 투자 수익을 극대화하기 위한 자산운용 모델이다. 한쪽에서는 과거 뮤추얼펀드의 초과 수익보다는 저렴한 수수료에, 딱 시장 평균만큼의 수익을 추구하는 인덱스펀드에서 한발 더 나아가 이를 완전히 자동화함으로써 수수료를 더욱 낮추고자 하는 시도와 다른 쪽에서는 다양한 데이터 분석을 통해 시장보다 초과 수익을 내고자 하는 시도가 동시에 이뤄지고 있다. 결과적으로 사람에 의존해 이뤄지는 현재의 자산운용 시장을 완전히 뒤엎을 수 있는 파괴력을 가질 것으로 기대된다. 이미 미국의 뉴욕증권거래소NYSE에서는 전체 거래의 70% 이상이 컴퓨터 프로그램에 의한 시스템 트레이딩의 주문이라고 한다.

리스크플랫폼:

머신러닝, 빅데이터 분석 기술을 바탕으로, 신용도와 위험도 평가 모델, 금융 사기 탐지 모델 등을 개발하여 금융 기업들에게 솔루션을 제공하는 사업이다. 아직 디지털 요소기술 역량은 부족하지만 프로세스 개선을 위해 이를 필요로 하는 기존 금융 기업들에게 관심을 받고 있으며 한국에서도 솔리드웨어 등 신생 기업들이 등장하기 시작했다.

비트코인과 블록체인:

비트코인은 디지털 기술을 통해 생성된 디지털 화폐다. 비트코인은 암호화된 키를 갖고 있는 사용자 간의 거래를 통해 유통되며, 거래 내용을 블록체인이라는 분산데이터베이스를 통해 다수의 컴퓨터에서 기록하게 함으로써 안정성을 확보했다. 또한 공급량과 인플레이션을 사전에 정의해두어 인위적으로 조작이 불가능하도록 만들어, 기존 화폐와 달리 완전히 독립된 통화 체계로서 의미를 갖는다.

초기에는 비트코인의 생성과 거래를 연산하는 네트워크에 참여함으로써 비트코인을 생성받게 되며, 총량이 생성된 이후에는 거래 관련 연산을 수수료로 받게 하여 비트코인 참여자들이 블록체인의 노드로서 지속적으로 참여하게끔 인센티브를 만들어두었다. 비트코인을 채굴한다는 것은 내 컴퓨터 성능의 일부를 블록체인 네트워크에 빌려준다는 의미와 같다.

비트코인 자체도 새로운 통화 체계의 시도로서 의미가 있으나, 블록체인 역시 향후 금융 거래 안정성을 위한 새로운 시도로서 다양한 금융 기업들이 관심을 갖고 기술 개발에 투자하고 있다. 송금뿐 아니라 결제, 증권 거래 등 다양한 온라인 금융 거래에서는 어떻게 신뢰성을 보장하고 부정 사용을 막을 것인지가 큰 화두인데, 이를 해결할 가장 유력한 대안으로 블록체인이 떠오르고 있기 때문이다.

이러한 새로운 모델들의 등장과 함께, 미국 등의 선도 금융 기업들도 디지털 역량 확보에 적극적으로 나서고 있다. 이미 미국에서는 디지털 기술을 책임지는 CIO의 중요성이 점점 더 강조되고 있으며, 도이치은행Deutsche Bank, 캐피털원Capital One 등은 실리콘밸리에 핀테크 기술 개발을 위한 연구소를 운영하고 있다. 앞서 이야기했듯이 뱅크오브아메리카가 1년간 IT에 투자한 비용은 구글이 데이터센터에 투자한 비용에 육박할 정도다. 산탄데르Santander, 버클레이Barclays 등은 수천억 원 규모의 핀테크 전문 벤처캐피털을 설립했으며, 내부적으로도 디지털 플랫폼과 인프라 구축에 수조 원 이상의 막대한 자금을 투입하고 있다.

이렇게 기존 기업들과 신생 기업들이 적극적으로 투자에 나서면서 이러한 막대한 투자가 혁신을 이끌어내는 선순환을 만들어냄으로써, 머지 않은 미래에 금융산업이 근본적으로 바뀔 것으로 기대된다.

복잡한 글로벌 공급망의 변혁: 물류산업

물류산업의 발전은 크게 B2C와 B2B로 나누어 생각해볼 수 있다. 우선 B2B에서 어떤 일들이 벌어지고 있는지부터 살펴보자. 물류산업의 발전을 알기 위해서는 그 고객인 제조업이 어떻게 바뀌고 있는지부터 생각해보아야 한다.

중국이 글로벌 경제에 본격 진입한 1990년대 이후부터 20여 년간 전 세계 제조업은 실질적으로는 디플레이션 상태였다고 보아야 한다. 엄청나게 저렴한 중국의 노동력이 쏟아져 들어오면서 전 세계 제조업은 저렴한 제조원가의 달콤함을 20년 가까이 누릴 수 있었다. 하지만 2000년대 중반에 들어 중국이 전 세계 경제대국으로 올라서면서 경제 구조를 수출 중심에서 내수 중심으로 방향을 틀었고, 중국인들의 학력 수준과 의식 수준이 높아지면서 중국은 더 이상 노동력 중심의 수출 국가가 아닌 고임금의 지식 국가로 변화하고 있다. 물론 여전히 중국의 1인당 GDP는 중진국 수준이지만, 중요한 것은 20년 만에 전 세계 제조업체들에게는 높아지는 제조원가를 어떻게 해결해야 할지 진지하게 고민해야만 하는 위기 상황이 닥쳤다는 것이다. 제조업체들은 모든 비용들이 최적화된 효율적인 사업 프로세스를 만들기 위해 해결책을 모색하기 시작했다.

이러한 환경 변화 속에서 기회를 맞은 것이 바로 물류산업이다. 상승하는 원자재 가격과 생산비용을 상쇄하기 위해 기업들이 중간에 낭비되는 재고와 물류비용을 절감하는 방향으로 눈을 돌리기 시작한 것이다. 그러나 과거 20년간 급속히 진행된 글로벌화는 쉽게 손을 대기 어려운 수준으로 복잡해져 있었다. 이전에는 글로벌 기업이라 해도 대부분 본사가 있는 국가를 중심으로 대형 생산 기지를 두고, 여러 나라에 판매망을 구축하여 제품을 판매하던 것이 일반적이었다. 그러나 지금은 거의 모든 기업이 각 대륙마다 생산 기지를 두고 전 세계에 복잡하게 얽힌 글로벌 네트워크를 통해 제품을 판매하고 있다. 한 예로 현대자동차는 1970년대부터 수출을 시작했지만 생산 기지의 해외 진출은 1990년대 후반에야 이뤄졌고, 지금은 터키, 인도, 중국 등 개도국뿐 아니라 최근 미국, 체코, 러시아, 브라질 등에 건설한 전 세계 10여 개의 공장에서 연 800만 대 이상의 자동차를 생산해내고 있다.

이러한 글로벌 환경에서 요구되는 복잡한 공급망Supply Chain을 효율적으로 구축하기에는 역량이 부족한 기업들을 대신해 페덱스FeDex, DHL, UPS 등 글로벌 물류 회사들이 본격적으로 사업을 확장하고 있다. 이러한 기업들이 복잡한 문제를 해결하기 위해 사용한 도구가 바로 디지털이다. 차량, 선박, 비행기 등 디지털과는 전혀 관계 없어 보이는 물류산업이지만, 사실 디지털 기술 활용에 있어서는 여타의 산업보다 앞서 있다.

다른 관점에서 보면, 거의 모든 산업에서 디지털을 통해 프로세스의 효율을 높이고자 할 때 혁신의 큰 두 축은 데이터를 처리하는 의사결정 프로세스의 혁신과 물리적 자산을 움직이는 공급망 프로세스의 혁신인데, 물류산업의 디지털 트랜스포메이션은 그 중심에 존재한다. 이러한 물류산업의 변화를 쉽게 체감할 수 없을지도 모른다. 특히 B2B에서의 디지털 트랜스포메이션은 겉으로 바로 드러나기보다는 물밑에서 차이를 만들어내는 것이기 때문이다.

물류에 디지털 트랜스포메이션이 도입되어 발생하는 가치의 실체를 조금 더 깊이 이해해보자. 물류 전문업체의 예는 아니지만, 물류 전체 과정에서 디지털이 만들어내는 차이를 파악하기 위해 글로벌 소비재 기업인 P&G의 사례를 살펴보는 것이 의미가 있을 것이다. P&G는 자신들의 프로세스 내에서 현재 이뤄지고 있는 모든 상황을 실시간으로 완전히 파악하고, 이러한 데이터를 기반으로 의사결정을 내리고자 하였다. 예를 들어 지금 뉴욕의 어느 매장에서 어떤 제품들이 팔리고 있는지, 상하이의 매출 목표가 현재 상황대로라면 달성 가능한지, 미국 중부 물류센터에는 재고가 얼마나 쌓여 있는지, 한국 공장으로 보낸 원자재는 지금 어느 배에 실려 어디쯤 가고 있는지 등을 하나의 IT 시스템에 통합 구축하고, 이를 누구나 언제든 확인할 수 있는 체계를 만들고자 했다.

이를 통해 P&G가 달성하고자 하는 목표는 크게 세 가지다. 첫 번째는 현재 사업이 목표 대비 제대로 진행 중인지 파악하고, 문제를 최대한 빨리 파악하여, 적절한 대응을 세우는 것이다. 두 번째는 데이터에 기반하여 전략적인 의사결정을 내리는 것이다. 축적된 데이터를 바탕으로 미래를 정확히 예측함으로써 목표를 세우는 데 도움을 받는 것은 물론, 영업 정책을 세우고 가격을 책정하는 등에 있어 직관이 아닌, 사실에 기반한 의사결정을 내릴 수 있게 하고자 했다. 특히 최고경영진 입장에서 회사를 이끌어나가는 데 정확한 사실과 데이터를 기반으로 하고자 했다. 세 번째는 특정 지역이나 사업부의 의사결정이 성공하거나 실패했을 때, 원인을 쉽게 파악하고 이를 전사적으로 쉽게 공유할 수 있는 체계를 갖춤으로써 지속적인 성과 개선의 발판으로 삼고자 했다.

이를 위해 전 세계 거시경제 데이터부터 회사 내 ERP에 존재하는 다양한 재고, 매출, 비용 데이터, 마케팅 부서에서 만들어내는 매출 및 수익 목표와 성과 데이터, 사업 파트너인 유통업체의 판매 데이터, 고객 서베이 등의 추가 조사 데이터 등 가능한 모든 데이터들을 모두 종합한 데이터베이스를 구축했다. 이를 바탕으로 미래 예측모델을 개발하고 실시간으로 계속해서 업데이트가 되도록 했다.

P&G는 이러한 예측모델을 통해 미래 전략을 세우는 것은 물론, 경쟁사의 가격 인하, 거시경제상의 이슈, 고객 만족도 하락 등으로 인해 예측한 성과 범위를 벗어날 위험이 파악되면 즉각적인 경보를 울려서 이를 개선하기 위한 행동을 취할 수 있도록 했다. 예를 들어 미국 남부에서 허리케인이 발생하여 일부 제품의 생산에 차질이 생긴 경우, 캐나다의 창고에 있는 재고들을 바로 미국 동부로 보냄으

P&G의 비즈니스 의사결정을 위한 회의실인 비즈니스 스피어(Business Sphere)에서는 다양한 데이터들을 실시간 입체적으로 분석할 수 있어 정확한 의사결정이 가능하다.

로써 품절 가능성을 미리 막을 수 있다든가 경쟁사가 공격적으로 가격을 인하한다면, 이로 인해 발생할 매출 감소가 어느 정도 수준인지 예측하여 이에 대응할 가격 인하 폭은 얼마가 적절한지 데이터를 기반으로 결정할 수 있게 되는 것이다.

재미있는 것은 이러한 P&G의 분석과 예측이 워낙 강력하다 보니, P&G의 사업 파트너라 할 수 있는 유통업체들까지도 P&G에 이러한 부분을 의존하고 있다는 점이다. 한 예로 P&G는 월마트의 POS 데이터를 분석한 후, 유아 매대의 진열과 제품 구색의 변경을 제안하여 월마트의 매출 향상에 기여하였다.

하지만 이렇게 고차원적 수준의 디지털 역량을 갖추는 것은 결코 만만한 일이 아니다. 복잡해진 글로벌 공급망을 처음부터 끝까지 통합적으로 관리하고, 이 과정에서 정보의 투명성을 높이기 위해서는 디지털과 물류 자산에 막대한 투자가 필요한데, 이를 개별 기업들이 모두 내재화한다는 것은 극소수의 대기업을 제외하고는 한계가 있다. 이에 글로벌 물류 기업들은 이러한 물류 수요들을 모아 규모의 경제를 달성하는 동시에, 효율을 극적으로 끌어올리기 위해 디지털 기술을 공격적으로 채택하면서 점점 더 차별화된 경쟁력을 갖춰나가기 시작했고, 이제는 어느 누구도 무시하기 어려운 디지털 역량을 확보하고 있다.

과거에는 물류 기업이라고 하면 대한항공, 현대상선, 대한통운처럼 물리적 자산에 의존하는 기업들을 떠올렸겠지만, 지금 대표적인 물류 기업들은 막대한 투자를 통해 쌓은 디지털 자산을 기반으로 하는 디지털 엔터프라이즈들이다. DHL이나 UPS처럼 기업의 물류를 종합적으로 위탁 처리해주는 업체를 3PL3rd Party Logistics이라 부르는데, 디지털 역량을 갖춘 3PL업체들이 물류산업의 리더가 되고 있다.

대표적 글로벌 물류업체인 DHL이나 페덱스는 스스로를 디지털 기업이라 여기고 있으며, 이를 적극적으로 활용해 성장할 기회를 노리고 있다. DHL은 향후 10년 내에 IoT와 빅데이터를 통해 물류산업에서만 전 세계 1조 9천만 달러(약 2300조 원)에 달하는 새로운 가치가 생겨날 것이라고까지 예측하고 있으며, 이를 선점하기 위해 공격적으로 투자하고 있다. 1999년 DHL이 전체 지출한 비용 중 IT에 투자한 비용은 6.4%뿐이었지만, 2014년에는 그 비중이 무려 32%를 넘어섰다. 고성능 데이터센터에서 사용하는 서버나 스토리지 판매업체의 가장 큰 고객 중 하나가 바로 페덱스 같은 물류 기업들이라는 데서도 이들의 관심을 엿볼 수 있다.

이처럼 물류에서 물리적인 역량보다 디지털 역량이 중요해지면서 최근 ICT 기업들도 물류산업을 주요 신사업 중 하나로 보고 시장 진입을 시도하고 있다. 한 예로 삼성SDS는 가장 중요한 성장 동력을 4PL이라는 새로운 개념의 물류사업에서 찾고 있다. 4PL이란 IoT와 빅데이터 같은 디지털 역량을 통한 솔루션을 갖추고, 창고나 차량 같은 물리적 자산은 기존의 3PL이나 2PL 물류업체들을 아웃소싱하는 방법으로, 최적화된 공급망 관리 서비스를 제공하겠다는 것이다.

하지만 실제로 선도 3PL업체들의 경우 물리적 자산과 디지털 역량의 완전한 결합으로 물류 시스템을 최적화하는 데서 역량을 발휘한다는 점을 감안할 필요가 있다고 생각된다. 디지털 역량이 물리적 오퍼레이션을 효율적으로 끌어올린 사례로 UPS의 택배 트럭의 예를 들 수 있다. UPS 트럭들은 배송 중에 좌회전을 하지 않는 것으로 유명하다. 많은 고객들에게 물건을 배달하기 위해서는 복잡한 경로를 다녀야 하는데, 좌회전 신호를 기다리며 시간을 허비하지 않도록 우회전만으로 모든 고객을 거칠 수 있게 컴퓨터가 배송 경로를 제공해 시간을 절감하는 것이다.

어쨌거나 이러한 물류의 디지털 트랜스포메이션에서 얻을 수 있는 또 하나의 시사점은 디지털 역량이라는 것이 흔히들 생각하는 것처럼 쉽고 간단히 확보할 수 있다거나, 작은 투자만으로 가능한 것이 아니라는 점이다. 물류의 디지털 엔터프라이즈들은 IoT, 빅데이터 같은 디지털 플랫폼 역량까지 내재화하면서 대규모 투자를 통해 규모의 경제를 이룩하고 있으며, 이를 통해 차별화된 물류, 공급망

표 5-4 **물류산업의 디지털 트랜스포메이션**

법칙의 재정의	공급망 관리는 각 기업이 내재화하고 있는 역량으로, 물류업체는 영업력에 기반하여 물리적 자산의 규모의 경제 확보에 주력		디지털 자산에 적극 투자와 내재화를 통해 개별 기업은 달성할 수 없는 수준의 디지털 역량을 확보하여 극한의 효율 제공

고객가치	프로세스	생태계
통합 공급망관리(SCM) 솔루션	물리적 자산과 디지털 자산을 화학적으로 통합	디지털 플랫폼 및 인프라 내재화 통한 차별화된 진입 장벽 구축
• 원자재와 부품에서부터 생산 공장, 창고, 매장, 고객 판매까지 모든 물자의 흐름을 종합적으로 파악하고 관리하면서, 물류와 창고를 직접 운영하는 통합 솔루션 제공 • 이를 통해 기존 개별 기업이 달성하던 수준과는 차원이 다른 효율을 제공	• 디지털을 통해 다양한 최적화 기법을 구현하면서 전체 프로세스에 대한 실시간 가시성(visibility) 확보 • 항공기, 트럭, 창고 등 물류 자산도 디지털과 결합해 완전한 통제력 확보	• IoT, 빅데이터 등 디지털 플랫폼 및 클라우드 기반의 디지털 인프라 기술의 완전한 내재화

관리 솔루션은 더욱더 많은 기업들로부터 이용되면서 물류산업을 크게 성장시킬 수 있을 것으로 기대된다.

B2B에서 물류가 산업의 핵심이 되고 있는 것만큼, B2C에서도 물류의 중요성이 커지고 있다. 앞서 아마존과 쿠팡의 예에서 살펴본 것과 같이 최근 온라인 유통은 오프라인 유통업체와의 경쟁을 위해, 오프라인 자산 확보와 운영에 들어가는 비용 대신에 배송 서비스에 자금을 투자함으로써 고객 가치를 더욱 높이고자 한다. 이를 유통산업의 진화에서 조금 더 살펴보자.

4세대 사업모델로의 진입:
유통산업

유통산업에서의 디지털 트랜스포메이션은 다른 산업들보다 훨씬 더 가시적인 성과를 내고 있다. 앞에서 유통산업에서의 진화 방향성에 대해서는 살펴본 바 있으니 여기서는 조금 더 구체적으로 제품 카테고리에서의 변화를 생각해보자.

10년 전, 온라인 유통 초기만 해도 사람들은 책이나 음반 같은 표준화된 카테고리의 상품은 온라인 유통이 가능할지 몰라도, 실물을 확인하고 싶어 하는 옷이나 식품 같은 카테고리는 온라인화가 어려울 것이라고 예상했다. 하지만 온라인 유통이 계속 진화하면서 최근에는 이러한 시각이 깨지고 있다.

표 5-5 2000년대 초반 온라인 유통에 대한 견해

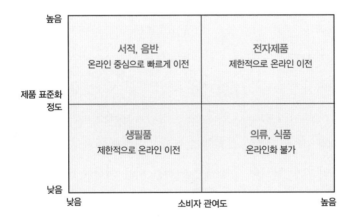

표 5-6 온라인 유통의 진화

2000	2005	2010	2015?
1세대 온라인	2세대 온라인	3세대 온라인	4세대 온라인
• 온라인 유통을 소개한 초기 모델	• 마켓플레이스 모델 중심으로 온라인 유통 확산을 견인	• 소셜커머스 모델의 모바일 전환과 함께 카테고리 확장을 견인	• 극한의 배송 서비스에 기반한 직매입 모델로, 오프라인과 직접 경쟁
• 서적, 음반	• 전자제품, 화장품 등 표준화된 공산품 중심(오프라인에서는 영세 업체들 중심이었음)	• 의류, 생필품 등 기존 오프라인 업체의 핵심 카테고리 진입으로 본격 경쟁 시작	• 신선식품 등 온라인 거래가 불가능할 거라 여겨졌던 영역까지 진입
• 인터파크	• 지마켓, 옥션	• 티켓몬스터, 쿠팡	• ?

특히 2010년 이후 등장한 소셜커머스 사업모델은 모바일이라는 채널, 큐레이션*에 기반한 비표준화 상품에서의 고객 선택에 대한 이슈 해결, 배송을 통한 고객의 편의 개선 등 이전의 마켓플레이스 모델에서 한발 더 진화한 사업모델을 선보였다. 이를 통해 온라인으로는 유통이 어려울 거라 생각했던 생필품, 의류 등 카테고리에서

* Curation. 미술관이나 박물관에서 전시의 주제를 정하고 작가와 작품을 선정하는 큐레이터(curator)에서 온 단어로, 다양한 대상 중에서 적절한 것들을 골라내는 행위를 의미한다. 정보가 점점 다양해지며 무수한 정보 중에서 고객이 원할 것을 미리 골라 제시하는 것이 중요해지면서 큐레이션이라는 단어가 널리 사용되고 있다. 특히 전자상거래에 있어 과거의 구매 이력, 나이, 직업 등을 분석하여 고객의 특성과 니즈를 이해하고, 수많은 다양한 상품 중에서 그 고객에게 가장 어울리는 상품을 미리 골라 제안하는 방식을 큐레이션 커머스라 부르기도 한다.

표 5-7 카테고리별 온라인 유통의 비중

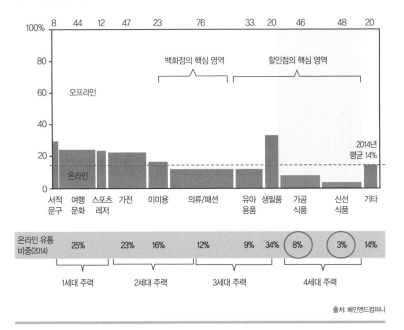

카테고리별 유통 시장 규모(조 원)

	서적 문구	여행 문화	스포츠 레저	가전	이미용	의류/패션	유아 용품	생필품	가공 식품	신선 식품	기타
온라인 유통 비중(2014)	25%	23%	16%		12%		9%	34%	8%	3%	14%

1세대 주력   2세대 주력   3세대 주력   4세대 주력

출처: 베인앤드컴퍼니

온라인화를 주도하고 있다. 특히 소셜커머스 이후 온라인으로 옮겨 오는 카테고리들은 기존 오프라인 유통 강자인 백화점, 할인점의 주력 카테고리라는 점을 주목할 필요가 있다.

이러한 진화 추세를 감안할 때, 조만간 소셜커머스의 다음 모델이 시장에 등장할 것으로 기대된다. 온라인 유통의 진화 추이를 감안하면 3세대 소셜커머스의 뒤를 잇는 4세대 온라인 유통 사업모델은 카테고리 측면에서 아직까지 온라인 비중이 극히 낮은 식품을 중심으로, 할인점과 직접 경쟁을 펼치는 모델이 될 것으로 예상된다.

이를 위해 4세대 모델이 갖춰야 할 차별점은 크게 세 가지가 될 것이다. 첫 번째, 서비스의 고도화다. 이미 오프라인에서 강력한 힘을 발휘하고 있는 할인점과 경쟁하기 위해서는 가격이나 서비스 면에서 추가적인 고객 가치를 전달할 필요가 있다. 규모를 최대한 키움으로써 소싱비용을 낮추고, 오프라인 유통의 핸디캡인 값비싼 매장 운영 부담 없이 차별화된 배송 서비스를 제공해야 한다. 특히 신선식품 같은 고난도 소싱과 배송 문제를 어떻게 해결하느냐가 중요한 숙제가 될 것이다.

두 번째는 MD의 전문화다. 식료품같이 비표준화되고 고객 관여도가 높은 카테고리에서 온라인의 핸디캡을 극복하기 위한 가장 좋은 방법은 제품에 대한 신뢰도를 확보하는 것이다. 카테고리에 대한 전문성을 바탕으로 유통업체가 제안해주는 제품을 고객이 고민 없이 믿고 구입할 수 있게만 한다면, 이 약점은 상대적으로 강점이 될 수도 있다. 사실 식료품이나 생필품을 구매하는 데 구색은 그리 중요하지 않다. 참치 통조림 하나를 사려고 하는데 딱 한 가지 제품밖에 선택의 여지가 없다 하더라도, 가격이나 품질 면에서 신뢰만 있다면 굳이 오프라인을 이용할 필요가 없다. 오히려 작은 모바일 창에서 백 가지가 넘는 참치 통조림들을 비교해 골라야 하는 것보다, 딱 하나 좋은 제품을 골라놓는 것을 더 선호할 것이다. 특히 온라인 유통의 핵심 채널이 PC에서 모바일로 넘어오는 현재 상황에서, 모바일의 제한된 UI를 감안할 때 전문적인 MD가 만족스러운 큐레이션을 제공한다면 이는 강력한 무기가 될 것이다.

세 번째는 큐레이션을 위한 고객 이해다. 고객의 특성을 명확하게 이해하여, 고객의 니즈를 충족시킬 수 있는 제품을 제공할 수 있어야 한다. 또한 구매 과정에서 고객이 편리함과 가치를 느낄 수 있도록 맞춤한 UX를 만들어 제공해야 한다. 이를 위해 애플리케이션과 플랫폼 모두에서 디지털 요소기술 확보가 필요하다.

이처럼 세 가지 모두 차별화가 이뤄질 경우, 디지털 엔터프라이즈로서 유통업체들은 이들의 큐레이션에 대한 고객 신뢰를 바탕으로 고객의 선택을 좌우할 수 있고, 이를 통해 공급업체, 즉 소비재업체를 상대로 강력한 통제권을 가질 수 있게 될 것이다. 나아가 자체 브랜드PB 등으로, 소비재로의 진입까지 가능해질 수 있다는 시나리오까지 생각해보면 유통의 디지털 트랜스포메이션은 엄청난 파괴력을 지니고 있을지 모른다.

이렇게 살펴보면, 현재 쿠팡이 추구하고 있는 모델이 바로 4세대 모델*임을 알 수 있다. 물론 4세대 온라인 유통 사업모델을 완성하기까지 앞으로 많은 난관과 고비가 있겠으나 최소한 방향에 있어서만큼은 제대로 된 길을 가고 있는 것으로 보인다.

제조에서 서비스로의 변화 가능성: 자동차산업

자동차산업의 현존하는 디지털 엔터프라이즈에 대해서는 앞서 테슬라를 통해 충분히 논의한 바 있다. 여기서는 현재까지 이뤄진 디지털 트랜스포메이션, 즉 기계 장치로서의 자동차를 전자 디바이스로서의 자동차로 재정의함으로써 이뤄낸 변화에서 한발 더 나아가, 앞으로 새롭게 등장할 것으로 예상되는 자율주행 기술 등을 통해 이뤄질 디지털 트랜스포메이션을 살펴보도록 하자.

100달러 이상으로 유지되던 유가가 2015년, 30달러 수준으로 급락하며 전기차에 대한 다양한 이견들이 등장하고 있기는 하지만, 전기차의 미래에 대해서는 의심할 여지가 없다. 기존 산업의 경험곡선으로는 디지털의 경험곡선으로 빠르게 개선될 전기차에 뒤처지는 건 시간문제이기 때문이다. 지금 문제가 되고 있는 전기차의 주

• 최근에는 O2O를 차세대 모델로 보는 견해도 있다. O2O의 정의에는 여러 가지가 있을 수 있고 그 형태도 다양할 수 있으나, 현 시점에서 O2O는 기존에 오프라인에서 이뤄지던 다양한 서비스들을 온라인으로 연결해주는 온디맨드(On-demand), 즉 오프라인 서비스가 필요할 때 온라인을 통해 쉽게 이용할 수 있도록 연결시켜주는 서비스가 가장 일반적인 형태다. 국내에서는 길에 나가 잡아 타야 하던 택시를 편리하게 부를 수 있게 한 카카오택시, 음식점 주문을 쉽게 할 수 있도록 한 배달의민족, 시간을 정해 요청하면 방문해서 청소를 해주는 와홈, 세탁물을 수거해가고 배달해주는 세탁특공대, 방문 세차를 해주는 와이퍼 등 모바일 애플리케이션을 통해 이용할 수 있는 다양한 서비스가 생겨나고 있다. 미국이나 중국에서는 할인점 등에서 쇼핑을 대행해주는 인스타카트(Instacart) 등 사람을 써서 할 수 있는 거의 모든 서비스를 애플리케이션으로 중개해주는 방식의 사업모델들이 폭발적으로 등장하고 있으며, 이는 영세 서비스업들이 대기업화할 수 있는 새로운 방식으로 각광받고 있다. 어찌 보면 개별적인 군소 서비스업체들에게 디지털을 통해 새로운 고객 가치를 더하고, 지역적 한계를 뛰어넘는 새로운 프로세스를 가능하게 한다는 점에서 디지털 트랜스포메이션이라고도 볼 수도 있다. 하지만 아직까지는 O2O가 창출하는 가치가 서비스 방식이나 사업모델 측면에서 볼 때, 기존 게임의 법칙을 바꾸어놓고 있다기보다 단순히 고객 접점의 확장 수준에 그치고 있다는 점에서 현재 O2O 모델들이 진정한 디지털 엔터프라이즈가 되기까지는 몇 번의 추가 진화를 거쳐야 할 것이다. 실제로 일부 O2O 기업들의 경우 적극적으로 사업모델 진화에 나서고 있다. 단순히 배달 음식점으로 연결해주던 서비스를 제공하던 배달의민족은 최근, 배민프레시라는 새로운 사업모델을 통해 직접 큐레이션한 전국의 신선·가공식품을 직접 배송해주는 4세대 온라인 유통으로의 확장을 시도하고 있다.

행 거리도, 2차 전지의 성능 향상에 따라 휘발유 차량을 능가할 수 있게 될 것이다. 2005년 800mA였던 휴대전화의 배터리 용량이, 2015년 발표되는 스마트폰에서는 5배인 4,000mA에 이르렀다. 2012년 발표된 테슬라의 모델S의 주행 가능 거리가 약 400km임을 감안할 때, 2022년의 전기차는 1회의 충전으로 2,000km 넘게 주행할 수도 있을 것이다.

그 다음 생각해봐야 할 것은 자동차에 지금 논의 중인 자율주행 기술이 성공적으로 안착되었을 때의 모습이다. 현재 자율주행 기술은 사람이 수행하는 인지 및 사고를 단순히 컴퓨터가 개별 차량별로 대체하는 방식에 그치고 있으나, 기술이 발달하여 모든 자동차가 자율주행을 하게 된다면 이야기는 완전히 달라진다.

현재 자율주행 연구 대부분은 보행자, 차선, 앞 뒤 옆에서 운행 중인 자동차, 신호등, 표지판 등 사람이 운전하는 환경이 유지되는 지금 현재의 자동차 노로 위를 달린다는 전제하에 개발이 이뤄지고 있다. 하지만 모든 차량이 컴퓨터에 의해 운전되는 상황이 된다면 도로와 신호 체계는 원점에서부터 새롭게 바뀔 수 있다.

개별 자동차가 각각 자율주행을 하는 것이 아니라, 주행 중인 모든 차량의 출발지와 목적지를 중앙에서 확인하고, 전체 교통 상황 관점을 종합해 최적화된 경로를 각각의 차에 할당하게 될 것이다. 자동차들은 굳이 사람과 동일한 방식으로 정보들을 수집할 필요 없이, IoT, M2M Machine to Machine 등 기술을 통해 주변 사물과 데이터를 교환하면서 훨씬 정확하게 주행할 수 있게 될 것이다.* 이는 결과적으로 전체 교통 시스템의 근본적인 개선을 가져올 수 있다. 교통은 훨썬 개선될 것이고, 소모되는 에너지는 훨씬 더 줄어들 것이다.**

이러한 변화로 인한 사회적인 효익을 고려하면, 정부나 사회 차원에서 표준화를 강요하게 될 가능성이 존재하고, 이렇게 표준화가 이뤄지게 되면 자동차라는 재화에 대한 개념 자체도 변화될 것이다. 지금처럼 개성을 표출하는 개인 재산으로서의 자동차는 사라지고, 표준화된 자동차를 서비스로 이용하게 될 가능성이 있다. 즉, 내가 필요로 할 때 표준화된 자동차를 불러서 원하는 곳까지 이동하는 형태로 사용하게 될지도 모른다. 그리고 이는 자동차산업을 근본적으로 변화시킬 것이다. 지금처럼 다수의 자동차업체들이 무한경쟁하는 시장이 아닌 표준화된 제품을 효율적으로 생산하는 소수의 제조업체들만 남는 커머디티commodity 시장이 될 가능성도 존재한다. 그리고 이런 시장에서는 우버 같은 업체들이 서비스로서의 자동차산업을 지배하게 될지도 모른다.

2015년 말 현재, 우버의 기업가치는 680억 달러(약 80조 원)로 테

- 항공기의 경우, 이러한 자동조종(Autopilot) 방식을 이미 활용하고 있다. 이륙을 제외하면 심지어 착륙까지도 컴퓨터가 다양한 신호들을 받아서 조종사의 별다른 조작 없이 알아서 수행한다. 최근 자율주행차가 사고가 나면 누가 책임을 질 것이냐는 등 흥미로운 논의들이 있고, 이를 자율주행이 현실화되기 어려운 논거로 드는 경우도 있다. 하지만 항공기의 경우를 생각해볼 필요가 있다.(자율주행 기능을 일컫는 Autopilot라는 단어도 항공기에서 온 용어다.) 지금의 논의는 흥미로우나 합리적으로 따져보아 미리 규정을 만들면 되는 문제일 뿐 자율주행을 가로막는 장애물이 될 수는 없다.
- 한 가지 더 생각해야 할 문제는 자동차 가동률이다. 현재 생산되어 사용 중인 자동차는 약 5% 정도의 시간만 운행되고 있다고 한다. 지금 이 순간 자동차의 95%가 차고나 주차장에 서 있다는 의미다. 그런데 우버에 등록된 자동차의 경우 35%를 운행한다고 한다. 즉 사회 전체적으로 보면 7배나 효율적으로 자동차를 이용하는 것이다. 흔히 '공유경제'라고 하는 사업모델의 사회적 가치가 바로 여기 있다.

슬라보다 훨씬 높다. 불과 1년 반 전인 2014년 여름에는 160억 달러(약 19조 원)였던 것, 그리고 미국을 상징하는 자동차 회사인 GM의 기업가치가 530억 달러(약 64조 원) 수준임을 볼 때, 이미 시장은 우버가 미래 자동차산업을 지배할 가능성을 보기 시작했다고 할 수도 있을 것이다.

콘텐츠 소비의 근본적 변화: 미디어산업

미디어산업은 디지털 트랜스포메이션이 가장 극적으로 이뤄지고 있는 산업 중 하나다. 과거 미디어산업을 규정짓던 많은 것들이 디지털 기술의 발달과 함께 의미를 상실하고 있고, 신기술에 기반한 새로운 개념들이 속속 등장하고 있다.

우선 미디어산업을 정의해보자. 미디어산업은 가치사슬 측면에서 콘텐츠 제작Contents Creation, 편성·배포Aggregation, 유통-Distribution 세 가지로 구분해볼 수 있고, TV, 라디오, 출판물, 온라인 등 콘텐츠를 제공하는 채널로 다시 나눠볼 수 있다. TV 방송을 예로 들면 프로덕션이 프로그램 콘텐츠를 제작하면, 방송국 등 방송 채널이 다양한 프로덕션이 제작한 프로그램과 자체 제작한 프로그램을 모아 편성·배포하고, 이를 IPTV나 케이블TV회사가 시청자에게 송출·전달하는 유통 역할을 맡고 있다고 볼 수 있다.

우리나라의 경우 과거에는 이 모든 것을 KBS, MBC, SBS 같은

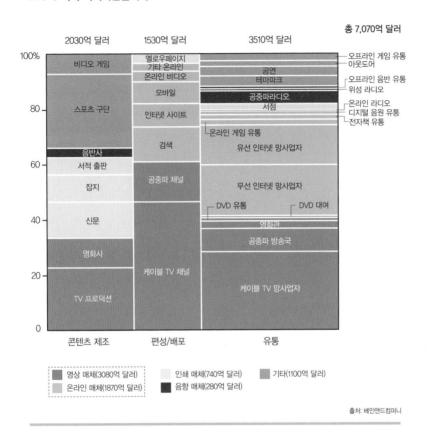

총 7,070억 달러

출처: 베인앤드컴퍼니

방송사가 담당하며 시장 대부분을 차지하고 있었으나, 디지털로 전환이 이뤄지고 인터넷이 발달하면서 많은 소비자들이 케이블 TV 또는 인터넷 망을 통한 IPTV 등 별도 유통망을 활용하게 되고, 최근에는 종편 채널의 등장과 케이블 TV 채널들이 프로그램 경쟁력을 갖추면서 세 단계 가치사슬이 분리되는 방향으로 움직이고 있다. 미국 등 다른 국가에서는 이미 분리된 가치사슬로서 산업이 움직여왔다.

그런데 이러한 미디어산업은 인터넷이 등장하며 극적인 변화를 경험하고 있다. 과거 인쇄 매체, 영상 매체, 음향 매체로 구분되어 있던 미디어의 경계에 인터넷이 등장하고, PC나 스마트폰 같은 온라인 디바이스들로 모든 콘텐츠들이 들어오면서 기존 매체들을 깨부수고 있다. 디지털로 인한 미디어 변화를 이해하기 위해 콘텐츠가 앞으로 어떻게 변화할지부터 생각해볼 필요가 있다. 첫 번째, 품질이다. 지금까지 미디어 콘텐츠는 품질 면에서 세상의 모습과 소리 등을 담아내는 데 실제 현실보다 열위에 있었다. 그럼에도 시공간의 제약을 극복하는 유일한 수단으로서 대중들에게 가치를 지녔다. 하지만 디지털 기술이 급격히 발전하면서 디지털 콘텐츠의 품질은 현실과 대등하거나 심지어 일부에서는 그를 뛰어넘기 시작했다. 한 예로 스마트폰이나 태블릿 등에 사용하는 레티나 디스플레이Retina Display는 인간의 망막으로 구별할 수 있는 해상도를 뛰어넘었다. 조만간 상용화를 앞두고 있는 가상현실Virtual Reality; VR이나 증강현실Augmented Reality; AR도 마찬가지다. 콘텐츠의 품질에서도 디지털 골든크로스가 이뤄지고 있는 것이다.*

---

* 이러한 새로운 품질의 콘텐츠가 자리잡게 될 미래를 '콘텐츠 2.0(Contents 2.0)' 시대라고 부를 수도 있을 것이다. 디지털 기술의 발전이 콘텐츠를 어떻게 바꾸어놓는지 보고자 한다면 영화가 좋은 예가 될 것이다. 3D 그래픽 기술의 발달로, 머릿속으로 상상만 하던 장면들을 표현할 수 있게 되면서 소설이나 만화로만 존재하던 수많은 SF 작품들이 최근 10여 년 사이에 영화로 쏟아져 나오고 있다. 일부에서는 10년 내에 가상현실로 만들어질 영상 콘텐츠가 TV를 통해서 보여질 콘텐츠보다 많아질 것이라는 예측도 내놓고 있다. 화면 크기나 화질에 대한 제약 없이 다양한 표현과 제작이 수월해지는 상황에서, 미래 콘텐츠 제작의 제약 조건은 상상력을 제외하면 사라지게 될 것이며, 늘어나는 디바이스를 통해 훨씬 더 많은 콘텐츠들이 일상에서 소비될 것이다.

표 5-9 매체별 소비 시간(미국)

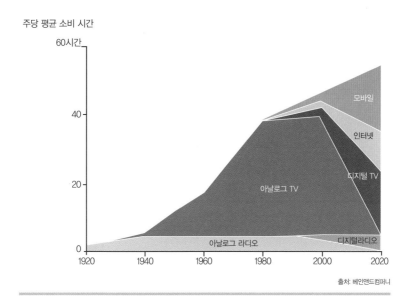

주당 평균 소비 시간

출처: 베인앤드컴퍼니

현실보다 나은 콘텐츠는 미디어 활용도를 한 단계 더 끌어올리게 될 가능성이 높은데, 여기서 추가로 생각할 부분이 콘텐츠의 포맷이다. 과거 기술적 제약은 콘텐츠의 포맷 역시도 한정 지었다. 수백만, 수천만 명의 소비자들에게 동시에 콘텐츠를 전송하기 위해서는 완전히 표준화된 신호를 한 방향으로 전송하는 것만이 유일한 대안이었다. 영상 콘텐츠를 예로 들면 SD(480i=640×480픽셀=약 30만 화소)에서 HD(720P=1280×720픽셀=약 90만 화소)를 거쳐 Full HD(1080i=1920×1080=약 200만 화소)까지 발전이 이뤄지기는 했으나 여전히 텔레비전 방송은 정해진 화소와 화면 규격(예를 들면 Full HD는 16:9)으로만 가능했다. 하지만 이미 디지털 카메라들은 2천만 화소가 넘는 품질을 갖고 있다. 심지어 구글이 전 세계 미술관 작품들을 디지털 콘텐츠로 제공하는 구글아트프로젝트*에 저장된 작품들은 2억 화소가 넘는 것들도 있다.

인터넷 전송 속도가 빨라지고 마이크로 LED 등 새로운 디스플레이 기술이 등장함에 따라 앞으로의 디지털 콘텐츠는 더 이상 포맷에 얽매이지 않게 될 것이다. 여러 가지 한계로 인해 생겨난 포맷이라는 제약이 사라지게 되면 지금까지 우리가 콘텐츠를 접해오던 창으로서의 기기들은 완전히 새롭게 정의될 것이다. 가상현실과 증강현실을 위한 새로운 기기가 등장할 것이고, 기존의 TV 형태가 아닌 벽면을 모두 채우는 새로운 스크린이 등장할 수도 있다. 이미 옥외광고의 상당 부분이 과거 출판물 중심의 윈도우에서 디스플레이 스크린으로 대체되고 있다. 이러한 새로운 기기들에서 보여지는 콘텐츠는 지금과는 매우 다른 형태가 될 수 있다.

단순한 화질과 음질의 향상이 중요한 것이 아니다. 2015년 애플 세계 개발자 회의Apple Worldwide Developers Conference; WWDC에서 애플TV는 몇 가지 새로운 포맷을 선보였는데, 그중 하나가 메이저리그 야구 중계 포맷이었다. 중계 화면을 보여주면서 다양한 부가적인 데이터들, 예를 들어 다른 팀의 경기 상황, 다른 각도에서 잡은 화면, 타자와 투수에 대한 다양한 데이터 등을 소비자가 선택해 확인할 수 있게 한 것이었다.

지금 같은 16:9 화면이라면 다양한 콘텐츠들을 복합적으로 보여

---

* www.googleartproject.com

주는 데 한계가 있겠지만, 벽면을 가득 채우는 디스플레이가 존재한다면, 그중 일부에서는 기존 TV 화면이 나오고 나머지 공간은 다양한 목적으로 사용할 수 있을지 모른다. 그리고 이는 지금까지 우리가 생각해오던 TV라는 것을 완전히 뒤바꿔버릴 수 있을 것이다. 지금껏 TV는 가장 고품질 콘텐츠를 제공해주는 윈도우였지만, 포맷과 품질의 제약이 극복된 상황에서는 지금 같은 모양과 형식으로 남아 있을 가능성은 크지 않다. TV는 형태와 콘텐츠가 보여지는 방식 모두에서 근본적인 재정의가 이뤄지게 될 것이다.

두 번째는 방향성이다. 과거의 콘텐츠는 방송放送이라는 한자에서도 나타나듯 콘텐츠를 제공하는 쪽에서 콘텐츠 종류, 시간, 포맷 등 모든 것을 결정하여 일방적으로 쏘아 보내는Push 형태를 띨 수밖에 없었고, 소비자는 소파에 등을 기댄 채lean back 받아들이는 수밖에 없었다. 하지만 인터넷이 발전하고 스마트폰 등 새로운 기기들이 나타나면서 소비자들이 자신이 원하는 콘텐츠를 원하는 시간에 원하는 장소에서 끌어당겨Pull 이용할 수 있게 되었다. 나아가 소비자가 영상 등 콘텐츠를 직접 제작하여 유튜브YouTube나 페이스북 같은 인터넷 서비스를 통해 제공하기도 한다.

세 번째는 접근성이다. 불과 몇 년 전만 해도 소비자는 필요한 정보가 있으면 복잡한 과정을 거쳐 직접 끄집어당겨야Pull 획득할 수 있었다. 일례로 오늘 날씨를 알고 싶을 때, 과거에는 밖에 나가 현관문 앞에 던져진 신문을 가지고 들어와서 생활면을 펼쳐야 했고, 조금 지나서는 컴퓨터를 켜고 브라우저를 연 다음 날씨 사이트에 접속해야 했다. 하지만 최근 이러한 방식이 근본적으로 변화하고 있다.

표 5-10 **미디어를 사용하는 방법의 진화**

과거	기술 발전 ➤	미래
콘텐츠 1.0 • 현실 구현도 낮은 저품질 콘텐츠 • 특정 포맷(CD 등)에 한정된 제한된 양의 콘텐츠 • 생산자와 소비자 분리	**디바이스의 진화** • 스마트폰 및 태블릿 PC 등 디바이스 및 성능 향상으로 시간 및 공간 제약 없이 사용 가능 • 레티나, 음성·동작인식, AR·IR 등 UI 발전	**콘텐츠 2.0** • 현실을 능가하는 높은 현실 구현도 • 다양한 정보의 디지털화로 사용 가능한 콘텐츠 양과 종류 증가 • 소비자를 포함한 다양한 생산자
	IoT • 통신·센서 기술 향상으로 모든 사물에 센서가 부착되어 서로 연결되는 전자 디바이스화 • 모든 디바이스를 통해 다양한 정보 수집·축적	
Push 형태의 콘텐츠 소비 • 특정 디바이스를 통해 콘텐츠업체가 일방향으로 제공 	**빅데이터** • 디지털 기술 발전으로 다양하고 방대한 정보를 실시간 분석 가능 • 새로운 종류의 고객 분석 가능 – 개개인이 언제, 어디서, 무엇이 필요한지 파악	**Pull 형태의 콘텐츠 소비** • 다양한 디바이스를 오가며(seamless) 개인별 최적의 시간과 장소에서 활용 
제한적인 Pull 서비스 • 고정된 디바이스의 기계적 특성을 단순 소비 • 분명한 목적이 있을 경우에 한해 특정 디바이스 사용(Pull)	**클라우드** • 클라우드 서버에서 사용자 디바이스 컴퓨팅 및 데이터 저장 등 기능 대체 수행 • 이를 통해 다양한 디바이스 간 구분 없이 활용 가능해짐	**스마트 Push 서비스** • 사용자 및 주변 상황을 실시간으로 인식·이해·분석하여 24/7 맞춤 서비스 전달(Push) • 정보와 의사결정을 필요로 하는 모든 일상에서 '수행 비서' 역할 수행

온라인 기업들은 소비자가 스스로 니즈를 깨닫고 정보를 요청하기 전에 미리 소비자가 필요로 할 것 같은 정보를 제공하는 방식Push으로 콘텐츠를 제공하기 시작했다. 구글이 안드로이드 스마트폰을 통해 서비스하고 있는 구글나우Google Now가 좋은 예다.

구글나우는 이용자의 위치 정보, 이메일, 통화, 문자메시지 등을 통해 소비자의 니즈를 파악하고 이를 바탕으로 여러 가지 편의 서비스를 자동으로 제공한다. 예를 들어 한 달 뒤 뉴욕에서 샌프란시스코로 여행을 가기 위해 항공권을 예매하고 호텔을 예약한 소비자에게 출발 며칠 전 샌프란시스코의 날씨와 가볼 만한 식당을 추천해주고, 출발 전날에는 시간대별 교통 상황을 고려하여 집에서 공항으로 출발해야 하는 시간을 알려준다. 당일에는 출발 시간에 맞춰 자동으로 집에서 공항까지 내비게이션을 작동시키고, 예약한 항공편의 터미널에 맞춰 적당한 주차장으로 안내한다. 차에서 내려 터미널에 들어서는 순간에는 오늘 예약한 항공편의 카운터와 탑승 게이트 번호를 메시지로 보내준다. 이처럼 디지털 기술을 통해 소비자에 대해 더욱 깊이 있는 이해가 가능해지면 콘텐츠의 상당수는 지금껏처럼 소비자가 찾아야 하는 것이 아닌, 자동 제공되는 형태로 변화가 이뤄질 것이다.

이처럼 콘텐츠를 사용하는 방식의 변화는 콘텐츠를 제공하는 기업으로 하여금 새로운 접근을 요하고 있다. 콘텐츠의 가치사슬 변화의 시작은 매체의 변화다. 지금까지는 영상 콘텐츠는 TV, 음향 콘텐츠는 라디오, 인쇄 콘텐츠는 신문 같은 식으로 콘텐츠별로 독립 매체가 존재했으나, 온라인이라는 새로운 공간이 모든 콘텐츠들을 쓸

어가 버렸다. 온라인이라는 공간에서 현재 고객 기반을 확실하게 구축한 선도 기업인 구글과 페이스북이 미래 가장 중요한 미디어 기업이 될 것이다.

한편 과거 가치사슬 전체에 뻗어 있던 방송사들의 역할은 제조 중심으로 특화될 것이다. 기존의 TV, 라디오, 신문 등 각자 특성에 맞는 콘텐츠를 편성해 제공하던 방송사나 신문사 같은 전통 방식의 콘텐츠 사업자의 역할이 점점 축소되고, 온라인이라는 새로운 매체에 맞게 편성·배포하는 기업들이 이 자리를 대체할 것이다. 이미 넷플릭스Netflix나 아마존은 미국 영상 콘텐츠 시장에서 기존 방송사들을 흡수할 것으로 전망하고 있고, MCN* 같은 새로운 사업모델들이 등장하고 있다.

새로운 배포와 편성의 핵심은 고객에 대한 충분한 이해다. 고객 개개인을 깊이 이해하여, 이들이 매력을 느낄 만한 콘텐츠를 제대로 제안할 수 있는 기업들만이 매출과 수익에서 차별화된 성과를 낼 수 있게 될 것이다. 넷플릭스의 경우, 온라인을 활용한 영상 콘텐츠의 배포·편성에 가장 앞선 기업이라 할 수 있다. 이들은 빅데이터를 적

---

* Multi Channel Network, 다중 채널 네트워크. MCN은 다양한 1인 창작자들을 모으고, 자체적인 역량을 확보하여 특히 인터넷에 적합한 짧고 인상적인 콘텐츠를 중심으로 제작하고, 이를 유튜브나 페이스북, 아프리카 TV 등 새로운 인터넷 동영상 매체를 통해서 배포하는 데 최적화한 사업모델이다. 점점 더 많은 소비자들이 인터넷과 모바일에서 시간을 보내게 됨에 따라, 기존의 무거운 콘텐츠 사업자들과는 달리 유연하고 새로운 매체에 최적화된 MCN 모델이 미래의 동영상 콘텐츠 시장에서 핵심적인 역할을 담당하게 될 것이라는 기대가 높아지고 있다. 디즈니(Disney) 같은 기존 콘텐츠 사업자들도 MCN업체들의 M&A에 적극적으로 나서고 있다.

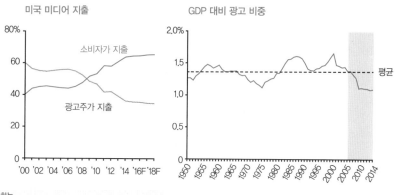

표 5–11 미디어산업 지불 주체 및 GDP 대비 광고 규모

미국 미디어 지출

소비자가 지출

광고주가 지출

소비자가 지출하는
비중(%) 40 45 45 44 48 53 58 64 65 66

GDP 대비 광고 비중

평균

출처: 베인앤드컴퍼니

극적으로 활용하여 고객 개개인의 성향을 분석해 맞춤형 콘텐츠를
제공해줌으로써 영상 콘텐츠를 재정의하면서 기존 케이블 TV 사업
영역을 빠르게 잠식해나가고 있다.

산업의 수익 구조 역시 크게 달라지고 있다. 과거 미디어산업에
서 매출과 수익은 주로 광고를 통해 이뤄졌다. 광고가 무엇인지부터
생각해보자. 여러 정의가 가능하겠지만, 지금까지 광고는 소비자에
게 콘텐츠를 제공하는 매체들이 소비자가 원하는 콘텐츠에 더하여
콘텐츠가 제공되는 시간이나 공간 사이사이에 광고주가 소비자에게
보여주기 원하는 콘텐츠를 끼워넣고 그 대가로 광고주에게 돈을 받
는 것이었다. 하지만 일방적으로 콘텐츠를 편성해 제공하는 방식에
서 소비자가 직접 원하는 콘텐츠를 골라 선택하는 방식으로 변하는

앞으로의 온라인 매체에서 광고는 근본적으로 달라질 수밖에 없다.

과거 미디어산업의 게임의 법칙은 매력적인 콘텐츠로 소비자를 끌어들이고, 그 사이에 광고를 끼워 팔아 돈을 버는 것이었다. 하지만 앞으로 소비자들의 힘이 커지는 미디어산업에서는 광고주에게서 수익을 얻는 광고모델의 비중은 점차 줄어들고, 소비자가 직접 콘텐츠에 돈을 지불하는 방식이 더 큰 힘을 받게 될 것이다. 이미 미국에서는 2010년을 기점으로 소비자가 미디어에 지불하는 돈이 광고주가 지불하는 돈을 넘어섰으며, 그 비중은 지속적으로 증가하고 있다. 광고 지출의 규모 역시 비중으로는 역사상 최저점을 넘어 하락 추세가 본격화되었다.

이처럼 소비자가 콘텐츠에 직접 돈을 지불하는 방식이 확산되며 새로운 사업모델이 등장하고 있다. 과거에는 소비자에게 콘텐츠 이용료를 과금할 때 소수의 충성 고객에게 비싼 돈을 받는 방식이 중심이 되었다. 하지만 인터넷과 모바일로 넘어오면서부터는 수많은 고객에게 아주 소액의 돈을 받는 방식이 새롭게 등장하면서, 이전보다 훨씬 쉽게 소비자로부터 직접 과금하는 것이 가능해졌다. 미디어로 보기에 조금 어려움은 있으나 게임산업이 좋은 예다.

과거 게임산업은 소수의 '게이머'라고 불리는 마니아들에게 수십만 원짜리 게임기와 수만 원의 게임 소프트웨어를 판매한 후, 수십 시간을 투자해 즐거움을 얻게 하는 것이 게임의 법칙이었다. 하지만 최근 게임 시장은 모바일이 완전히 장악하였는데, 과거에는 게임과 전혀 관계가 없을 것 같은 다양한 연령층의 사람들이 짧은 시간을 들여 게임을 즐기면서, 단 몇백 원, 몇천 원 지불하는 것만으로 이전보다 훨씬 큰 산업이 되었다. 이러한 콘텐츠 소비 형태의 변화는 게임뿐 아니라 음향와 영상 콘텐츠 시장에서도 이뤄지고 있다. 결국 지금까지처럼 소수의 충성도 높은 가입자를 중심으로 유지되던 사업모델들은 점점 위축되고, 유튜브처럼 다수의 소비자들에게 접근 가능하면서 매우 소액의 과금을 통해 유료 고객으로 쉽게 전환시킬 수 있는 모델이 더욱 보편화될 것이다.

결론적으로 앞으로의 미디어 산업은 온라인 위에서 최종 승자가 가려지게 될 것이다. 클라우드를 통한 스트리밍 기반의 훨씬 짧은 콘텐츠, 훨씬 넓은 소비자, 훨씬 싼 직접 과금이라는 게임의 법칙이 미디어산업에서 힘을 발휘할 것이다. 따라서 이를 제대로 활용해낼 수 있는 기업이 미디어 시장을 지배하게 될 것이다. 주의 깊게 살펴야 할 것 한 가지는 최근 급속하게 인터넷과 모바일 시장을 장악하고 있는 SNS, 특히 페이스북의 지배력이 어디까지 확대될 것인가다. 페이스북은 인터넷과 모바일에서 모든 콘텐츠들을 흡수한 플랫폼으로서 영향력을 계속해서 키워가고 있는데, 이러한 추세가 지속될 경우, 미래 미디어산업에서 가장 강력한 기업이 될 가능성이 있다.

산업 효율성의 근본적 개선: 헬스케어산업

헬스케어의 경우 제품이나 서비스는 크게 달라지지는 않으면서도 디지털로 인해 크게 변화할 산업 중 하나다. 20세기 들어 의학이 급속도로 발달한 덕분에 인간의 수명은 선진국을 중심으로 크게 늘었다. 수명이 늘며 당뇨, 고혈압 같은 만성질환과 암 환자도 크게 늘었고, 이는 사회 전체의 의료비 증가로 이어지고 있다. 더구나 2008년 전 세계 금융위기 이후, 각국 정부들이 재정 압박에 시달리게 되면서 보다 효율적인 헬스케어에 대한 니즈가 급증했고, 이를 디지털 기술을 통해 해결하고자 하는 노력들이 최근 본격화되고 있다. 후진국에서도 경제가 발달하고 의료 서비스가 확산되고 있지만 공급이 수요를 따라가지 못하게 되면서, 이러한 이슈들을 풀 수 있는 대안으로 디지털 기술에 대한 관심이 더욱 높아지고 있다.

표 5-12 미국 GDP 대비 헬스케어 비용의 비중 추이

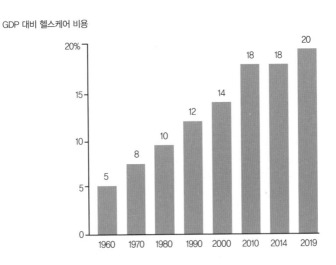

GDP 대비 헬스케어 비용

출처: Center of Medicare and Medicade Services

그러다 보니 특히 헬스케어산업에서의 디지털 트랜스포메이션은 효율을 높이는 차원에서 다양한 시도가 이뤄지고 있다. 헬스케어산업의 독특한 특징으로는 3P, 공급자Provider, 환자Patient, 지불 주체Payor를 꼽을 수 있다. 헬스케어산업에서는 공급자(병원, 제약회사 등)의 제품과 서비스를 이용하는 환자(수요자)와, 이에 대한 비용을 지불하는 지불 주체(정부, 보험사 등)가 서로 다르고 이런 특징이 다른 산업과 구분되는 특성을 낳고 있다. 이 구조를 감안하여 디지털 기술의 도입에 대해 살펴보자.

헬스케어산업 내에서 디지털에 가장 관심을 갖고 있는 쪽은 지불 주체들이다. 의료비용이 증가하며 가장 직접적인 압박을 받고 있기 때문에, 이를 낮추고자 다양한 수단을 사용하고 있다. 일례로 처방과 진단에 대한 투명성을 높이기 위해서 모든 의료 기록들을 디지털화하고, 이를 의료 기관과 보험사 등이 공유함으로써 중복 진단이나 처방을 막는 등 보다 효과적으로 처치가 가능하도록 하는 EMRElectronic Medical Record(전자 의무 기록)이 빠르게 확산되고 있다.

나아가 최근에는 디지털을 활용하여 전체 환자의 라이프스타일에까지 깊숙이 관여하고자 하는 다양한 시도들이 나타나고 있다. 만성질환이나 암 같은 질병은 발병 후 제대로 관리하지 못해 증세가 심해지면 치료비용이 증가하다 보니, 환자가 제때 관리를 받을 수 있도록 하는 것이 중요하다. 나아가 조기에 발병 여부를 진단하고, 아예 이를 예방하는 데부터 힘씀으로써 전체 비용을 떨어뜨리고자 하는 것이다.

하지만 당뇨, 고혈압, 비만 등 만성질환 환자의 경우 심각한 상태에 이르기 전까지는 제대로 관리하지 않는 경우가 많은데 최근에는 모바일과 웨어러블 기기 등의 등장과 IoT 기술의 발달로, 환자 또는 환자가 되기 전의 일반인들에게 예방과 관리 차원에서 도움을 주고자 하는 시도가 최근 매우 활발하게 이뤄지고 있다. 운동량과 심박수를 체크하는 손목 밴드 형태의 기기를 착용하고, 삼성헬스 등 스마트폰 애플리케이션을 통해 다양한 건강 정보들을 확인하는 최근의 서비스들이 그 초기 시도들이다.

여기서 한발 더 나아가 이렇게 수집한 환자 및 일반인의 정보를 보험사 등에 제공함으로써 지불 주체 입장에서 사용자들을 더 잘 파악할 수 있게 하는 사업모델을 시도하는 업체들도 있다. 미국 보험사 존 핸콕John Hancock은 대표적인 헬스케어 손목 밴드 핏빗Fitbit을 착용하고 그 데이터를 공유하는 가입자에게 보험료를 15%까지 할인해주고 있다. 구글은 시계나 밴드에 장착할 피를 뽑지 않아도 되는 혈당측정기나, 눈물 성분을 분석해 건강 정보를 추출하는 스마트 콘택트렌즈 등을 개발하고 있다.

지불 주체들이 비용 절감 측면에서 디지털에 관심을 갖고 접근하고 있다면, 공급자들은 산업의 진화를 가속하기 위하여 디지털을 활용하고자 한다. 제약산업의 경우 1990년대까지는 가히 블록버스터급이라 할 만한 대형 신약들이 많이 탄생했으나, 많은 질병에서 약의 개발이 어느 정도 완료되면서 신약을 개발하는 것이 점점 더 어렵고 막대한 비용이 드는 일이 되어가고 있다. 화학 물질의 합성에 의해서 이뤄지는 기존의 신약 개발을 대체하기 위한 방법으로, 최근에는 유전자를 분석하고 이에 기반하여 맞춤형 신약을 개발하는 바

표 5-13 **헬스케어의 디지털 트랜스포메이션**

법칙의 재정의	발병 환자의 질병을 정확하게 진단하고 이를 효과적으로 치료 ➡	발병하기 전 다양한 관리 활동으로 미리 예방하고 환자의 경우에도 지속적 관리에 집중

고객가치 일반인의 일상 생활에 대한 종합적인 모니터링 수단 제공	프로세스 다양한 디지털 기기를 이용 24/7 커버리지 제공	생태계 지불 주체와의 협업을 통한 전체 생태계 완결성 확보
• 다양한 IoT 신기술을 접목한 웨어러블 디바이스 • 수명 연장 및 삶의 질 향상을 위한 체계적이고 종합적인 솔 루션 제공	• 다양한 생체 정보, 생활 정도, 건강 정보 등 정보에 접근하기 쉬운 경로를 확보하고, 이를 종합적으로 분석하여 Push 서 비스 제공	• 보험사, 병원, 제약회사 등과의 통합적인 정보 공유 및 협력 • 수익모델 관점에서도 단순한 B2C가 아닌 지불 주체나 공급 자로부터의 과금까지 포함한 B2B 모델 포함

이오 신약들이 관심을 받고 있는데, 이 역시 빅데이터 기술의 발전이 없었다면 불가능한 일이었다.

제약업체뿐 아니라 환자들을 직접 상대하는 병원에서도 디지털이 많은 것을 바꾸어놓고 있다. 일례로 IBM은 최근 머신러닝·인공지능 사업부 왓슨을 만들고 이에 사활을 걸고 있다. 왓슨은 헬스케어 쪽에 최우선적으로 집중하여 적극적으로 투자를 하고 있으며, 이미 병원에서 의사의 진단을 돕는 보조적 역할부터 상용화가 시작되었다. 영상 인식 기술을 통해 엑스레이나 MRI, CT 결과에서 이상 부위를 의사보다 더 정확하게 진단해낼 수 있다. 또한 EMR에 축적된 진료 기록들과 의학 논문들, 처방전들을 직접 학습한 컴퓨터가 환자 개개인의 증상에 따라 최적화된 처치 옵션을 의사에게 제시해줌으로써 진료의 정확도를 높이고, 치료 성과를 개선하는 왓슨의 머신러닝 솔루션은 이미 MD앤더슨이나 존스홉킨스 같은 유명 병원에 도입되기 시작했다.

이렇게 머신러닝에서 헬스케어가 우선적으로 시도되고 있는 이유는 몇 가지가 있다. 우선 의학 논문이나 처방전, 혈액 검사 같은 진단 데이터들이 매우 표준화된 단어와 문장으로 구성되어 있기 때문에 기계에게 학습을 시키기에 적합하며, 그동안 쌓인 데이터 양도 충분히 많다. 하지만 무엇보다 중요한 이유는 머신러닝 같은 방법이 아니고는 기하급수적으로 증가하는 데이터의 양을 따라잡는 것이 도저히 불가능하기 때문이다. 사람의 생명을 다루는 헬스케어 영역에서 이뤄지고 있는 수많은 연구 활동들을 종합적으로 고려하고, 이를 토대로 더 나은 방법으로 환자를 진단하고, 최적의 처방을 내리는 데, 10년도 안 되는 짧은 기간 동안 의사를 교육시키고, 의사들 스스로 공부하는 것만으로는 축적되는 데이터를 따라잡기 어렵다는 한계 지점을 헬스케어산업이 자각하고 있는 것이다.

그 외에도 왓슨은 쏟아지는 의학 논문들 속에서 질병과 치료 기전들을 머신러닝으로 분석하여 새로운 치료 방법이나 신약 개발을 위한 제언을 내놓는 솔루션도 제공하고 있다. 병원과 의사들이 최신 연구들을 빠르게 흡수하고 실제로 적용하여 더 나은 결과를 내기 위한 수단으로써 머신러닝과 인공지능은 앞으로 필수불가결한 도구가 될 것이고, IBM은 이 시장을 선도하기 위해 많은 노력을 기울이고 있다.

뿐만 아니라 최근에는 수술 같은 물리적인 활동에도 디지털이 본격적으로 관여하기 시작했다. 잘 알려진 수술 로봇인 다빈치Da Vinci는 사람 손보다 훨씬 작은 미세 로봇과 카메라를 이용하여 작은 부위를 절개하면서도 정확한 시술이 가능하여, 수술 후 부작용을 최소화하고도 수술 성공율을 높일 수 있다는 것이 입증되면서 이미 다양한 수술에 활용되고 있다. 주사나 마취 같은 약물 주입 역시 디지털 기기를 통해 환자의 상태를 파악하고 최적의 양이 투입되도록 하고 있다. 앞으로 병원에서의 디지털은 최신 정보를 의사에게 신속히 전달하고 환자 상태에 맞는 최적의 치료법을 조언하며, 수술실에서는 더 정확하고 효과적인 시술을 가능하게 함으로써 더 많은 사람들을 구해낼 것이다.

이처럼 헬스케어산업에서 디지털은 눈에 보이는 곳보다는 병원, 제약회사, 보험사 등 안쪽 깊숙한 프로세스에서부터 산업의 효율을 바꾸어놓고 있다. 인류는 헬스케어산업의 새로운 단계로의 진입을 통해 더 많은 혜택을 볼 수 있을 것으로 기대가 모아지고 있다.

스마트그리드로의 진화: 에너지산업

디지털 기술은 가장 전통적인 산업 중 하나라고 할 수 있는 에너지산업도 변화시키고 있다. 2014년 IEA International Energy Agency(국제 에너지 기구)가 발표한 에너지 효율 시장 보고서Energy Efficiency

Market Report 속의 '에너지 효율화가 가장 중요한 에너지원Energy efficiency is the first fuel.'이라는 문장이 에너지산업의 변화를 가장 상징적으로 표현하고 있다. IEA가 이렇게 말한 까닭은 IEA 조사 결과, 전 세계에서 에너지 효율화를 통해 절감한 에너지 양이 2011년 석유를 통해 얻어낸 에너지 양을 추월했기 때문이다.

특히 21세기 들어 중국을 중심으로 한 개발도상국들에서 경제발전을 위한 에너지 요구량이 급증하면서 전 세계적으로 에너지 가격이 크게 올랐고, 동시에 유럽과 미국 등 선진국에서는 환경에 대한 관심이 커지면서 에너지를 보다 효율적으로 사용하고자 하는 니즈가 급증했다. 1970년대 석유 파동 때와는 다른 이러한 에너지 효율화의 니즈는 산업 구조 자체를 뒤흔드는 방식으로 에너지산업을 이끌어가고 있다.

먼저 에너지산업의 가치사슬부터 살펴보자. 에너지산업의 가치사슬은 크게 에너지원의 생산인 업스트림Upstream과 소비인 다운스트림Downstream으로 나눌 수 있고, 다시 에너지원과 수요처에 따라 세분된다. 에너지원으로는 석유, 석탄, 가스의 화석 연료가 대부분을 차지하고 있고, 수요처는 크게 발전과 연료, 석유 화학 3대 수요를 생각해볼 수 있다. 에너지원의 특성에 따라 석유와 가스는 연료로, 석유를 제외한 나머지는 발전으로 수요처가 명확히 구분된다.

그런데 과거 100년간 큰 변화 없이 이어져온 에너지산업은 '전기화電氣化'라는 한 단어로 표현되는 중요한 변곡점에 와 있다. 전기는 에너지원으로도, 수요처로도 볼 수 있는 성격을 갖고 있다. 다른 에너지원에 비해 열, 힘, 빛 등 다양한 형태로 쉽게 변환할 수 있고, 효

표 5-14 **에너지산업의 가치사슬**

율이 높으면서도 관리가 용이하고 안전하다는 특성이 있어 다양한 용도로 이용되어왔다. 반면 저장이 어렵다는 큰 약점으로 인해 힘에 너지를 사용하는 수요에 있어서는 화석 연료를 이용하여 열에너지를 힘에너지로 바꾸는 내연기관에 대비해 열위에 있었다.

하지만 21세기에 들어 석유를 중심으로 화석 연료의 가격 변동성이 급격히 높아지고, 내연기관이 내뿜는 공해 물질에 대한 사회적

표 5-15 **주요 에너지원과 수요처**

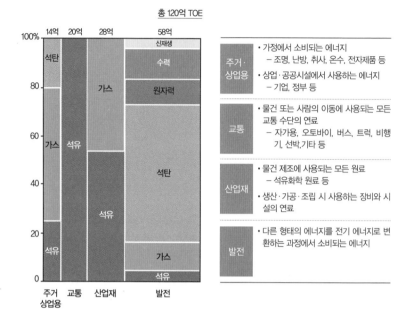

총 120억 TOE

주거·상업용	• 가정에서 소비되는 에너지 　- 조명, 난방, 취사, 온수, 전자제품 등 • 상업·공공시설에서 사용하는 에너지 　- 기업, 정부 등
교통	• 물건 또는 사람의 이동에 사용되는 모든 교통 수단의 연료 　- 자가용, 오토바이, 버스, 트럭, 비행기, 선박,기타 등
산업재	• 물건 제조에 사용되는 모든 원료 　- 석유화학 원료 등 • 생산·가공·조립 시 사용하는 장비와 시설의 연료
발전	• 다른 형태의 에너지를 전기 에너지로 변환하는 과정에서 소비되는 에너지

출처: IEA 및 BP

반감이 커지면서, 전기와는 완전히 상관없다고 여겨지던 운송 등에 사용하는 연료도 전기로 대체하려는 압력이 높아지게 되었다. 때마침 2차 전지 기술이 빠르게 발달하고 있어, 저장성이 낮다는 약점을 빠른 시일 내에 해소시킬 것이다. 여기에 더해 수요로서의 전기에 있어서도 화석 연료를 대신하여 풍력이나 태양광 같은 신재생 에너지들이 빠르게 에너지 단가를 떨어뜨리면서, 에너지산업에서 전기의 비중은 점점 더 늘 것이 확실시된다.

가장 핵심적인 변화는 이제부터다. 에너지산업에서 전기의 역할이 더욱 늘어나는 과정에서 지금까지 전기의 생산과 이용을 잇는 전체 가치사슬이 완전히 재편될 것이다. 과거에는 한전 같은 큰 전력 회사들이 발전소를 짓고, 석탄이나 원자력 같은 에너지원을 대량 구매하여 전기를 생산한 다음, 이를 전력망grid를 통해 소비자에게 보내는 중앙집중적인 구조를 가지고 있었다.

하지만 신재생 에너지의 비중이 증가하면서 이러한 구조에 대해 근본적인 고민이 시작되었다. 풍력이나 태양광 같은 신재생 에너지의 특징은 첫 번째로 생산을 조절하기 쉽지 않다는 것이다. 바람이 부는 시간과 햇빛이 강한 시간의 불확실성이 크다. 하루만 보더라도 꾸준한 생산이 어렵다. 이로 인해 대부분 신재생 에너지는 독립된 전력망으로 기능하기보다 기존 전력망과 연결하여 이용하게 된다. 그리고 두 번째로는 효율이라는 점에 있어 규모의 경제가 크지 않기 때문에 소규모 발전이 가능하다는 점이다. 따라서 신재생 에너지는 반드시 전력 회사가 아니어도, 심지어 개인이 전기를 생산할 수도 있다.

이처럼 기존 중앙집중적인 전력망에 다양한 규모의 발전이 끼어들게 되면서 소위 분산발전Distributed Energy이라는 개념이 생겨나게 되는데 바로 이 지점이 디지털이 활약할 것으로 기대되는 곳이다. 토머스 에디슨Thomas Edison이 전기를 발명하고 전력회사를 세운 이후 100년간 이어지던 틀이 드디어 깨어질 때가 되었다. 분산발전은 전기를 생산하는 발전이 전력망 곳곳에 분산되어 이뤄지는 구조를 이야기한다. 이러한 구조와 중앙집중형 발전의 가장 큰 차이는 전기 생산자와 소비자 간의 구분이 모호해지는 데 있다. 개인이나 기업이 태양광 패널을 설치한 후, 날씨가 좋은 낮에는 남는 전기를 전력회사에 팔고, 밤에 전기가 모자라면 전력회사로부터 사는 방식으로 전력망이 돌아가는 것이다.

따라서 과거처럼 에너지원의 가격에 발전소와 전력망의 투자비용 같은 발전 원가와 마진을 더한 공급가격을 일방적으로 정하여 강제하는 1대다⒮ 방식이 아닌, 시장 원리에 의한 다대다 방식의 에너지 시장이 생겨나게 되는 것이다. 여기에 2차 전지 기술 발달로 전기를 저장하는 ESS Energy Storage System(에너지 저장 시스템)와 가스나 석유를 연료로 이용하면서도 대형 터빈 없이 전기를 생산하는 연료 전지 Fuel cell 등에서 혁신이 이뤄지면서, 지금까지와는 완전히 다른 개념에서 전력망의 구축이 필요해지고 있다.

앞으로의 전기 시장에서 독점적인 전력회사는 사라지게 될 것이다. 다양한 발전 사업자가 등장하면서 지금까지 정부 규제하에 존재하던 독점 사업자인 전력회사는 발전 사업자와 송배전 사업자로 찢어지게 될 것이다.* 전기 가격은 수요량과 수요 시간에 따라 다양하게 분화될 것이다. 수요자들은 필요에 따라 ESS와 연료 전지를 보유하고, 니즈에 최적화된 요금제를 선택해 이용하게 될 것이다.

이러한 미래 전기 시장에서는 다양한 디지털 기술이 활용될 수밖에 없다. IoT 기술을 통해 자동차나 엘리베이터부터 화장실 전등까

---

* 분산 발전이 가져올 전체 전력망 차원의 효율 향상을 감안할 때, 정부에서도 이를 원활히 작동하게 하기 위하여 발전 사업과 송배전 사업을 분리할 가능성이 높다. 이미 일본 정부는 2018년부터 발전 사업과 송배전 사업의 겸업을 금지하는 것으로 정책을 정하였다.

지, 전기를 사용하는 모든 기기의 전력 사용량이 실시간으로 모니터링되고 가장 효율적으로 사용 가능하도록 통제할 수 있게 될 것이다. 신재생 에너지의 변동성은 ESS를 통해 조절할 수 있게 될 것이다. 다양하게 분산된 발전원들로부터 제공되는 전력을 시시각각 변하는 전력 수요와 연계하는 역할을 하는 송배전 사업자는 빅데이터 기술을 활용해 전체 전력망 관점에서 효율을 극대화할 수 있을 것이다.

이러한 새로운 전기 시장은 전기 에너지의 가격을 더욱 낮출 것이고, 다시 이로 인해 전체 에너지산업에서 전기의 비중은 더욱 높아질 것이다. 앞으로 자동차를 포함한 대부분의 에너지는 전기를 통

표 5-16 에너지산업의 디지털 트랜스포메이션

법칙의 재정의	대형 발전소와 단방향 전력망이 통합된 사업모델의 중앙집중적 규모의 경제		분산된 다수의 발전원과 중립적인 송배전 사업자가 복합적으로 연계 전체 시스템 관점 최적화

고객가치	프로세스	생태계
다양한 수요자와 생산자의 니즈를 효율적으로 해결	스마트그리드를 위한 프로세스 구현	수요자와 생산자 포함 전체 생태계 win-win
• 단방향 아닌 양방향 전력망 구축 • 수요자 겸 생산자 입장에서 최적의 조합을 선택할 수 있는 다양한 요금 체계 구성	• IoT, 빅데이터 같은 디지털 기술을 전력망에 접목하여 전체 전력망 시스템 관점에서 최적화	• 다수의 생산자가 전력망에 존재하고 ESS 등을 통해 수요자가 스스로 사용을 조절하는 등 다양한 사업모델이 가능한 상호보완적인 전력생태계 구축 • 태양광, ESS 등 새로운 기술 혁신 육성

(위부터)솔라시티 상장에 대해 설명하는 솔라시티 공동 창업자 린든 라이브와 일론 머스크, 테슬라가 건설 중인 기가팩토리, 테슬라의 ESS 파워월.

180 | 대담한 디지털 시대

해서 이뤄지게 될 것이며 그 핵심은 스마트그리드Smart Grid가 될 것이다. 스마트그리드는 이처럼 전력망의 구석구석의 모든 정보가 데이터화되고, 이를 통합적 관리함으로써 전체 전력망 차원에서 효율을 극대화시킬 수 있는 새로운 개념의 전력망을 일컫는 단어로, 디지털 기술을 통해서만 구현이 가능하다. 이와 함께 사물의 전기화가 더욱 가속화되면 결국 디지털이 에너지산업을 끌고 나가게 될 것이다. 이처럼 미래 에너지산업에서도 가장 중요한 역할을 하는 것은 바로 디지털이다.

사족을 덧붙이면, 자동차산업에서 디지털 트랜스포메이션을 이끌고 있는 테슬라 역시 이러한 에너지산업의 미래에 참여하기 위해 다양한 시도를 하고 있다는 것이다. 테슬라는 자동차용 배터리를 생산하기 위해 초대형 생산 공장인 기가팩토리를 건설하는 중인데, 여기서 생산되는 배터리는 자동차 외에도 파워월Powerwall이라는 가정용 ESS에도 사용될 예정이다. 또한 테슬라는 태양광 발전을 담당하는 솔라시티라는 자매회사를 보유하고 있다.

디지털을 통한 영역의 확장: 전자산업과 제조업

전자산업의 변화를 디지털 트랜스포메이션으로 볼 수 있을 것이냐에 대해 의문부터 들 것이다. 애초에 전자산업이 곧 디지털산업이라고 보는 관점도 있겠으나, 디지털 기술은 최근 들어 진정한 변곡점을 맞이했고, 전자산업 역시 진정한 트랜스포메이션 시기에 와 있다.

전자산업의 가장 큰 변화라고 한다면 최근 들어 그 영역과 정의가 다시 규정되어야 할 정도로 폭넓어지고 있다는 점이다. 과거에는 전기나 전자와는 아무 상관이 없던 시계, 체중계, 자전거, 자동차 같은 사물들이 디지털 기술의 발달과 함께 전자산업의 영역으로 들어오고 있고, 드론이나 로봇처럼 상상 속에서만 존재하던 새로운 디지털 기기들이 빠른 속도로 등장하고 있다. 그리고 과거에는 하드웨어가 중심이고 소프트웨어는 이를 보조하는 것으로 이해되던 것이 이제는 소프트웨어가 많은 기능들을 처리할 수 있게 되면서 소프트웨어 중심의 산업으로 변모하고 있다.

가장 앞장서서 이러한 변화를 구현해내고 있는 것이 중국의 샤오미다. 최근 샤오미가 내놓는 제품들을 보면 전자산업의 미래를 엿볼 수 있다. 체중계나 자전거처럼 전자제품이 아니던 것을 전자제품으로 바꿔놓을 뿐 아니라, 공기청정기나 정수기, 전구, 혈압계 같은 기존 전자제품에 센서와 통신 기능을 추가하여 스마트폰을 통해 공기 상태를 보여주고, 정수기 필터 교환 시기를 알려주며, 조명을 조작할 수 있게 해준다. 혈압과 다양한 생체 데이터를 통해 건강을 관리할 수 있는 기능도 제공하고 있다.

샤오미의 목적을 궁금해하는 사람들도 있으나 살펴보면 방향성은 매우 명확하다. 기존 사물들에 디지털 기술을 접목시킴으로써, 새로운 사용자 가치를 창출하는 고부가가치 전자제품으로 탈바꿈시키는 것이다. 어쩌면 샤오미는 세탁기, 냉장고 같은 백색 가전부

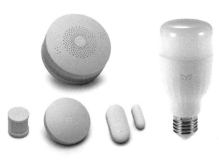

샤오미가 내놓은 디지털 전자제품들. (왼쪽 위부터 시계 방향으로) 정수기, 공기청정기, 전구, 스마트홈용 센서, 세그웨이(Segway) 인수 후 발표한 신개념 이동 수단 나인봇미니.

터 침대, 옷장 같은 가구에 이르기까지 집안의 온갖 사물들을 디지털 전자제품으로 바꿔놓고, 모든 것을 스마트폰을 통해서 제어하고 관리하는 진정한 스마트홈을 꿈꾸고 있을지도 모른다.

더욱 중요한 것은 샤오미의 접근 방식이다. 샤오미가 스마트폰 시장에 처음 등장하며 내놓은 것은 스마트폰 하드웨어가 아니었다. 안드로이드 스마트폰에서 구동되는 안드로이드 OS의 UI를 개조한 소프트웨어인 ROM이었다. 샤오미는 스마트폰이란 결국 하드웨어로는 일정 수준 이상만 도달하면, 고객 가치 대부분이 소프트웨어를 통해 창출된다는 것을 처음부터 이해하고 있었던 것이다. 이러한 철학을 반영하듯 소비자들이 인터넷에 올리는 요구 사항, 버그, 개선점 등을 반영한 새로운 업그레이드 OS를 1주일 단위로 내놓으면서 지속적으로 자신들의 스마트폰을 개선시키고 있다. 소비자들에게 있어 샤오미의 스마트폰은 구매 이후에도 매주 성능이 개선되고 편리한 기능이 추가되는 제품인 것이다.

샤오미의 제품 가격이 사람들을 늘 놀라게 할 정도로 낮은 중요한 이유 중 하나는 샤오미가 고객 가치의 측면에 있어서 하드웨어보다 소프트웨어를 중요하게 생각하는 것도 있지만, 자신들이 수익을 창출하는 원천 역시 하드웨어를 구매하는 시점에서 발생하는 것이 아니고, 하드웨어가 소비자들에게 널리 깔리고 나면 이를 통해 여러 수익모델을 얹는 것이 가능하다고 믿기 때문이다. 앞으로도 샤오미는 다른 업체들이 생각지 못하던 다양한 제품에 자신들의 소프트웨어 역량을 덧붙여 새로운 가치를 제공하며 전자산업의 진화를 선도해나갈 것으로 기대된다.

소프트웨어의 중요성 증가는 전자산업을 새롭게 정의하기 시작했다. 이미 전자산업에서 생산이란 '단순히 물리적인 제품을 만들어내는 것이 아닌, 소비자가 사용하는 모든 사물의 기능을 구현해내는 것'으로 정의가 이뤄지고 있다.[*] 디지털 기기에서 소비자가 사용하는 기능 대부분은 이미 소프트웨어로 구현되고 있을 뿐 아니라, 하드웨어가 커머디티로 변해버린 현재 상황에서 각 기업이나 제품 간 차이는 소프트웨어에서 나오고 있기 때문이다.

이러한 소프트웨어 기반의 제품들은 크게 세 가지 측면에서 과거 하드웨어 기반 제품들과 차이가 있다. 첫 번째는 가역성이다. 한번 만들고 나면 손댈 방법이 없던 하드웨어와는 달리 소프트웨어는 아주 간단한 방법으로 업데이트를 하고 업그레이드할 수 있다. 이로 인해서 나타나는 결과가 두 번째 특징인 생산과 소비의 연결이다. 하드웨어 중심의 제조에서는 제조업체는 만들고 소비자는 이용하는 식으로, 시간적으로나 사용 방법론적으로나 생산과 소비가 완전히 분리되어 이뤄진다. 하지만 소프트웨어 기반의 제조에서는 이미 생산된 물건이라 할지라도 소비가 이뤄지는 과정에서 계속 추가 기능을 덧붙일 수 있게 된다. 따라서 제조업체와 소비자 간의 관계가 구매 시점에 종료되는 것이 아니고 사용 기간 내내 다양한 방법으로 이뤄진다. 이러한 관점에서 최근 관심을 끌고 있는 것이 '사용자 경험ux'이다.

세 번째 특징은 다양성이다. 특정 기능을 구현하는 데 소수의 정해진 방법이 존재하는 하드웨어와는 달리, 소프트웨어는 같은 기능을 구현하는 데도 수많은 방법이 존재한다. 이는 결국 동일한 기능

• 디지털이 우리 경제와 생활에 깊이 뿌리를 내린 지금까지도 소프트웨어는 가장 많은 오해를 받고 있는 영역이다. 가장 큰 오해는 '하드웨어는 제조, 소프트웨어는 서비스'라는 것이다. 물리적인 물건을 만드는 것을 제조업, 그렇지 않은 것을 서비스업이라고 정의 내렸던 20세기의 고전적인 시각이라 아니 할 수 없다.

이라 할지라도 기업의 역량에 따라 품질과 보여지는 차이가 하드웨어에서보다 훨씬 커지게 된다. 하지만 반대로 생각해보면, 소프트웨어를 잘 이해하지 못하고 있는 기업으로서는 제대로 된 제품과 그렇지 못한 제품을 구분해내기가 하드웨어보다 훨씬 어렵다는 이야기도 된다.

실제로 이것이 최근 전자산업에서 벌어지고 있는 문제다. 하드웨어는 멀쩡해 보이는데 소프트웨어까지 포함하고 나면 사용자 경험에 크게 문제가 있는 경우가 종종 발생하고 있지만, 기존 하드웨어 제조 중심의 사고방식을 가진 기업 입장에서는 이를 전혀 이해하지 못하는 것이다. 지금까지 해오던 방식으로 제품을 개발하고 만들어서는 아무리 열심히 해도 제대로 된 제품이 만들어질 리가 없다. 디지털이라는 것을 깊이 이해하고, 기능적 관점뿐 아니라 이를 이용할 사용자 경험 관점에서 하드웨어와 소프트웨어의 역할을 정의하고, 큰 그림에서 설계도를 그리는 아키텍트 역량이 앞으로 전자산업에서도 핵심적인 경쟁력이 될 것이다.

이렇게 전자산업의 중심이 하드웨어에서 소프트웨어로 옮겨가면서, 전자산업 내 사업모델 역시 크게 변화하고 있다.* 우선 기존의 하드웨어들은 점점 더 커머디티화 되어가면서 점차 수익이 줄고 있다. 하드웨어의 발전이 무어의 법칙을 따라 빠르게 이뤄지면서 최근 기존의 하드웨어들은 '이미 충분히 좋아서 더 좋은 것이 필요 없는good

---

* 전자산업을 포함한 전체 ICT산업의 진화에 대해서는 책 말미의 부록에서 보다 깊이 다루도록 하겠다.

enough' 상황으로 넘어오기 시작했다. 이는 제품의 차별화가 어려워졌다는 의미이며, 수익을 크게 떨어뜨리는 요인이기도 하다. 이미 PC나 TV가 겪은 일들이 스마트폰이나 다른 하드웨어 사업에서도 일어나게 될 것이다.

단순히 소프트웨어가 더 많은 가치를 창출하기 때문에 더 많은 돈을 끌어 모을 수 있다는 의미가 아니다. 사업모델 관점에서 제조 원가의 비중, 특히 변동비가 높은 사업은 제 아무리 매출을 늘린다 하더라도 제조비용도 함께 늘기 때문에 수익을 늘리는 데 한계가 있을 수밖에 없다. 하지만 제조원가에서 고정비가 큰 사업은 매출이 늘더라도 제조비용은 거의 변화하지 않기 때문에 수익을 지속적으로 높일 수 있다.

따라서 자사 제품에 자신이 있는 선도 업체일수록 하드웨어 사업보다는 다른 사업에 초점을 맞추는 것이 매력적인 사업모델이 된다. 예를 들어 반도체의 경우, 재료비보다 고정 투자비의 비중이 크기 때문에 하드웨어보다 매력적일 수 있으며, 소프트웨어는 한 번 제품을 만들고 나면 이를 여럿으로 만드는 것은 단순 복제만으로 가능하기 때문에 추가적인 비용 증가가 거의 없다. 따라서 경쟁력이 있는 업체일수록 하드웨어보다는 소프트웨어, 디바이스보다는 부품 사업에 집중하는 것이 당연해진다.

그 다음은 커머디티가 된 하드웨어 사업의 분화다. 수익이 낮은 사업들이 흔히 그러하듯 낮은 가격으로 제조만 전문으로 하는 사업이 등장하는 것이다. 여러 하드웨어업체들의 제품의 제조를 끌어 모아 규모의 경제를 달성하는 사업모델이 그것이다. 중국의 폭스콘Foxconn으로 대표되는 EMS Electronic Manufacturing Service(전자 제조 전문 서비스) 기업은 선도 전자 기업들이 소프트웨어에 집중하려고 하는 상황에 이들을 도우며 빠르게 성장해왔고, 최근에는 단순 조립 생산이 아닌 하드웨어에 대한 전문적 역량을 갖춘 업체로 발돋움하고 있다.

EMS를 눈여겨보아야 하는 중요한 이유는, 과거 다른 산업의 제품이던 것들이 점차 디지털화되고 있기 때문이다. 시계부터 자동차까지 다양한 제품들이 전자제품화될수록 기존 산업들은 전자 산업의 제조 역량을 필요로 하게 될 것이고, 이때 전자제품 제조 전문가가 되고 있는 EMS가 큰 힘을 발휘할 수 있을 것이다.

이미 EMS는 기존 전자산업을 중심으로 400조 원이 넘는 시장 규모를 만들어낸 바 있지만, 앞으로는 자동차, 항공, 의료 등 다양한 산업에서 더욱 큰 기회를 갖게 될 것으로 판단된다. 이미 1600억 달러(190조 원) 이상의 매출을 올리고 있는 선도 EMS업체인 폭스콘은 의료산업, 항공산업 등 다양한 영역으로 확장하고 있으며, 최근 전기차 개발과 생산을 위해 테슬라와 제휴를 맺은 데 이어, 산업용 로봇 분야 진입도 검토하고 있다.*

앞으로의 전자산업에서 핵심은 디지털 아키텍트 역량을 바탕으로, 하드웨어와 소프트웨어 제조에 아웃소싱을 적절히 활용하는 선

---

* 전자산업의 제조 분업화가 하드웨어뿐 아니라 소프트웨어에서도 일어나고 있다는 점도 눈여겨보아야 한다. 폭스콘이 하드웨어에서 한 것처럼 소프트웨어에서도 전문적 역량을 갖춘 전문 제조업체들의 등장이 본격화되기 시작했다. 하드웨어에서는 중국이 힘을 발휘했다면 소프트웨어는 인도를 지켜보아야 한다. 이미 인도의 3대 IT회사인 HCL, 타타(Tata), 와이프로(Wipro)는 인도의 강점인 소프트웨어 엔지니어들을 통해 다양한 소프트웨어 제조업무를 대행하고 있다.

표 5-17 **전자산업의 디지털 트랜스포메이션**

법칙의 재정의	다른 산업과 분리된 독립 산업으로서 하드웨어 중심의 제조업		다른 산업까지 영역을 넓혀 하드웨어를 전문으로 하는 제조와 소프트웨어, 서비스 중심 사업으로 분화

고객가치 자동차, 시계, 항공기 등 새로운 전자 디바이스의 등장	프로세스 로봇 등 디지털 기술을 적극적으로 접목	생태계 가치사슬 분화가 이뤄지면서 경쟁과 협력 공존
• 기존 비전자제품들에 디지털 기술을 접목, 새로운 가치를 부가하며 디지털 제품화	• 제조를 담당하는 EMS도 생산 공정에 로봇을 적극 활용하여 제조를 디지털화함으로써 전문성 강화 지속 • 디바이스업체(애플 등)는 핵심 역량을 매우 세분화하여 정의하고, 핵심에 집중 투자 (그 외에는 외주화)	• 장비·소재 – 핵심 부품 – 하드웨어 제조 – 하드웨어 설계 – 소프트웨어·서비스 전체 가치사슬 중 취사 선택과 집중 – 단순히 제조의 아웃소싱이 아니라 서로 상대의 핵심을 취하려는 경쟁과 협력이 동시에 이뤄짐

택과 집중을 통해, 고객에게 새로운 가치를 창출해주는 제품을 개발해내는 데 달려 있다.

그런 점에서 전자산업의 사업모델을 논하는 데 있어 애플의 SCM 모델을 짚어볼 필요가 있다. 2000년대 초반, 전 세계 전자 기업들은 노키아Nokia의 SCM을 최고의 모델로 보고, 이를 벤치마킹하기 위해 노력해왔다. 노키아는 글로벌 핸드폰 시장의 40% 이상을 장악하던 선도 기업으로서, 한때 SCM에 있어 최고의 효율을 만들어냈다고 평가받았다. 노키아 SCM의 특징은 장기 계획하에 이뤄지는 장기적 관점의 협력 관계다. 출시 수년 전부터 제품 스펙을 정의하고, 예상

생산량을 2년 전부터 공급업체들에 공지해 미리 준비하게끔 하고, 합리적인 협상 과정을 거쳐 구매하는 방식으로 이뤄졌다. 공급업체로서는 미리 예측도 가능하고, 합리적으로 마진을 남길 수 있는 좋은 구매자였다.

애플은 이와 정반대의 구매자다. 대규모 물량을 무기로 최대한 가격을 후려치고, 장기적인 계획을 공급업체와 절대 공유하지 않아 재고 부담 역시 공급업체가 질 수밖에 없다. 생산량이 충분하지 않은 공급업체에는 사전 대금을 주어 설비 투자를 하게 하지만, 그럼에도 단기 물량만 요청할 뿐 주문량을 미리 확정해주지 않는다. 그리고 철저히 가격을 깎는다. 모든 핵심적인 연구개발은 공급업체보다도 더 확실히 파고듦으로써 공급업체가 주도권을 쥐는 것을 절대 용납하지 않는다.

단적인 예가 최근 CISCMOS Image Sensor(카메라용 이미지 센서)다. CIS 시장은 일본의 소니Sony가 확고한 기술력을 바탕으로 시장을 이끌며 애플에도 독점 공급하고 있다. 최근 들어 스마트폰에서 화소수 경쟁이 치열해지면서 이미지 센서 시장에서 소니의 파워가 점점 더 강해질 것으로 예상되었다. 그러자 애플이 들고 나온 것이 다음 세대의 아이폰 7에 탑재할 것으로 예상되는 듀얼 카메라다. 듀얼 카메라는 이미지 센서 2개를 사용해 동시에 각각 사진을 찍은 후, 2장의 사진을 소프트웨어로 합성하여 한 장의 고품질 사진을 만드는 방식이다. 이렇게 듀얼 카메라를 채택할 경우, 더 적은 화소의 이미지 센서로도 동일한 화소의 사진을 구현할 수 있게 된다. 소니만이 공급할 수 있는 값비싼 고화소의 이미지 센서를 구매하는 대신, 저화소 이미지 센서를 복수의 공급업체로부터 공급받고자 하는 것이다. 이런 일이 가능한 것은 애플이 이미지 센서를 직접 만들지는 않지만, 카메라 전체에 대해 매우 깊이 있게 연구하고 있기 때문이다. 애플은 카메라와 이미지 센서 연구에만 800명 이상의 인력을 투입했다고 알려지고 있다.

디스플레이의 경우에도 애플은 럭스뷰LuxVue라는 스타트업을 인수하고 대만에 연구소를 설립하여 마이크로 LED라는 새로운 디스플레이 기술을 비밀리에 개발 중인 것으로 알려지고 있다. 이 기술은 아직 LG나 삼성에서도 본격적으로 연구개발이 이뤄지지 않은 상황이다. 이 기술을 개발한 뒤 애플은 대만과 한국, 일본의 디스플레이 및 반도체업체들을 불러놓고 자사의 마이크로 LED만을 제조하는 공장 건립비용을 지원해줄 테니 매우 낮은 마진에 생산해줄 것을 요구할 가능성이 크다.

스티브 잡스Steve Jobs의 후계자로 지명되던 수많은 경쟁자를 제치고 SCM을 담당하던 팀 쿡Tim Cook이 CEO가 된 것만 보더라도 애플의 경쟁력에는 이렇게 매우 독특하면서도 강력한 SCM 프로세스가 큰 역할을 차지하고 있는데, 다른 기업으로서는 이제 와서는 애플과 같은 구매력과 자금력을 갖고 있지 않는 한 따라가기 어렵다는 점에서 더욱 의미가 있다.

앞으로 전자산업은 기존 전자산업의 영역에서 벗어나 다양한 산업으로 확장해나갈 것이다. 그 와중에 가치사슬 분화를 통해 협력이 이뤄지면서도, 서로의 핵심 역량에 대한 주도권을 잡기 위해 치열한 경쟁을 벌이게 될 것이다. 그 가운데서 핵심 역량을 새롭게 정의해내면서 선택과 집중을 잘해내는 기업들이야말로 최후의 승자로 남게 될 것이다.

맞춤형 교육이 시작된다:
교육산업

어찌 보면 교육산업은 산업혁명 시대 동안 거의 발전하지 않은 가장 오래된 산업이다. 다른 산업들이 소비자를 중시하고, 소비자를 이해하며, 소비자의 니즈를 충족시키기 위해서 갖은 노력을 통해 진화해왔지만, 21세기인 지금도 교육산업은 공급자 입장에서 모든 것이 짜여 돌아간다. 최근 들어 학교의 대안으로 다양한 방향의 교육이 논의되고 있는 것은 이러한 교육산업의 경직된 틀을 탈피하고자 하는 데서 시작한다. 그 이슈를 해결하기 위한 대안으로, 최근 디지털이 적극적으로 논의되고 있다.

교육이 갖고 있는 모든 문제는 결국 공급자 중심이라는 점이다. 고객을 공급자 마음대로 재단하고, 일방적으로 제품을 공급하고 있다. 학교의 교과 과정을 생각해보자. 같은 해에 태어났다는 이유만으로 모든 학생들에게 천편일률적으로 똑같은 교과서를 강제한다. 개인의 지적 수준, 흥미 따위는 안중에도 없다. 게다가 공급자 편의 중심으로 교과 과정을 짜다 보니 학년이 올라갈수록 난이도가 계단식으로 증가한다. 1학년에서 2학년, 초등학교에서 중학교로 넘어갈 때마다 차이가 생겨나고 그 계단을 넘지 못하는 학생들은 뒤처지며,

계속해서 낙오자가 생길 수밖에 없는 구조로 되어 있다. 이러한 획일적인 계단식 교육의 결과, 우리나라에서는 과외 같은 부가적인 투자로 이를 극복하고자 하는 시도가 일반적인 것이 되었고, 미국 같은 경우에는 엄청난 낙오자가 쏟아지고 있다.

디지털 기술은 이러한 교육 방식을 근본적으로 뜯어고칠 수 있다. 앞으로 교육은 완전한 개인화가 이뤄지게 될 것이다. 똑같은 교과서가 아니라 다양한 교육 콘텐츠를 디지털화한 교과서를 통해 수업이 이뤄질 것이다. 또한 지금처럼 계단식이 아닌 연속적으로 난이도가 증가하며, 개별 학생의 학습 상황을 실시간으로 확인하여 개개인에게 적합한 속도로 난이도를 끌어올릴 수 있게 될 것이다. 학생 역시 일방적으로 짜여진 교육을 받아들이는 게 아니라, 자신이 원하는 콘텐츠를 선택해 이용할 수 있게 될 것이다. 이미 미국 MIT 등 많은 대학교들은 유명한 교수들의 강의를 인터넷에 무료 개방하고 있고, 이를 학습하면 학점으로 인정하기도 한다.

완전한 맞춤형 교육이 시작되면 교육 과정은 학년과 학교제가 아닌 다른 방식으로 정의될 것이다. 학교는 교과서 주입을 위한 공간이라기보다, 자율 학습 중심으로 사회성과 협동심을 경험하게 하는 데 더 집중하게 될 것이다. 살아가기 위해 필요한 것들을 교육받는 데 학교라는 틀이 없어도 된다면, 더 이상 학교라는 것이 존재하지 않게 될 것이라는 극단적인 주장도 대두되고 있다.

지금의 교육은 생산성 측면도 큰 이슈가 되고 있다. 다른 모든 산업에서는 생산성이 높아지고 있으나, 교육산업은 교사 1명당 학생 수로 교육의 질이 정의되고, 학생 수가 줄어들수록 품질이 높아진다

출처: 애플

기술과 리버럴 아트의 결합에 대해 발표 중인 스티브 잡스.

고 생각해왔다. 하지만 각국 정부가 재정적 어려움을 겪고, 개도국들에서는 교육 품질 향상에 대한 니즈가 빠르게 커지고 있는 상황에서, 이러한 비효율적인 산업 구조가 유지되기는 어렵다.

이러한 생산성 문제를 디지털 기술이 근본적으로 변화시킬 수 있다. 단적인 예로 평범한 교사 1,000명을 양성하여 수만 명의 학생을 가르치는 것과, 매우 탁월하게 강의하는 교사 1명의 강의를 온라인에서 수백만 명이 듣게 하는 것은 완전히 다른 차원의 이야기가 된다. 디지털 기술은 현재 교육 서비스의 방법을 바꾸어놓을 것이다. 앞으로 교사는 교육 콘텐츠의 전달자로서 중요성이 사라지면서 역할 역시 변화될 가능성이 높다.

미래의 교육 콘텐츠도 잠시 짚어볼 필요가 있다. 교육에서 가장 기본이 되는 것은 '리버럴 아트'**다. 스티브 잡스가 애플이 추구하는 가치라고 이야기했던 '기술'과 '리버럴 아트'에 대한 소양이 앞으로는 가장 기본이 되어야 한다. 과거의 '리버럴 아트'라면 언어와 수학, 논리력이 기본이었겠지만 산업혁명이 아닌 디지털혁명의 시대에서 '리버럴 아트' 교육에는 한 가지 핵심 도구가 더 추가될 것이다. 바로 프로그래밍 능력이다. 디지털 기술을 직접 다루고, 디지털 기기들과 직접 대화하고, 디지털 기기들을 만들어내기 위한 기본 소양으로서 프로그래밍 능력은 언어를 배우는 것만큼이나 중요한, 반드시 습득해야 할 도구가 될 것이다.

결국 지금까지 교육이 산업혁명이라는 틀이 요구하는 노동자를

- 이미 한국에서는 메가스터디, EBSi 등을 통해서 이러한 온라인을 이용한 교육이 폭넓게 이용되고 있지만, 아직은 사교육 중심에 그치고 있다. 하지만 글로벌 차원에서 이러한 움직임이 앞으로 더욱 폭넓게 확산되면서 현재의 교육산업을 크게 변화시킬 것이다.
- Liberal Arts. 인간으로 갖추어야 할 기본 교양. 한국에서 가장 오용되고 있는 단어가 바로 인문학이다. 인문학의 중요성을 강조하면서 스티브 잡스를 예로 들곤 하지만 이는 고의적인 오역임이 분명하다. 스티브 잡스가 언급한 '리버럴 아트'는 인문학이 아니다. 인문학(Humanities)이란 사회과학이나 자연과학에 대응하는 인간의 본질에 대해 연구하는 학문 분야로서 철학, 문학, 역사 등이 포함되어 있다. 하지만 스티브 잡스가 말한 '리버럴 아트'는 '인간으로서 자유롭기 위하여 갖춰야 할 기본적인 기술'이라는 사전적 정의를 갖고 있다. 이러한 개념이 처음 시작된 그리스 시대에는 문법, 논리, 웅변이 '리버럴 아트'의 주요 과목이었고 기하, 대수, 음악, 천문학이 추가적으로 포함되었다. 다시 말해 인간으로서 제대로 사고하고 이를 제대로 표현하기 위해 갖춰야 하는, 자유의지를 가진 인간으로서의 기본 기술이 '리버럴 아트'인 것이고, 이는 인문학과 다르다. 스티브 잡스가 이야기하고자 한 것은 디지털이라는 새로운 기술을 통해 지금까지 인간이 갖고 있던 창의력과 상상력의 한계를 극복해 한 단계 더 끌어올리고자 하는 게 애플의 지향점이라는 것이지, 흔히들 인문학의 중요성을 이야기하는 사람들의 주장처럼 디지털 시대에 역사나 문학, 철학을 열심히 공부하면 창의력이 생긴다는 소리가 아니다. 한국어로 대체할 적당한 단어가 없는 것이 엉뚱한 오해를 불러일으키고 있다.

길러내는 방향에서 머물러왔다면, 디지털혁명이라는 변혁은 교육 역시 이러한 틀에 맞춰 새롭게 진화할 것을 강요하고 있다. 앞으로의 교육은 콘텐츠, 제공 방식, 이를 통해 만들어질 학생, 세 가지 모두에서 지금과는 완전히 다른 모습을 갖게 될 것으로 예상된다.

6장

일하는 방식에도
디지털 트랜스포메이션이
일어난다

5장에서는 몇 가지 주요 산업들이 디지털을 통해 어떤 방향으로 변화하게 될 것인지 가설이나마 간단히 살펴보았다. 이런 논의를 통해 디지털 트랜스포메이션이라는 것에 대한 큰 그림은 그릴 수 있게 되었을 것이다.

그런데 생각보다 많은 기업들이 이러한 디지털 트랜스포메이션을 나와는 관계없는 이야기, 상상 속의 이야기로 치부해버리는 것을 보았다. 어찌보면 너무 크고 무거운 이야기라서 그럴 수도 있지만, 달리 보면 당장 현재 하고 있는 사업에는 별 영향이 없다고 생각해서일 수도 있다.

기업들이 전략적 판단에 있어 가장 많이 저지르는 실수 중 하나가 이러한 크나큰 트렌드에 대한 것이다. 트렌드를 파악하기 위해 많은 기업들이 노력하지만, 생각보다 많은 기업들이 그 결과를 제대로 예측하지 못한다. 그 이유 중 하나는 트렌드를 한 번의 충격으로 끝나는 것으로 이해하기 때문이다. 따라서 새로운 트렌드가 등장했을 때, 직접적으로 영향이 미칠 것들을 고민해본 후, 나와는 크게 상관이 없다고 판단되면 마음을 놓아버리는 경우가 많다.

하지만 '메가트렌드'라고 불리는 트렌드들은 단 한 번의 충격파로 끝나지 않는다. 메가트렌드는 파도와 같아서 한 번의 물결로 그 수명이 마치는 것이 아니고 산업 가치사슬을 따라 여러 번의 충격을 발산한다. 가치사슬의 한 부분에서 시작된 영향이 가치사슬을 따라, 마치 연못에 던져진 돌처럼 충격을 퍼뜨려나가게 되는 것이다. 그리고 그런 변화는 적어도 수 년간, 길게는 10년 이상 동안 점진적으로 이뤄진다. 디지털혁명이 만들어낼 변화 또한 마찬가지다. 당장은 디지털 기술이 만들어낼 변화가 나와는 별로 상관없는 이야기로 보일지 몰라도, 당신이 속해 있는 산업의 가치사슬 한 끝자락에서 어느 날 시작되어, 언젠가 큰 파도가 되어 당신의 시장과 당신의 사업모델을 덮칠 것이다.

만약 디지털 트랜스포메이션이라는 것이 당장은 아니어도 언젠가 세상을 바꿔놓을 혁명적인 변화가 될 수 있겠다는 생각이 든다면, 디지털 엔터프라이즈가 되기 위한 전면적인 노력은 아닐지라도 디지털 기술을 활용해, 내 사업모델을 작게나마 개선하기 위한 노력을 시작할 필요가 있다. 3장에서 디지털 트랜스포메이션을 위해 요구되는 역량에 대해서 생각해보았고, 5장에서는 주요 산업에서의 변화에 대해 큰 그림을 그려보았으니, 이번에는 사업 프로세스 관점에서 디지털이 만들어낼 변화에 대해서 짚어보자. 이를 통해 디지털에 어떻게 접근하기 시작할지에 대한 작은 단서를 찾을 수 있기를 바란다.

　기업의 프로세스를 간단히 구분해보면 전략·기획, 연구개발, 조달·물류·공급망, 제조·생산, 영업·마케팅 다섯 가지 영역으로 나누어 생각해볼 수 있을 것이다. 각각의 프로세스에서 디지털을 통해 어떤 일들이 가능해지고 있는지 살펴보자.

전략·기획,
데이터와 사실에 기반하라

　　　　　　전략과 기획은 기업의 가장 핵심적인 기능이라고도 할 수 있다. 앞서 디지털 트랜스포메이션을 위해 갖춰야 할 가장 핵심적인 역량인 '디지털 아키텍트' 역량이 바로 전략과 기획에서 갖춰야 할 역량이다. 꼭 디지털 아키텍트로서 새로운 사업모델을 만들어내는 것이 아니라 해도 전략과 기획에 디지털 기술이 매우 유용하게 이용될 수 있다.

　전략과 기획을 자세히 들여다보면 시작점은 정확한 사실 판단에 있다. 시장과 경쟁자, 현재 내 사업의 상황에 대해 면밀히 파악하는 것이 무엇보다 중요하다. 최근 급격히 발달하고 있는 디지털 기술을 이러한 부분에 활용할 수 있다. IoT와 빅데이터, 머신러닝을 통해 과거에는 데이터화시키기 어려웠던 부분들, 궁금하긴 하지만 제한된 자원으로 인해 확인하기는 어려웠던 사소한 정보들까지도 쉽게 모아 분석할 수 있게 되고, 이를 통해 기업들은 진정한 '사실 기반factoriented'의 의사결정을 내릴 수 있게 될 것이다.

여전히 전략에 있어 경영자의 직관과 감이 중요한가 아닌가에 대한 논쟁은 끝이 나지 않고 있다. 그리고 탁월한 경영자들만의 직관이라는 것은 아무리 인공지능이 발달하더라도 넘어서기 어려운, 극소수만이 갖출 수 있는 차별화된 역량으로 남아 있을 것이다. 하지만 이러한 경영자에게 더 정확한 정보가 주어진다면 직관 역시 더 큰 힘을 발휘하게 될 것이다.

이미 선진 기업들은 디지털 기술을 활용하여 전략을 수립하고 기획하는 데 활용하고 있다. 앞서 살펴보았던 P&G가 좋은 예다. P&G는 '단 하나의 진실one truth'을 파악하고 이를 전 조직이 공유하여 효율적으로 관리하는 동시에, 데이터에 기반하여 의사결정을 내리기 위하여 디지털 기술에 투자하고 있다.

나아가 한 가지 더 생각해볼 만한 주제는 이렇게 디지털 기술을 통해 사실을 정확하게 파악할 수 있고, 의사결정을 내리는 게 가능해지면서 전략에 대한 새로운 주장까지 등장하고 있다는 점이다. 점점 더 세상이 복잡해지고 기업 환경이 빠르게 변화하는 상황에서 미래에 대한 불투명성이 증가하게 되자, 일부 경영학자들은 더 이상 장기적 전략은 의미를 갖기 어렵고 단기적 의사결정을 정확히 내리면서 매 순간 환경에 적응해나가는 방향으로 움직이는 것이 낫다는 주장을 펴고 있다. 스타트업에서도 유사한 철학에 기반한 린스타트업Lean Startup 방법론이 등장해 유행하고 있다. 제대로 된 제품을 만들기 위해 오랜 시간을 투자하기보다 미완성 제품이라도 최대한 빨리 시장에 내놓고, 바로바로 고객의 피드백을 받아가며 지속적으로 고쳐나가는 것이 성공의 지름길이라는 방법론으로, 대기업들도 이를 도입해야 한다는 주장도 나온다. 디지털 기술의 장점을 흡수하기 위한 한 가지 방법으로 고민해볼 만한 주제다.

어찌 보면 이러한 주장을 통해 가장 먼저 성과를 내고 있는 것이 주식시장이다. 최근 주식시장에서는 '극초단타매매High Frequency Trading'라고 하는 기법이 급성장하고 있다. 고성능 컴퓨터와 초고속 통신망을 연결해두고 사람 대신에 미리 짜놓은 알고리즘이 아주 짧은 시간 단위로 변화하는 시세와 거래량을 분석해 남들보다 한발 빨리 매매 주문을 함으로써 아주 작은 수익을 반복해 얻는 기법이다.

이들의 믿음은 '주식시장이 앞으로 어떻게 움직일지 장기적으로 정확히 예측하는 것은 불가능하다. 하지만 수백만 분의 1초 앞 미래를 정확히 예측하는 것은 가능하다.'는 것이다. 예를 들면 어떤 사건이 발생해 투자자들이 앞다퉈 주문을 내놓을 때, 크게 보면 한꺼번에 몰리는 듯하지만 실제로는 매우 작은 시간차를 두고 차례로 주문이 들어오게 된다. 극초단타매매 기법은 디지털 기술의 힘을 빌어, 변화가 시작되자마자 알아채고 자동으로 재빨리 주문함으로써 남들보다 앞설 수 있다는 것이다. 이들은 장기적으로 주식을 보유하지 않고, 체결 직후 한 호가 단위 정도의 아주 작은 가격 차이에 다시 팔아버림으로써 아주 작은 마진을 남긴다. 하지만 이를 매우 많은 횟수로 반복 실행함으로써 수익을 남긴다.

이들은 개별 종목의 전망이나 장기 트렌드에는 아무 관심이 없다. 이러한 극초단타매매에 대해 부정적인 시각들도 많지만, 이들은 시장의 투명성과 효율성을 한 단계 높이는 성과를 냈다. 이들이야말로 디지털 기술을 통해 차별화를 만들어낸, 디지털 트랜스포메이션을 이뤘다고 볼 수도 있을 것이다.

하지만 이러한 극초단타매매만으로 투자자로서 큰돈을 만들고 명성을 높인 예는 그리 많지 않다. 실제 유명 투자자들은 장기적 관점에서 자신만의 철학과 통찰력으로 주식을 장기 보유하여 성공을 거둔 사람들이 전부라 해도 과언이 아니다. 기업 전략이나 기획 역시 마찬가지다. 디지털 기술을 활용해 사실을 파악하고, 이를 통해 미리 대응을 하는 것이 기업 운영의 효율성을 크게 끌어올릴 수 있다. 하지만 복잡한 변수들이 얽히고설켜 만들어지는 장기적인 미래를 디지털 기술만으로 예측하는 것은 수십 년 내에는 불가능할 가능성이 높다. 디지털 기술을 통해 확보한 사실들을 바탕으로, 탁월한 경영자들의 철학과 통찰력을 결합해 큰 그림에서 사업모델을 이끌어나가는 것이야말로 성공 기업의 전략과 기획 기능이 갖춰야 할 역량의 본질임은 분명하다.

연구개발,
디지털 기술과의 코워크

제품의 연구개발에 디지털 기술이 활용될 여지는 매우 크다. 우선 첫 번째로는 전략·기획과 마찬가지로 고객과 시장의 니즈를 빠르고 정확히 이해함으로써, 제품 개발에 이를 반영하여 더 잘 팔리는 제품을 만들어낼 수 있다.

앞서 이야기한 자라를 생각해보자. 모든 패션업체들이 디자이너의 감각과 직관만으로 제품 디자인을 하고 상품을 한 번에 대량으로 만들어 판매하던 상황에서, 자라는 고객 반응을 신속히 반영하고 인기 있는 제품을 빠르게 추가 제작하는 시스템을 구축하여 제품 개발 방식의 근본을 뜯어고쳤다. 샤오미는 매주 단위로 고객들이 보내주는 의견과 버그에 대한 내용들을 모아 스마트폰 OS에 즉각 반영해 업데이트함으로써 다른 안드로이드 스마트폰업체와의 차별화에 성공했다.

최근에는 스마트폰이나 웨어러블 기기 등을 통해 소비자들이 제품을 어떤 식으로 사용하고 있는지에 대한 정보를 쉽게 입수할 수 있게 되면서, 이러한 정보들을 어떤 방식으로 확보하고 활용할 것인가에 대한 논의가 활발히 이뤄지고 있다. 또한 페이스북이나 트위터Tweeter 같은 SNS가 널리 사용되면서 고객 반응이 인터넷상의 데이터로 다양하게 존재하게 되었다. 이러한 데이터들을 긁어 모아 이를 이해하고 제품에 반영하려는 시도가 적극 이뤄지고 있다.

한 예로 델Dell 본사에 있는 소셜미디어 리스닝 커맨드 센터Social Media Listening Command Center라는 조직은 델이나 델의 제품이 언급된 인터넷 상의 데이터들을 추적하고 분석한다. 이를 통해 고객의 불만이나 요청에 빠르게 대응하기도 하지만, 새로 발견된 제품의 문제점과 개선사항을 연구개발 부서로 전달하여 더 효과적으로 대응 가능하도록 하는 것이 주요 업무다. 여기서 시사점은 제품이 디지털화되어 하드웨어가 아닌 소프트웨어 중심이 되어갈수록, 이러한 대응력은 더욱 강력한 힘을 발휘할 수 있다는 것이다. 비가역적인 하드웨어와는 달리 소프트웨어는 필요하면 언제든 버그를 수정하고, 새 기능을 추가하는 것이 가능하기 때문에 이처럼 신속한 대응의 중요성은 더욱 커지게 된다.

연구개발에서 또 다른 디지털 기술의 활용은 빅데이터와 머신러닝을 통해서 이뤄지게 될 것이다. 디지털 시대로 넘어오며 데이터의 양이 기하급수적으로 늘고 있다. 새로운 이론이 연구되는 학계에서도 과거에는 교수나 학생이 스스로의 힘으로 세상에 존재하는 논문들을 읽고, 이를 이해하고 응용하여 새로운 이론을 만들어내는 일이 충분히 가능했지만, 요즘에는 전 세계에서 쏟아지는 논문과 이론을 모두 읽고 따라잡는다는 것은 사람의 힘으로는 불가능해졌다. 특히 최근 들어 사람이 일상에서 사용하는 언어를 이해하는 머신러닝의 요소기술 중 하나인 NLP_{Natural Language Processing}(자연어처리) 기술이 발전하여 컴퓨터가 논문이나 강의를 직접 이해할 수 있게 되면서 변화가 시작되고 있다.

예를 들어 IBM의 왓슨이 노리고 있는 머신러닝의 사업 기회 중 하나는 전 세계 현존하는 모든 의학 논문과 책*을 분석하여 아직까지 치료법을 찾지 못한 질병을 치료하기 위한 새로운 작용 기전에 대한 가설을 세우고, 이를 제약회사에 제공함으로써 최근 정체되고 있는 신약 개발의 돌파구를 마련하는 것이다. 과거였다면 한 사람이 수많은 논문을 읽고 서로 다른 논문 내용을 머릿속에서 연결하여 새

---

* 미국 정부가 운영하는 의학 전문 학술 데이터베이스인 퍼브메드(Pubmed.gov)에 등재되어 있는 자료의 숫자만도 2500만 개가 넘는다.

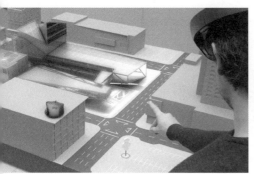

마이크로소프트의 증강현실 기기인 홀로렌즈(Hololens)의 산업에서의 적용 예

로운 가능성을 탐색하는 것 외에는 대안이 없었다. 그러나 이제는 세상에 존재하는 모든 논문들을 상호 대조, 비교하는 것이 가능해지 면서 이전과는 다른 차원의 생산성이 가능해질 것이라는 주장이다.[*]

또한 물리적인 제품을 만들지 않고도 컴퓨터 시뮬레이션을 통해 결과를 실제와 근접하게 예측할 수 있게 되면서 시뮬레이션 기술도 연구개발에 널리 이용되고 있다. 최근 가상현실이나 증강현실 기술 의 발달로 시뮬레이션 기술이 더욱 폭넓게 활용될 것으로 전망된다.

사실 연구개발에서 가장 많은 시간이 소요되는 단계 중 하나가 아이디어를 발굴하기 위한 탐색 작업과 초기 프로토타입을 만들어 낸 후의 수정과 보완 작업이다. 시간이 많이 소요되는 기존 연구의 탐색 같은 단순한 일들은 컴퓨터에 맡기고, 연구 인력은 컴퓨터가

---

[*] 이러한 특성상 머신러닝이 가장 먼저 적용될 분야로, 이미 표준화된 문서가 대규모로 축 적되어 있는 의학(논문과 처방전)과 법률(판례) 분야를 꼽는 경우가 많다.

정리해둔 가설을 바탕으로 고도의 지식 활동이 필요한 부분에만 집중할 수 있게 되면, 연구개발의 생산성이 크게 높아질 수 있을 것으로 예상된다.

조달·물류·공급망, 효율성 극대화의 첨병

앞서 물류산업의 디지털 트랜스포메이션에 대해 살펴본 바 있듯 기업의 조달·물류·공급망 즉 SCM의 중요성은 점점 높아지고 있다. 기업의 활동 영역이 점점 더 글로벌로 넓어지고 있으며, 과거처럼 단순히 수출 시장으로써 외국에 진출하는 것이 아니라, 다양한 국가에서 생산이나 연구개발 등 복합적인 사업을 벌이게 되면서 복잡해진 글로벌 네트워크를 관리하는 것이 매우 중요한 문제가 되었다. 특히 자본주의의 발달에 따라 극한의 효율이 요구되는 세상이 되면서 기업들에게 효율적인 공급망 관리의 중요성은 더욱 높아졌다.

디지털 기술은 이러한 SCM 관리에 궁극적인 답을 제공해줄 수 있다. 최근 사모펀드로 대표되는 자본주의 발전으로 인해 기업을 보는 관점에 가장 큰 변화가 있다고 한다면, 아마도 극단적인 생산성 추구 현상과 현금 흐름의 중시라고 이야기할 수 있다. 과거에는 기업이 매출을 지속적으로 성장시킬 수 있고, 이를 통해 수익을 안정적으로만 낸다면 회사를 잘 운영하고 있다고 이야기할 수 있었다.

하지만 사모펀드가 위세를 떨치고 있는 지금 세상에서는 그렇지 않다. 공장과 재고처럼 과거에는 당연시했던 자산들에서 더 만들어낼 수 있는 현금이 없는지까지 샅샅이 살펴, 같은 매출과 수익이라 해도 자산을 줄이고 이를 현금으로 바꿔 투자자들이 가져가는 것이 당연한 세상이 된 것이다. 이러한 극한의 효율 추구에 대해 부정적 시각도 많지만, 사회 시스템 전체로 볼 때 효율이 높아지게 된 것도 사실이다.

이런 상황에서 전체 SCM을 효율적으로 관리하는 것이 더욱 중요한 화두가 되고 있다. 과거 토요타가 추구했던 린Lean 생산 방식이 디지털 기술의 도움을 빌어 이제는 모든 산업에 확산되고 있다. IoT 기술을 통해 멀리 남아메리카 공장에 있는 원자재, 러시아 창고에 들어 있는 중간품, 인도양의 컨테이너에 실려 있는 완제품까지 모든 재고들을 실시간으로 한눈에 파악할 수 있게 되었고, 동남아에 있는 생산 공장의 어떤 라인에서 어떠한 불량이 발생했고, 직원들이 어떻게 대응하고 있는지를 서울 사무실에서 모니터를 통해 구석구석 살펴볼 수 있게 되었다.

이러한 전체 과정에서의 투명성에서 한발 더 나아가 최근에는 물류를 중심으로 완전한 무인자동화가 시도되고 있다. 아마존이 창고를 무인자동화하며 강조한 것은 사람보다 기계가 훨씬 오류가 적다는 것이었다. 사람이 직접 물건을 선반에 적재하고, 꺼내는 과정에서 발생하는 실수가 상당한 비효율과 손실을 가져오는데, 자동화함으로써 이러한 실수가 근본적으로 줄게 되면 투자 대비 훨씬 큰 이득이 된다는 것이다.

앞으로의 세상은 더욱 극한의 효율을 추구하게 될 것이다. 과거에 경영자들은 1년에 몇 %씩 꼬박꼬박 성장하고, 10% 정도만 수익을 내면 적당히 잘하는 편이라 생각했을지도 모른다. 하지만 극한의 SCM을 추구하고 있는 애플은 2015년, 무려 500억 달러(약 60조 원)라는 막대한 영업 이익을 남겼다. 지금의 자본주의 세상에서 '적당히'란 존재하지 않는다. 보다 높은 효율과 보다 높은 수익성에 대한 압박은 앞으로 더욱 거세질 것이고, 이를 해결하기 위한 수단으로 디지털 기술은 더욱 중요해질 것이다.

제조·생산, 새로운 핵심 역량은 소프트웨어

얼핏 생각하면 디지털과 가장 거리가 있을 것으로 보이지만 근본적으로 변화가 이뤄지는 곳이 바로 제조·생산이다. 제조업이라는 것부터 21세기 디지털혁명의 시대에 새롭게 정의될 필요가 있다. 과연 애플은 제조업체인가 아닌가? 애플은 생산 공장을 단 한 개도 가지고 있지 않다. 그러면 애플 아이폰을 만들어내는 폭스콘은 제조업체고, 애플은 서비스업체라고 봐야 하는가? 테슬라는 첫 전기차였던 로드스터를 개발할 때, 제조는 영국 스포츠카 업체인 로터스Lotus에게 맡겼다. 테슬라는 서비스업부터 시작한 것인가? 그렇지 않다. 산업혁명이 극단에 다다른 최근에는 제조업체라 하더라도 제품에서 가장 핵심이 되는 기능에만 집중하고, 커머디티화된 제조 기능은 외부 전문업체에게 맡기는 것이 일반적인 트렌드였다. 하지만 디지털혁명의 시기에 이러한 트렌드는 다시 근본적인 변화를 맞이하게 되었다.

당장 디지털 발전에 따라 완전히 새로운 노동력이 공급되기 시작했다. 바로 로봇이다. 로봇이라 하면 인공지능을 갖춘 사람 모양 기계를 떠올리는 사람도 있겠지만, 사람처럼 다양하고 복잡한 일들을 처리하는 것은 아직은 영화나 소설 속에서나 가능한 요원한 이야기다. 하지만 단순한 작업을 정확히 해내야 하는 곳에서 이미 로봇은 사람을 대체해나가고 있다. 메릴린치Merril Lynch에 따르면 2014년 기준으로, 자동차산업의 용접비용이 사람은 시간당 25달러가 드는 반면, 로봇은 8달러에 불과하다. 이미 1년에 20만 대가 넘는 로봇들이 팔리고 있고, 다양한 제조 현장에서 그 역할을 점차 늘려가고 있다.

중요한 것은 로봇 역시 디지털 게임의 법칙을 따라간다는 것이다. 로봇의 정확도는 해마다 향상되는 반면, 가격은 큰 폭으로 떨어지고 있다. 제조에 디지털 골든크로스가 이뤄지고 로봇 도입이 빠르게 증가하게 되면서 지금과는 다른 게임의 법칙이 제조산업을 이끌게 될 것이다.

로봇의 도입은 과거에는 제조업 중에서 중국으로 공장을 옮기는 것이 여의치 않던 산업들, 대표적으로 자동차산업에서 시작되었다. BMW 공장에서는 이미 차체 제작의 99% 이상, 조립 공정의 90% 이상이 로봇에 의해 이뤄지고 있으며, 테슬라 역시 로봇으로 공정의 상당 부분을 자동화했다. 하지만 최근에는 중국에서도 인건비가 높아지자 로봇을 적극 도입하고 있고, 대표적인 노동집약 산업인 의류

테슬라 공장의 로봇(위)과 BMW 공장의 로봇

산업에서도 로봇 도입이 그리 머지 않았다. 과거 중국, 동남아, 아프리카로 싼 인건비를 찾아 다니던 의류 공장들의 종착지는 어쩌면 로봇이 가장 발달한 미국이 될지도 모른다.

로봇과 IoT를 통해 이뤄질 제조의 혁신은 결국 전자산업과 이종 산업이 궁극적으로 융합한 모습이 될 것이다.[*] 현재 전 세계의 로봇 시장은 일본의 화낙FANUC과 야스카와전기YASKAWA Electric, 독일의 쿠카KUKA, 스위스의 ABB 네 업체가 시장을 장악[**]하고 있는데, 최근에는 폭스콘 같은 전자산업의 업체들도 고객으로서뿐 아니라 공급자로서 로봇 생산을 적극적으로 검토하고 있다.

제조에서 로봇도 중요하지만 더욱 중요하게 생각해보아야 할 것은 소프트웨어의 의미다. 앞서 디지털 트랜스포메이션에 새로운 고객가치와 새로운 프로세스가 주요 수단이 된다고 하였듯 많은 프로세스가 디지털을 통해 혁신되고 있고 이 과정에서 소프트웨어가 핵심적인 도구가 되고 있다.[***] 앞서 전자산업에서도 살펴보았지만 디지털 엔터프라이즈로서의 제조업은 소프트웨어를 통해 프로세스가 이뤄지고, 소프트웨어 중심으로 고객가치가 창출되는 사업으로 재

- 이러한 새로운 개념의 생산·제조를 '제조업 4.0(Industry 4.0)'이라 정의하기도 한다. 독일 정부가 처음 쓰기 시작한 개념으로, 증기기관을 통한 개선을 1.0, 대량 생산과 자동화를 2.0, 정보 기술과 산업이 결합하여 중앙 통제로 효율을 높인 것을 3.0, 로봇과 IoT로 능동적이고 자율적인 운영이 가능하게 된 것을 4.0으로 정의한 것이다. 이 개념을 기준으로 하면 현재 제조업에서의 트랜스포메이션은 대부분 3.0과 4.0의 개념이 한꺼번에 이뤄지면서 큰 변화를 만들어내고 있다고 볼 수 있다.
- •• 화낙의 경우 로봇에 강점을 갖고 있기는 하지만, 일반적으로 알려진 것처럼 로봇 독점 업체는 아니다.(시장점유율 약 25% 선) 더구나 가장 큰 매출을 차지하고 있는 제품은 로봇이 아닌 CNC 공작 기계. 애플 아이폰 생산을 위해 폭스콘이 도입한 화낙의 제품은 로봇이 아니고 메탈케이스 정밀 가공을 위한 CNC 기계였다. 또한 테슬라의 공장에는 화낙이 아닌 쿠카의 로봇이 설치되어 있다.
- ••• 이러한 제조업의 변화를 상징적으로 보여주는 것이 GE다. 대표적인 전통 제조업체라 할 GE는 목표를 아예 글로벌 Top10 소프트웨어 기업으로의 변신으로 선언하였다. 2만 명의 정예 소프트웨어 인력을 뽑아 2020년까지 150억 달러(약 18조 원)의 매출을 소프트웨어를 통해 올리겠다고 발표했다.

정의되고 있다. 생산 라인에 붙은 수많은 IoT 센서들을 통해 확보한 데이터들이 빅데이터로 분석되고, 소프트웨어를 통해 통제되는 로봇으로 완전히 생산이 자동화된 미래의 공장에서 소프트웨어는 모든 산업의 성패를 결정짓는 핵심이 될 것이다.

그런 점에서 다시 한 번 디지털 아키텍트 역량의 중요성을 강조할 필요가 있다. 지금까지는 값싼 아웃소싱업체를 찾아내고 이들을 관리하는 것이 제조업체의 핵심 역량 중 하나였다. 그러나 디지털혁명을 앞둔 현 시점에서 미래의 생산과 제조가 디지털을 통해 급격하게 변화할 것을 예상하고, 차별화된 제품과 가격 경쟁력을 만들어내는 데 디지털 기술 활용 방안을 파악하여, 제조·생산 방식을 근본적으로 변화시킬 수 있는 업체에 미래가 있다.

이러한 제조·생산의 디지털화는 실제 기업의 경쟁 구도에 큰 변화를 불러일으킬 것이다. 우선 제조업에서 인건비 비중이 크게 낮아질 것이다. 지금까지 제조업의 경쟁력은 싼 노동력에 의해 좌우되었으나, 앞으로는 디지털 기술에 의해서 결정될 것이다. 이는 다시 제조업의 무게중심이 개발도상국이 아닌 선진국으로 옮겨가게 될 것을 의미한다. 미국은 이미 제조업 육성에 공격적인 투자를 전개하고 있으며, 그 중심에 디지털 기술이 있다.

산업혁명의 S자 곡선에서는 노동력을 기반으로 곡선에 올라탄 다음, 곡선을 따라 위로 올라가면서 새로 S자 곡선에 진입하는 국가들에게 제조를 넘기고, 서비스로 산업의 무게중심을 옮기는 것이 일반적 공식이었다. 하지만 S자 곡선의 마지막 부분에 정체되어 있는 국가들이 새로운 S자 곡선으로 옮겨 타기 위해서는 다시 제조업의 육성이 필요하다. 디지털 기반의 제조업을 통해 새로운 디지털혁명 S자 곡선에 올라탄 국가는 산업혁명의 S자 곡선을 따라 성장한 것처럼 새로운 성장을 시작할 수 있을 것이다.

영업·마케팅,
더 이상 마지막 단계가 아니다

디지털로 그 역할이 가장 달라지게 되는 부분이 바로 영업·마케팅이다. 지금까지 영업·마케팅은 프로세스의 제일 마지막에 자리잡고 연구개발과 생산을 통해 만들어진 제품을 고객에게 효과적으로 전달하는 데만 초점을 맞춰왔다. 하지만 디지털 시대에 영업·마케팅은 훨씬 더 큰 역할을 요구받게 되었다. 디지털을 통해 소비자와 시장을 빠르게 이해하고, 이를 제품 개발에 연결시키는 것이 연구개발의 주요 역할이 되었고, 과거처럼 제품을 만드는 것으로 제조·생산의 역할이 끝나는 것이 아니고, 소비자가 구매한 이후에도 지속적으로 관계가 유지되는 것으로 변화되었다. 이처럼 소비자와 시장을 기업의 전체 프로세스들과 연결시켜주는 역할이 영업·마케팅의 핵심 역할로 부여되게 된 것이다.

디지털 시대에 접어들며 소비자들은 다양한 채널을 통해 자신의 의견을 적극적으로 개진할 수 있게 되었고, 기업 입장에서도 소비자들과 소통할 수 있는 경로가 늘어났다. 이러한 채널들을 통해서 소비자와 기업 간의 상호작용을 긍정적으로 만들어내는 것이 직접적인 판매보다도 중요한 영업·마케팅의 역할이 되었다. 여기에 미디어산업의 진화를 통해 과거 방식인 일방적이고 대규모의 광고에 대한 의존도가 낮아지면서 이를 대신할 새로운 방식의 광고·홍보가 필요하게 되었다.

과거 산업의 프로세스는 경쟁력 있는 신제품을 비밀리에 남들보다 먼저 만들어내는 데 초점이 맞춰져 있었다. 하지만 디지털 시대의 프로세스는 소비자의 니즈를 이해하고, 이를 잘 겨냥한 제품을 만들어, 타깃층에게 어떻게 효과적으로 이해시키고 전달시키느냐에 달려 있다. 디지털 시대의 영업·마케팅은 기업의 다른 기능들과 밀접하게 연결되어 시장과 소비자의 니즈와 상황을 전달하는 동시에, 소비자와 시장을 설득하는 연결자로 기능하여야 한다. 이러한 영업·마케팅 기능을 구축할 수 있는 기업에 새로운 미래가 열릴 것이다.

디지털 시대의 영업·마케팅에 있어 또 한 가지 고려해야 할 것은 채널이다. B2B와 B2C를 막론하고 온라인 채널이 기존 오프라인 채널을 빠르게 잠식하고 있는 지금 상황은 모든 산업에 '온라인과 오프라인 채널을 어떻게 활용해야 할 것인가.'라는 숙제를 던지고 있다. 단순히 기존 오프라인 채널에 온라인 채널을 추가하는 수준으로는 충분하지 않다. 옴니채널Omni-channel이라 불리우는 새로운 채널의 가치, 즉 오프라인만의 차별화된 고객경험과 온라인만의 또다른 고객경험을 합쳐 어떻게 시너지를 극대화할 것인지에 대한 고민이 더욱 심각해지고 있다. 특히 온라인을 통해 유통업체의 힘이 점점 더 강력해지고 있는 현실에서 옴니채널을 통해 차별화된 가치 전달에 실패하는 기업들은 유통업체에 고객 접점의 대부분을 넘겨주게 될

표 6–1 디지털 트랜스포메이션에 따른 프로세스의 변화

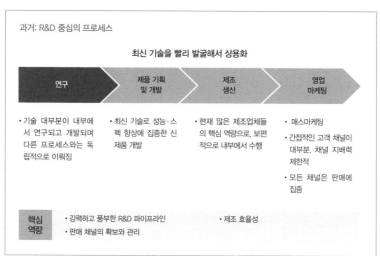

과거: R&D 중심의 프로세스

최신 기술을 빨리 발굴해서 상용화

연구	제품 기획 및 개발	제조 생산	영업 마케팅
• 기술 대부분이 내부에서 연구되고 개발되며 다른 프로세스와는 독립적으로 이뤄짐	• 최신 기술로 성능·스펙 향상에 집중한 신제품 개발	• 현재 많은 제조업체들의 핵심 역량으로, 보편적으로 내부에서 수행	• 매스마케팅 • 간접적인 고객 채널이 대부분. 채널 지배력 제한적 • 모든 채널은 판매에 집중

핵심 역량	• 강력하고 풍부한 R&D 파이프라인 • 판매 채널의 확보와 관리	• 제조 효율성

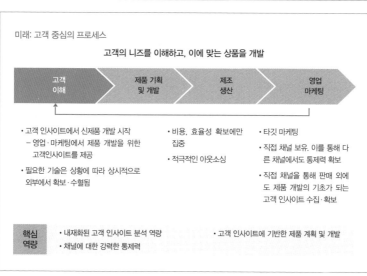

미래: 고객 중심의 프로세스

고객의 니즈를 이해하고, 이에 맞는 상품을 개발

고객 이해	제품 기획 및 개발	제조 생산	영업 마케팅
• 고객 인사이트에서 신제품 개발 시작 – 영업·마케팅에서 제품 개발을 위한 고객인사이트를 제공 • 필요한 기술은 상황에 따라 상시적으로 외부에서 확보·수혈됨	• 비용, 효율성 확보에만 집중 • 적극적인 아웃소싱		• 타깃 마케팅 • 직접 채널 보유. 이를 통해 다른 채널에서도 통제력 확보 • 직접 채널을 통해 판매 외에도 제품 개발의 기초가 되는 고객 인사이트 수집·확보

핵심 역량	• 내재화된 고객 인사이트 분석 역량 • 채널에 대한 강력한 통제력	• 고객 인사이트에 기반한 제품 계획 및 개발

가능성이 높다.

결국 기업은 디지털 시대를 맞아 영업·마케팅의 역할에 대해 근본적인 재검토를 해야 할 시점을 맞이했다. 과거 기업 프로세스의 마지막 단계로서의 영업·마케팅에서 벗어나, 프로세스의 첫 단추로서 연구개발과 생산에 고객과 시장의 니즈를 전달하고, 제품 판매가 이뤄진 후에도 고객 접점을 유지하면서 상호 도움이 되는 건설적인 고객 관계를 만들어가야 한다. 그 과정에서 온라인과 오프라인을 포괄하는 새로운 채널의 역할을 정립하고 구축하는 데까지 고민을 뻗어가야 한다. 이러한 고민을 통해 새롭게 구축된 영업·마케팅은 기업 경쟁력을 지금과는 다른 차원으로 가져다놓을 것이다.

이제는
바꿔야 한다

지금까지 여러 각도에서 디지털 트랜스포메이션에 대해 고민해보았다. 우선 디지털 엔터프라이즈들이 등장하면서 변화될 미래를 살펴보고, 이러한 디지털 트랜스포메이션을 위해 어떤 역량을 준비해야 하는지 짚어보았다. 그리고 여러 산업들에서 이뤄질 변화를 미리 예측해본 뒤, 기업 프로세스 관점에서 디지털이 바꾸어놓을 변화를 생각해보았다.

기업 입장에서 가장 궁금한 것은 과연 자신들의 사업에 디지털 혁명이 어떤 영향을 미칠 것인지일 것이다. 어떤 산업들에서는 디지털 트랜스포메이션이 아직 멀리 있을 수도 있고, 어떤 산업에서는 이미 디지털 엔터프라이즈들이 기존 기업들을 적극적으로 공격하고 있을 수도 있다. 하지만, 늦든 빠르든 디지털 트랜스포메이션은 언젠가는 맞이해야 할 숙제임은 분명하다. 피할 수 없다면 가장 좋은 대안은 남들보다 먼저 디지털 트랜스포메이션을 통해 디지털 엔터프라이즈로 변신하는 것이다. 이제는 기존 기업 입장에서 어떠한 방식으로 디지털혁명 시대를 준비할지, 어떻게 디지털 트랜스포메이션을 만들어갈지 살펴보자.

기존 기업이 단번에 디지털 엔터프라이즈로 변신하는 것은 불가능에 가까운 이야기다. 기존 방식과 조직으로는 할 수 있는 일도 아니거니와, 한 번에 모든 것을 뒤엎기에는 위험 부담이 너무 크다. 무엇보다 디지털 아키텍트 역량이 없는 기존 기업으로서는 디지털 트

표 6-2 디지털 트랜스포메이션을 위한 단계적 접근

1단계 디지털화된 프로세스	2단계 디지털 역량 확보	3단계 디지털 엔터프라이즈로의 변신
• 기존 사업모델의 프로세스별 디지털 도입 • 디지털로의 전체적인 전환을 총괄하기 위한 디지털 아키텍트 조직 신설	• 디지털 요소기술 내재화. 특히 디지털 애플리케이션과 디지털 플랫폼에 대한 역량 확보 • 디지털 트랜스포메이션을 위한 독립적인 조직 신설 고려	• 기존 산업의 게임의 법칙을 바꿀 수 있는 디지털 트랜스포메이션 시도 • 디지털 엔터프라이즈로 전환

랜스포메이션의 방향성조차 그리기 어려울 가능성이 높다. 그렇다고 디지털 트랜스포메이션을 무시하고 있으면 앞서 이를 시도한 경쟁자에게 잡힐 것이다. 우선은 당장 시작할 수 있는 것부터 준비를 해나가며 점진적으로 변화를 만들어갈 필요가 있다. 이는 크게 세 단계로 접근할 수 있을 것이다.

첫 번째는 기존 사업모델을 유지한 상태에서 디지털을 통해 개선부터 시도하는 것이다. 디지털은 기존의 모든 프로세스와 기능에 영향을 미친다. 전략, 기획부터 제품 개발과 생산, 영업과 마케팅까지 전 프로세스에 디지털을 어떻게 도입할 것인지에 대한 고민이 필요하다. 중요한 것은 디지털 트랜스포메이션을 위한 핵심 역량으로서 디지털 아키텍트를 담당할 조직, 즉 변화를 디자인하기 위한 조직을 세우는 것이다.* 이들은 기존 조직과는 별도 조직으로 구성하여, 관습에서 자유로울 수 있어야 한다. 디지털을 깊이 이해하고 있는 이들 인력을 중심으로, 기존 조직에 디지털을 적용하며 점진적으로 변화시킬 필요가 있다.

월마트의 시도가 좋은 예가 될 수 있다. 월마트는 아마존 같은 디지털 엔터프라이즈들의 위협에 대응하기 위해 실리콘밸리에 월마트랩스라는 독립 조직을 신설했다. 그리고 이베이, 페이팔PayPal 같은

---

* 앞으로 CIO(Chief Information Officer)의 역할이 재조명될 것이다. 지금까지 CIO의 역할은 단순히 주 업무를 보조하는 기능으로서의 IT 조직을 이끄는 역할이었다면, 앞으로 CIO는 디지털 트랜스포메이션을 총괄하는 디지털 아키텍트 조직의 수장으로 기능할 것이다. 동시에 CDO(Chief Digital Officer)나 CDS(Chief Data Scientist) 같은 새로운 직위가 등장할 가능성도 있다. 어찌 됐건 디지털 트랜스포메이션을 시도하고자 한다면 CIO의 역할과 디지털 아키텍트 조직부터 새로 정의하는 것부터 시작해야 한다.

표 6-3 **월마트의 디지털 아키텍트 조직**

	월마트	월마트랩스
주목적	• 기존 사업의 스케일 유지·확대	• 디지털을 통한 혁신 기회 발굴
본사 위치	• 아칸소 주	• 실리콘밸리
운영	• 수직적 효율 중심의 운영	• 평등하고 창의적인 문화의 팀제 운영
직원 수	• 2200만 명	• ~200명

월마트랩스의 핵심 임원				
	담당	약력	아키텍트로서의 역할	성과
프로세스 설계	CIO Karenann Terrell	• 이베이, 페이팔에서 고객경험 개선 위한 인프라 구축	• 거대 DB 이용한 실시간 수요예측, 재고 추적 등 SCM 최적화	• RFID 도입 통해 재고 소진율 16% 감소 등
	VP of Cust. Promise STS Prasad	• 실시간 분석, DB, 모바일 앱. 관련 경력 20년	• 대고객 신규 서비스 개발, 온라인 물류의 혁신 프로세스 설계	• Trending Now, Spark Studio 등 신규 서비스 런칭
고객가치 설계	CTO·SVP Jeremy King	• 이베이에서 VP(소프트웨어 개발 담당). 클라우드, 전자상거래 전문	• 전자상거래의 운영 개선 및 혁신 방향성 제시(제품, 엔지니어링, 웹 운영 팀 총괄)	• 전자상거래 매출 150% 성장 2011년 50억 달러 → 2014년 120억 달러
	VP of platform & system Tim Kimmet	• FAA, 이베이, 페이팔에서 시스템 설계 담당	• 월마트에 최적화한 웹 플랫폼과 시스템 설계	• OneOps 클라우드 플랫폼 개발 등
	VP of Engineering Jaya Kolhatkar	• 이베이, 페이팔에서 고객경험 개선 위한 인프라 구축	• 빅데이터 분석 통한 실시간 예측 알고리즘과 플랫폼 설계	• 고객 경험 개선 및 부정행위 방지 효과

전자상거래업체나 핀테크 등 경험을 가진 인력들을 영입하여 디지털 역량을 갖췄다. 이들은 기존의 조직과 별도로 운영되면서도, 월마트의 프로세스와 제품, 서비스에 디지털을 접목할 방법을 제안하는 디지털 아키텍트 조직으로서 다양한 변화를 만들어내고 있다.

이처럼 기존의 프로세스를 조금씩 변화시켜나가며 디지털에 대한 큰 그림을 그릴 역량이 준비되면, 두 번째 단계로서 종합적인 디지털 역량을 확보할 필요가 있다. 디지털 엔터프라이즈로서의 역량을 준비하는 것이다. 이 단계에서는 보다 적극적으로 인력을 확보해야 한다. 특히 디지털 애플리케이션과 플랫폼 같은 디지털 요소기술에 대해 체계적인 역량 구축이 필요하다.

많은 기업들이 디지털을 준비하는 데 있어 흔히 저지르는 실수 중 하나가 디지털 아키텍트에 대한 고민 없이 빅데이터나 IoT 같은 디지털 요소기술부터 서둘러 고민하는 것이다. 디지털에 대한 이해가 부족한 상태에서 요소기술부터 도입하려고 해봐야 기술이 제대로 확보되고 축적될 리도 만무하다. 디지털을 어디에 어떻게 활용할지에 대한 고민이 선행되지 않은 상태에서는 빅데이터나 IoT 기술을 제대로 활용할 수도 없다. 따라서 디지털 요소기술의 확보 이전에 디지털 아키텍트에 대한 고민이 반드시 선행되어야 한다.

이때 한 가지 추가적으로 생각해볼 것은 핵심 요소기술인 디지털 플랫폼의 내재화 방식이다. 아직까지는 혁신 초기이기 때문에 디지털 플랫폼 역량을 내부적으로 확보하는 것이 경쟁력을 차별화하기 위한 주요 전략이라 볼 수 있고, 서둘러 이를 확보하는 것이 미래를 위한 가장 중요한 대비라고 여겨질 수도 있다. 그러나 디지털이 확산됨에 따라 디지털 플랫폼은 오픈소스 기반의 개방된 커머디티로 존재하게 될 가능성도 있다. 실제로 구글이나 IBM은 머신러닝 API Application Programming Interface(애플리케이션 프로그래밍 인터페이스)를 외부 공개하고 있고, 테슬라, 아마존, 페이팔, 링크드인Linkedin은 10억 달러

(약 1조 2천억 원)를 공동 투자하여 인공지능 오픈소스를 개발하기로 했다. 앞서 살펴본 것처럼 ICT 기업들은 스스로 디지털 엔터프라이즈로서 다른 산업에 직접 진입하기보다는 자신들의 디지털 역량을 가지고 다른 기업들과 협력함으로써 새롭게 생겨나는 파이를 나눠 먹는 전략을 펴게 될 가능성이 많다. 그런 점에서 기존 기업이나 신생 기업 입장에서는 디지털 플랫폼이 매우 중요한 요소기술이기는 하나, 그 역량을 확보하기 위해 무조건 처음부터 끝까지 모든 것을 내재화하기보다는 외부의 개방된 기술 플랫폼을 잘 가져다 쓰는 것에 집중하는 것이 좋은 대안이 될 수 있다.

디지털 아키텍트가 조직에서 자리를 잡고 디지털 요소기술이 축적되기 시작하면, 세 번째 단계로서 진정한 디지털 트랜스포메이션을 시도해야 할 때가 된 것이다. 지금까지의 사업모델에서 벗어나 게임의 법칙을 바꾸고, 산업을 혁신시키기 위한 그림을 정의하고 실행에 옮김으로써 디지털 엔터프라이즈로서 디지털혁명의 선봉에 설 수 있게 될 것이다.

마지막으로 염두에 두어야 할 전략은 이러한 디지털 엔터프라이즈로서의 사업모델을 시도할 때 두 개의 사업모델을 동시에 가져가는 투트랙Two-track 전략이다. 기존 사업은 기존 사업모델을 유지하며 디지털을 통해 프로세스를 혁신하여 경쟁력을 높여나감과 동시에, 이와는 완전히 독립된 디지털 엔터프라이즈를 신사업으로 전개해 나가는 것이다. 물론 자원의 한계라는 제약이 있기는 하지만, 기존 기업 입장에서는 리스크를 최소화하기 위한 방법일 뿐 아니라 디지털 트랜스포메이션의 가능성을 높이기 위해서도 고려해볼 만한 옵션이 될 것이다.

많은 기업들, 특히 기존 사업모델과 역량이 탄탄한 기업일수록 디지털 같은 혁명적인 변화에는 대응하기 어렵다. 단순히 변화 자체가 어려운 것이 문제가 아니다. 아무리 디지털 트랜스포메이션이 필요하다 해도, 그 과정에서 벌어질 기존 사업모델의 매출 감소나 수익 손실을 무작정 감수할 수 있는 경영진이란 사실 없을지도 모른다. 더군다나 디지털 트랜스포메이션이라는 것은 이제 막 시작되어 아직 명확한 답이 보이지 않거나, 이러한 답이 현실이 되기까지 얼마나 시간이 걸릴지 불확실한 경우도 많다.

이러한 위험성과 불확실성을 감안할 때, 기존 조직과 문화, 사업모델은 그대로 두고, 완전히 새로운 조직을 구성해서 여러 실험과 시행착오를 거치면서 디지털 엔터프라이즈로의 모양을 갖추다가, 때가 되면 무게중심을 옮기는 투트랙 전략이 좋은 대안이 될 수 있다. 특히 자동차, 유통, 미디어산업처럼 새로운 프로세스보다 새로운 제품과 서비스를 통한 고객가치가 디지털 트랜스포메이션의 핵심일 경우, 이러한 접근 방법이 미래를 준비하기 위해 반드시 고려해야 하는 대안이 될 수 있을 것이다.

가장 중요한 것은 디지털 트랜스포메이션은 시간 문제일 뿐 피할 수 없는 흐름이라는 점이다. 메가트랜드로서 디지털은 명확히 존재하고 있고, 그 변화는 당신이 느끼고 있든 아니든 당신이 속해 있는 산업의 가치사슬 어딘가에서 이미 시작되었다. 갑자기 덮쳐오는 파도에 당황하며 휩쓸릴 것인가, 아니면 지금부터 물결을 타고 더 큰 바다로 나갈 배를 짓기 시작할 것인가. 선택의 시간은 오래 남지 않았다.

7장

한국은 디지털 세상에서
살아남을 수 있는가

DIGITAL AGE

　　　　　　지금까지 개별 기업 입장에서 디지털 트
랜스포메이션을 어떻게 바라볼 것인지, 어떻게 준비해야 할 것인지
살펴보았다. 디지털 트랜스포메이션은 기존 기업에게는 심각한 위
기이면서 동시에 엄청난 기회가 될 수 있다. 산업혁명 수준의 거대
한 변화가 이제 막 시작되었고 아직 새로운 게임의 법칙은 정해지지
않았다. 이는 기업을 떠나 한국의 전체 산업과 경제에도 큰 기회가
될 수 있다. 특히 한국은 이미 전자산업에 있어서는 글로벌 수준의
경쟁력을 확보하고 있기에 디지털 시대를 위한 좋은 기반으로 활용
할 수 있을 것이다. 7장에서는 국가 전체적인 관점에서 한국이 디지
털이라는 새로운 혁명을 어떻게 활용할 수 있을지, 이를 위해서 정
부와 산업 차원에서 어떻게 준비를 해나가야 할 것인지 논의해보도
록 하겠다.

다시 짜는
산업 포트폴리오

우선 한국의 산업 포트폴리오부터 살펴볼 필요가 있다. 한국은 1960년대부터 경제개발계획을 통해 제조업 중심의 수출산업 육성을 경제 발전의 가장 중요한 전략으로 삼고, 이를 성공적으로 이행하면서 눈부신 경제 발전을 이뤘다. 하지만 이로 인해 산업들 간의 역량과 글로벌 지위에 상당히 격차가 있는 것도 사실이다. 수출 중심의 제조업은 글로벌 선도 국가라 해도 과언이 아닐 정도로 성공을 거둔 반면, 내수 중심 산업 특히 서비스업은 글로벌 수준과는 상당한 격차가 있다. 단적으로 나라 경제의 젖줄이라 할 금융산업은 WEF World Economic Forum (세계경제포럼) 평가에서 세계 87위라는 믿기지 않을 성적표를 받았다.

그래도 산업혁명이라는 패러다임이 지배하던 20세기 경제에서는 이러한 격차가 있더라도 크게 문제될 것이 없었다. 한국인의 근면성실함으로 쌓아올린 조선이나 전자, 자동차 같은 제조업에서의 역량은 글로벌 시장에서의 시장점유율을 키워가면서 한국 경제를 견인했고, 내수 산업이야 외국 경쟁자들은 들어오지 않는 시장이니 국내 소비자들만 써준다면 문제될 것이 없었다.

하지만 세상이 달라지기 시작했다. 특히 산업혁명의 마지막 시기에 한국은 스스로 만든 성공 공식의 한계에 도달했다. 문제가 어려우면 더 많은 노동력을 투입하여 해결해나가는 방식으로 높여가던 제조업의 역량은 벽에 부딪혔고,* 중국이 한국을 추월해나가기 시작

표 7-1 한국의 산업 포트폴리오

글로벌 산업

에너지

조선
전자
자동차

석유화학

철강

지역적 범위

소비재

금융

유통

통신

내수 산업

낮음

한국 산업의 경쟁력

높음

했다.

여기에 더해 디지털혁명이라는 새로운 패러다임이 밀려들기 시작했다. 소프트웨어가 기반이 된 제조업은 그 업의 정의를 새롭게 하면서, 미국이 다시 힘을 내기 시작했고, 서비스산업에서는 내수 시장이라는 보호 장벽을 넘어 우버, 에어비앤비, 구글 같은 미국 기업들이 한국 기업끼리 나눠먹고 있던 파이를 빼앗아 미국으로 실어 나르고 있다. 드물게 글로벌 경쟁력을 갖추고 있던 통신마저도 내수산

- 한국은 노동자 개개인의 시간을 더 투입하는 고통스러운 방법밖에는 없었다. 하지만 남들보다 두세 배 열심히 일하는 것으로 따라잡을 수 있었던 것은 여기까지라고 인정할 필요가 있다. 중국은 우리보다 열 배 이상 많은 노동자를 투입할 수 있다. 한국이 선진국을 따라잡을 수 있었던 것도, 중국이 한국을 역전할 것도 기존의 게임의 법칙에서는 당연한 결과다.

표 7-2 현재 한국 산업들의 상황

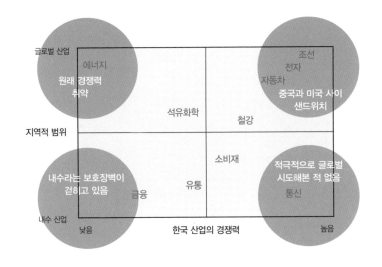

업이라는 사고방식을 벗어나지 못하고 한국 시장에 안주해버렸고, 더 이상 글로벌에서 명함을 내밀기 어렵게 돼버리고 말았다. 지금까지 방식으로는 더 이상 미래가 보이지 않는다는 사실을 직시할 필요가 있다. 개별 산업 차원에서나 전체 포트폴리오 차원에서나 근본적인 사고방식의 전환이 요구되는 시점이 되었다.

이러한 산업 포트폴리오의 균형 문제에 더해 또 하나 풀어야 할 숙제가 있다. 대기업과 중소기업 간의 균형 문제다. 수출 산업을 육성하는 과정에서 한국은 의도적으로 특정 기업을 밀어주는 방식을 택했다. 제한된 자원을 감안할 때, 선택과 집중은 당연하고도 합리적인 선택이었을 수 있다. 문제는 이렇게 고착화된 대기업 중심의

표 7-3 **한국의 산업과 기업 구조의 이슈** ▰▰▰▰▰▰▰

	수출 중심 제조업	내수 중심 서비스업
대기업	• 과거 한국 경제의 중추로, 정부의 최우선적 지원·육성을 통해 글로벌 수준 경쟁력 확보 ⬇ • 기존 모델로는 할 만큼 했으며 한계에 도달	• 정부 정책 등의 후순위인 상황에서 내수 중소업체와 경쟁하며 성장 • 금융·유통 등 글로벌 경쟁력 취약 ⬇ • 서비스업이 글로벌화되면서 근본적으로 경쟁력 확보가 필요하나, 기존 업체들 사고방식으로는 한계
중소기업	• 정부의 지원보다는 대기업이 가치사슬 강화 측면에서 육성(예: 코스닥의 수많은 삼성·현대자동차 협력사들) ⬇ • 대기업으로 성장하는 사다리 없으며, 대기업 그늘에 안주	• 정부 관심에서 완전히 벗어나 있던 영역으로, 최근 상생을 위한 지원이 있긴 하나 완전 낙후되어 경쟁력 취약 ⬇ • 서비스업이 글로벌화되는 상황에서 정부가 대기업으로부터 보호해주는 수준으로는 가망 없음

산업 구조가 현재는 산업뿐 아니라 경제 전체의 역동성까지 떨어뜨리고 있다는 데 있다.

디지털혁명은 이러한 위기 상황을 한꺼번에 해결해줄 유일하면서도 더 없이 좋은 기회가 될 수 있다. 산업 포트폴리오 관점에서는 제조업이 디지털을 기반의 소프트웨어 중심 산업으로 재정의되는 것을 활용하여, 기존 하드웨어 중심의 제조업에서 우리나라를 추월하려 하고 있는 중국에 대해 게임의 법칙을 바꿔버림으로써 다시 격차를 벌려야 한다. 서비스업은 지금까지의 내수 중심이 아닌 글로벌 산업으로서 한국 서비스 기업들이 글로벌 시장에서 먼저 파이를 빼앗아올 수 있도록 전환해야 한다.

표 7-4 향후 한국 기업과 산업 구조가 나아가야 할 방향

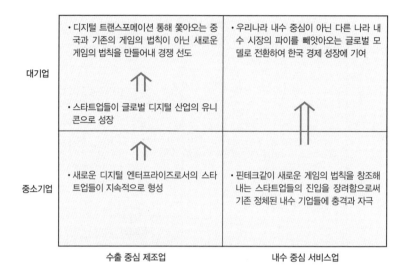

	수출 중심 제조업	내수 중심 서비스업
대기업	• 디지털 트랜스포메이션 통해 쫓아오는 중국과 기존의 게임의 법칙이 아닌 새로운 게임의 법칙을 만들어내 경쟁 선도	• 우리나라 내수 중심이 아닌 다른 나라 내수 시장의 파이를 빼앗아오는 글로벌 모델로 전환하여 한국 경제 성장에 기여
	• 스타트업들이 글로벌 디지털 산업의 유니콘으로 성장	
중소기업	• 새로운 디지털 엔터프라이즈로서의 스타트업들이 지속적으로 형성	• 핀테크같이 새로운 게임의 법칙을 창조해내는 스타트업들의 진입을 장려함으로써 기존 정체된 내수 기업들에 충격과 자극

기업의 역동성 관점에서는 새로운 게임의 법칙을 만들어내고자 하는 디지털 엔터프라이즈들이 자유롭게 경쟁할 수 있는 장을 만들어줌으로써 새로운 스타트업들이 유니콘으로 성장하고, 이를 통해 굳어버린 대기업으로의 유리 천장을 깨고 새롭게 대기업 반열에 진입하는 기업들이 지속적으로 탄생할 수 있게 해야 한다. 특히 서비스산업에서 다양한 디지털 엔터프라이즈들의 등장은 내수 시장에 안주하고 있는 대기업들이 더 이상 엉덩이를 무겁게 하고 주저앉아만 있을 수 없도록 할 것이다. 이러한 자극의 결과, 기존 방식의 한계에 갇힌 대기업들도 디지털 트랜스포메이션을 고민하고, 다시 성장 동력을 찾을 수 있게 될 것이다.

정부부터
디지털 트랜스포메이션하라

지금까지 한국 정부는 기업을 이끌어가고, 통제하는 데 익숙했다. 특히 특정 산업을 발전시기 위해 후보가 될 대기업을 골라내고, 먹이를 몰아줌으로써 빠르게 키우는 방식에 있어서는 어느 나라 정부도 따르지 못할 정도의 경험과 역량을 갖췄다. 문제는 이러한 방식이 더 이상 적용되지 않는다는 점이다. 산업혁명의 게임의 법칙이 세상을 이끌던 20세기에는 가능했던 방식일지 몰라도, 21세기 디지털혁명에서의 게임의 법칙은 아직 어느 누구도 명확히 정의하지 못하고 있다. 이러한 새로운 게임의 법칙을 만들어내는 것은 열정과 비전을 가진 기업가의 몫이지, 공무원들의 몫이 될 수 없다.

한국 정부가 앞장서서 만들어낸 산업 육성 정책의 승리라고 할 만한 통신산업마저 이미 빛을 잃은 지 오래다. 글로벌 시장에서 경쟁할 대형 기업을 만들겠다는 주장하에 몇 개의 공룡 은행만을 남겨둔 은행산업은 아프리카 국가들과 경쟁력 순위를 다투고 있고, 한국의 은행 고객은 오후 4시면 문을 닫는 은행 시간에 늦지 않으려 바쁘다. 한때 세계에서 가장 빠른 인터넷 속도를 자랑한다던 한국에서 인터넷 뱅킹 한번 이용하려면 수없이 튀어나오는 보안 소프트웨어들을 덕지덕지 깔아가며 무수한 절차를 거치고도 운 좋게 에러가 나지 않아야 한다.

앞으로의 디지털혁명에서 한국이 선도적 지위를 갖기 위해서는 정부가 욕심을 버려야 한다. 디지털혁명의 시대에 정부 역할이 달라져야 한다는 것을 깨달을 필요가 있다. 자원이 극히 부족한 1960년대에 효율을 내기 위해서는 선택과 집중이 필요했다. 하지만 세계 10위 경제 대국으로서의 효율은 선택과 집중이 아닌 경쟁을 통한 자연 선택에 의해서 이뤄진다. 빠르게 변화하는 산업에서 가장 효율적인 사업모델을 찾는 방법은 정부가 하나의 정답을 찍어주는 것이 아니라, 무수한 업체들이 경쟁을 통해 진화하고 살아남는 사업모델을 고르는 것이어야 한다.

지금까지의 정부 역할이 국가대표 선수를 찍고 모든 자원을 몰아주는 것이었다면, 앞으로의 정부 역할은 수많은 선수들이 경쟁할 수 있는 공정한 대회를 열어주는 데 그쳐야 한다. 한 예로 2016년 초 아마존의 CEO 제프 베조스Jeff Bezos가 설립한 또 다른 스타트업인 블루 오리진Blue Origin이 발사한 로켓이 우주로 날아갔다가 다시 돌아와 수직 착륙에 성공하여 화제가 되었다. 그로부터 5일 뒤 테슬라의 CEO 일론 머스크가 설립한 스타트업인 스페이스 엑스Space X가 로켓을 더 멀리 발사했다가 귀환시키는 데 성공해 다시 뉴스에 올랐다. 이는 미래 우주 개발 비용의 효율을 높이기 위한 목적으로, 로켓 재사용을 추진하고 있는 미 항공우주국NASA이 기술 혁신을 이끌어내기 위한 목적으로 다양한 기업들을 경쟁시키고 있기 때문에 가능해진 일이다. 혁신은 경쟁을 통해서만 더욱 가속화되고, 개선될 수 있다.

정부가 단 하나의 보안 표준을 정하고, 무조건적으로 강제하는 체제하에서 글로벌 경쟁력을 갖춘 금융 보안 기술이 나올 것을 기대하기란 애초에 불가능하다. 통신산업을 봐도 그렇다. 우리나라의 경우 이동통신의 가격을 정부가 정해주고, 단말기 보조금 지급도 정부가 막고 있다.[•] 미국에서는 연방통신위원회FCC가 앞장서서 통신 자유 경쟁을 부추기자 후발 업체인 티모바일T-Mobile이 약정을 없애고 엄청나게 저렴한 요금제들을 내놓으면서 소비자들의 가치가 크게 향상된 것으로 평가받고 있다.

따라서 정부가 디지털 엔터프라이즈로서의 성공 사업모델을 직접 찾아내고 육성하기 위해 노력하는 것보다 디지털 엔터프라이즈들이 자라날 수 있는 기본 환경과 토양을 제공해주는 것이 중요하다. 이를 위한 좋은 대안 중 하나는 기업들의 디지털 트랜스포메이션을 간섭하는 대신 정부 자체를 디지털 트랜스포메이션하는 데 집중하는 것이다. 즉, 앞서 논의했던 디지털 아키텍트와 디지털 요소 기술 역량을 확보하고, 이를 바탕으로 정부 프로세스를 디지털이라는 관점에서 혁신시키기 위한 노력을 해나가자는 것이다. 어찌 보면 정부 역시 기업과 함께 경제의 중요한 한 축인데, 정부가 디지털 트랜스포메이션을 성공적으로 해낼 수 있다면 이는 한국 경제 전체의 경쟁력에도 큰 도움이 될 수 있다. 한국에서 가장 큰 조직일 정부를 바꾸는 일은 대단히 어려운 과제이겠으나, 그 과정을 통해 한국의 디지털 생태계가 얻을 수확은 매우 클 것이다.

미국이 좋은 예가 될 수 있다. 미국 정부는 디지털 아키텍트 역량

[•] 단통법이 좋은 예다. 소비자의 이익을 위해서 만든 법이라고 하지만 발표가 나자마자 도리어 이동통신 회사들의 주가가 올라갔다. 현재 규제는 통신회사의 이익을 보호해주는 측면이 소비자 이익을 위한 측면보다 훨씬 크다고 보는 것이 타당할 것이다.

을 키우기 위해 마치 기업이 C-level의 최고경영진을 영입하는 것처럼 CIO로 VM웨어의 CEO였던 토니 스콧Tony Scott을 영입하고, CDS Chief Data Scientist로 링크드인, 이베이에서 일했던 D.J. 파틸D.J. Patil을 영입하는 등 전문적인 디지털 아키텍트 역량을 확보하면서, 디지털 요소 기술들을 정부 프로세스 곳곳에 도입하고 있다. 이들은 미국 정부의 공공 데이터를 민간에 완전히 개방하여 새로운 빅데이터 생태계를 만들어내는 등 미국 정부의 디지털 트랜스포메이션을 이끌고 있다.

주목할 것은 이 과정에서 정부와의 협업이 이뤄지며 디지털 요소 기술들이 민간에 확산되고 있다는 점이다. 예를 들어 디지털 요소기술의 중요한 축인 디지털 인프라의 경우, 미 정부가 앞장서서 클라우드를 도입하면서 확산을 선도하고 있다. 2014년, 가장 보안에 신경을 써야 할 CIA마저도 클라우드로의 전환을 결정하고 이를 발주하였는데, 전통 IT 강자인 IBM을 제치고 아마존이 사업자로 선정되었고, 특히 IBM보다 아마존의 입찰가가 훨씬 높았다는 점이 화제가 되기도 했다. 정부가 단순히 단가가 아닌 미래를 위한 기술개발에 투자한 것이다. 또 현재 세계에서 가장 앞서 있는 빅데이터 솔루션 업체 중 하나인 팔란티어Palantier는 CIA로부터 빅데이터 프로젝트를 수주하면서 기술력을 키워왔다.

물론 한국도 전자 정부 등의 사업을 통해 디지털 기술을 도입하기 위한 노력을 기울이고는 있으나, 대부분 기존의 조직에서 각자 알아서 디지털을 도입하는 방식으로 이뤄지는 경우가 많았다. 그러나 앞서도 지적했듯 기존 관행을 유지하면서 디지털 트랜스포메이션을 제대로 이루기는 어렵다. 지금 문제가 되고 있는 공인인증서나

액티브 엑스ActiveX 등의 이슈 역시 기존 철학에서 벗어나지 못한 상황에서 디지털에 접근했기 때문에 발생한 이슈라 볼 수 있다. 또한 여전히 정부 발주 소프트웨어 사업을 보면, 소프트웨어 엔지니어 수에 공임을 곱하는 방식으로 적정 가격을 정하고 있는데, 이는 소프트웨어 산업을 창의성과 탁월한 인재가 중요한 부가가치가 높은 산업이라기보다는, 단순 노동자들로 수행되는 건설업 같은 산업처럼 여기고 있다는 증거다.

따라서 정부 역시 기존과는 독립된 시각으로 디지털 트랜스포메이션을 리드할 수 있는 디지털 아키텍트 조직을 구성하되, 이를 통해서 기업을 끌고가기보다 정부 자체의 디지털 트랜스포메이션에 집중할 필요가 있다. 예를 들어 건축물에 있어서는 새로운 건축 기술과 디자인 발전을 위해 공공 건물에부터 새로운 디자인을 의도적으로 채택하는 경우가 많은데 이처럼 정부부터 앞장서서 디지털 기술을 활용하고, 이를 통해 새로운 디지털 요소기술의 발전이 이뤄질 수 있도록 생태계를 이끌어나갈 필요가 있다.

마지막으로 한 가지 덧붙이고 싶은 것은 산업의 진화를 뒷받침하는 시스템으로서의 금융산업의 역할이다. 한국에서 정부가 가장 강력하게 통제하는 산업을 꼽으라면 아마 금융산업일 것이다. 산업혁명을 통해 가장 성공적으로 경제와 산업을 키워온 국가는 당연히 미국이다. 그런데 미국에서 혁신들이 만들어지고, 새로운 산업이 등장하고, 이를 통해 경제가 성장해온 역사를 살펴보면 흥미로운 사실을 한 가지 발견할 수 있다. 바로 금융산업의 혁신이 이러한 발전을 뒷받침해왔다는 점이다. 혁신을 만들어내고, 산업을 키우는 데 가장 기본적인 자원인 돈을 대주는 역할을 하는 금융산업에서 경제와 산업에 새로운 돈 줄기를 꽂아주는 혁신가가 등장할 때마다 미국 경제는 한 단계씩 올라설 수 있었다.* 다른 산업에서의 혁신이야 여러 국가에서 만들어졌지만, 금융산업의 혁신, 특히 새로운 돈 줄기를 만들어내는 혁신은 미국 외에는 찾아보기 어렵다는 점을 눈 여겨볼 필요가 있다.

- 미국 금융산업의 혁신은 크게 다섯 명의 대표적인 혁신가들을 통해 정리해볼 수 있는데 이들을 보더라도 미국의 금융이 어떻게 산업의 발전과 진화를 이끌어나갔는지 잘 알 수 있다. 첫 번째는 앤드류 멜론(Andrew Mellon)이다. 멜론 뱅크(Mellon Bank)의 전신을 만든 미국 금융산업의 1세대로, 록펠러(Rockafeller), 포드와 함께 미국 3대 부자였으며, 1910년대 미 재무장관으로 산업화를 이끈 바 있다. 특히 기업에 돈을 대는 은행가로서 알루미늄의 알코아(Alcoa), 초기 오일 메이저 중 하나인 걸프오일(Gulf Oil), 카네기가 세운 베들레헴 스틸(Bethlehem Steel)과 함께 미국 철강산업을 이끈 맥클린틱 마셜(McClintic-Marshall)을 육성했다.
  두 번째는 메릴린치 창업자 중 한 명인 찰스 메릴(Charles Merril)이다. 원래는 미국 유통산업을 선진화한 케이마트(K-Mart)와 세이프웨이(Safeway)의 대주주였으나, 산업화의 과실을 일반 대중에게 나누어주는 역할이 중요하다는 것을 깨닫고 이를 금융산업에서 실현했다. 최초로 대중 대상의 증권회사를 만들어 과거 소수 부자들의 전유물이었던 주식시장에 대중들이 참여할 수 있게 하였고, 대중의 돈이 직접 기업에 투자되는 길을 열었다.
  세 번째는 최대의 뮤추얼펀드인 피델리티(Fidelity) 창업자인 네드 존슨(Ned Johnson)이다. 뮤추얼펀드를 통해 '노동자-퇴직연금(401K) – 뮤추얼펀드 – 기업'으로 연결되는 미국 자본주의의 작동 기제, 즉 미국 주식회사(Corporate America), 노동자가 열심히 일을 해 기업을 발전시키고, 여기서 얻어진 수익이 다시 퇴직연금과 뮤추얼펀드를 통해 주주로서의 노동자에게 돌아가는 간접투자의 선순환 구조를 완성시켰다.
  네 번째는 정크본드(Junk Bond) 킹으로 불리는 마이클 밀켄(Michael Milken)이다. 신용도가 낮은 기업이 채권을 발행하여 자금을 조달할 수 있는 길을 열어줌으로써 자본 조달의 신세계를 열었고, 무엇보다 이를 통해 자본의 극한적 수익 추구라는 판도라의 상자를 열었다. 사모펀드나 LBO(Leveraged Buyout)를 가능하게 한 창조주다.
  다섯 번째는 아서 록(Arthur Rock)이다. 벤처캐피털이 누구 아이디어인지는 여러 가지 설이 있으나 아서 록도 대표적 선구자다. 페어차일드 반도체(Fairchild Semiconductor)의 창업을 도왔고, 애플 초기 투자자였으며, 인텔(Intel)을 공동 창업했다.

그런 점에서 한국의 금융은 특히 문제가 있다. 1998년, IMF 금융 위기 이전까지 은행의 역할은 주로 기업들에게 돈을 빌려주는 것이었다. 하지만 정부가 시키는 대로만 하던 은행들은 제대로 된 위험 관리에 실패했고, 제일은행이나 상업은행같이 당시 시장 선도 은행들은 대부분 팔리거나 문을 닫았다. 가장 모험적인 기업 금융을 하던 종금사들은 아예 멸종되어버렸다. 이를 기점으로 한국의 은행들은 급격히 무게중심을 소매 금융, 즉 개인들에게 돈을 빌려주는, 특히 주택을 담보로 대출을 해주고 신용카드를 발행하는 사업으로 옮기게 되었다. 그러다 보니 현 시점에서 한국에는 아주 큰 대기업을 제외한 나머지 기업들이 쉽게 돈을 빌리고 투자를 유치할 방법 자체가 극히 제한되어 있고, 그 기법 또한 매우 후진적이다.

　물론 최근 들어 사모펀드들이 한국 산업 생태계에서 점점 더 중요한 역할을 맡게 되면서 기업과 산업의 진화를 이끌어나가는 새로운 금융 기업으로서 기능할 것이라는 기대가 있기는 하지만, 아직까지 이들은 전통산업 중심의 사업을 전개해왔다. 앞으로 급변할 미래에 맞추어 새로운 디지털 엔터프라이즈들을 키우고, 디지털 트랜스포메이션에 필요한 자금을 지원할 수 있는 새로운 금융 기업과 금융 기법들이 더욱 많이 필요하다.

　물론 최근 들어 정부 역시 디지털혁명의 시기에 맞춰 스타트업을 육성하는 것이 중요하다는 것을 깨닫고 적극적으로 행동에 나서고 있으나, 방법에 있어서는 근본적인 고민이 필요하다. 여전히 정부가 모든 것을 결정하고 선도하려고 한다. 최근 정부는 수천억 원을 들여 모태펀드를 만드는 등 벤처캐피털에 직접 돈을 대주고, 정부가

지정한 산업에 투자하도록 하고 있다. 핀테크에 있어서도 직접 나서서 인터넷 전업은행 사업권을 심사해 발행하고 있다.

이러한 정부 주도하에서 혁신이 나오기는 어렵다. 정부가 알아서 돈을 대주는 편한 환경에서 투자자들이 매력을 느낄 투자 기회를 적극 발굴하고, 글로벌 유수 기관으로부터 투자를 끌어올 수 있는 글로벌 역량을 가진 혁신적이고 진취적인 벤처캐피털이 생겨날 가능성은 낮다. 시행 착오를 거치며 그 과정에서의 일부 낭비가 있을 수 있다 할지라도, 특히 지금 같은 변화의 시기에는, 다양한 시도가 가능하도록 최대한 규제를 풀어주는 것이 보다 나은 방향일 것이다.

기업,
불타는 플랫폼에서 뛰어내려라

지금 한국의 산업들은 대부분 '불타는 플랫폼'* 에 서 있다. 중국은 이미 한국을 넘어 앞서나가기 시작했고, 지금까

• Burning Platform. 노키아의 CEO였던 스티븐 엘롭(Stephen Elop)이 사용해 유명해진 단어다. 맥락을 살펴보면 '북해의 해상유전플랫폼(석유 시추를 위해 바다에 띄운 구조물을 플랫폼이라 부른다)에 있던 한 노동자가 어느 날 폭발 소리를 듣고 깨어보니 플랫폼이 모두 불이 붙어 있었다. 어렵게 연기와 불길을 뚫고 살 길을 찾아보니 플랫폼 모서리였다. 다른 때였다면 추운 바닷물에 뛰어드는 것은 절대 해서는 안 되는 행동이겠지만, 번지는 불에 타 죽든가 바다로 뛰어드는 선택만이 있는 상황에서는 살아남기 위해서 뛰어들어야만 한다.'라는 내용으로 요약할 수 있다. 일반적으로 해오던 생각과 행동과는 다르게 판단하고 결단을 내려야 하는 절체절명의 위기에 선 시점이라는 의미다.

지 한국 기업들이 따라해오던 미국은 완전히 새로운 게임의 법칙을 만들기 시작하면서 모방이라는 것을 허용하지 않고 있다. 지금까지의 방식으로는 버틸 수 없다. 하지만 그나마 다행인 것은 지금은 디지털혁명이 시작되는 시기라는 점이다. 한국이 서 있는 플랫폼은 아직 불이 나지 않았더라도 어차피 낡아서 조만간 버려야 할 산업혁명이라는 배였다면, 바로 옆에 디지털혁명이라는 더 크고 튼튼하고 멋진 배가 다가오고 있다. 이미 연기가 나기 시작한 바로 지금, 한국 기업들이 바다로 뛰어들 시점이다. 더 빨리 뛰어들수록 새 배의 더 좋은 자리를 먼저 차지할 수 있다.

한국 기업의 경영진들과 이야기해보면 디지털혁명이라는 것이 아직 잘 만져지고 보이지는 않지만 무언가 큰 것일 수도 있겠다는 생각은 많이들 하고 있다. 하지만 40년 동안 굳어온 관성에서 전혀 벗어나고 있지 못한 것도 사실이다. 특히 밑바닥부터 맨손으로 시작하여 세계적인 성공을 만들어낸 대기업과 그룹일수록 그러한 경향이 더욱 강하다. 그러나 여기까지 많은 사례와 논의를 통해 살펴본 것과 같이 지금까지의 방식은 이제 끝이 가까이 왔다는 점을 반드시 인식해야만 한다. 다음 두 가지 질문을 스스로에게 꼭 던져볼 필요가 있다.

"디지털혁명이라는 변화를 감안할 때, 지금까지의 방식으로, 새롭게 생겨나는 디지털 엔터프라이즈들과 경쟁하여 이기고 살아남을 수 있을 것이라 확신하는가?"

"새로운 게임의 법칙을 만들어내기 위한 디지털 트랜스포메이션이 지금의 조직, 지금의 문화, 지금의 틀에서 가능한가?

두 가지 질문에 대해 어느 하나라도 대답에 자신이 없다면 진지하게 변화를 고민할 때다. 마지막으로 한국의 대기업과 그룹들, 그리고 스타트업들이 생각해보아야 할 것들을 정리해보자.

한국 대기업과 그룹들은 40년 동안 글로벌 경제에서 역사를 만들어왔다고 해도 과언이 아니다. 그러나 앞으로 10년 뒤에도 지금과 같이 튼튼하게 살아남아 있을 것이라 자신할 수 있는 사업들은 대부분 그룹의 포트폴리오에서 정말 많지 않다. 다행히도 한국은 디지털 트랜스포메이션을 위한 제반 여건에 있어서는 전자산업을 위시하여 어느 정도 기반을 갖추고 있고, 심지어 많은 그룹들이 자체적으로 소프트웨어 회사인 IT, SI System Integration (시스템통합) 회사까지도 보유하고 있다. 따라서 한국의 대기업과 그룹들은 미래의 생존과 성장을 위한 가장 중요한 숙제로서 디지털 트랜스포메이션을 반드시 검토해야 한다.

하지만 오랫동안 산업혁명의 게임의 법칙에 젖어온 한국 기업들로서는 조직이나 문화, 사업모델 면에서 디지털 엔터프라이즈로서의 역량을 전혀 갖추지 못한 상태다. 심지어 IT 회사라 해도, 진정한 디지털 역량을 갖고 있다기보다는 디지털 엔터프라이즈들에 잡아먹혀 사라질, 멸종 직전의 아날로그 회사라고 보는 편이 더 적절할 정도다.

우선 그룹 차원, 개별 기업의 최고경영진 차원에서 새로운 디지털 트랜스포메이션의 밑그림을 그릴 디지털 아키텍트 기능을 만들고, 이를 통해 기존 사업을 변신시켜나가는 동시에 새로운 디지털 엔터프라이즈로서의 신사업을 육성하기 위한 체계적인 준비를 해나가야 한다. 새로운 배로 옮겨 타기 위해서는 당장은 춥더라도 바다에 뛰어들 필요가 있다는 점을 명심해야 한다.

특히 중요한 것은 디지털 역량을 갖춘 인재를 확보하는 것이다. 기존 산업혁명 방식의 보상 체계, 연공 서열로는 디지털 인재를 끌어들이는 건 불가능에 가깝다. 그리고 우수한 소프트웨어 엔지니어들이 기존 아날로그 조직 속에서 일을 잘할 수 있을 것이라는 건 환상에 가깝다. 새로운 물은 새로운 그릇에 담을 수 있는 전향적인 자세가 필요하다.

한국 기업 구조에서 가장 아쉬운 부분이 바로 이 부분이다. 미국이라면 야심만만하고 포부가 큰 젊은이가 할 수 있는 도전이 두 가지가 있다. 하나는 작지만 모든 것을 스스로 만드는 창업을 하는 것이고, 다른 하나는 큰 꿈을 펼칠 도구를 제공해줄 수 있는 큰 조직에 들어가서 조직을 움직이는 것이다. 안타깝게도 한국에서 후자는 거의 불가능하다. 1960년대, 1970년대의 창업자 시절과는 다르게 지금 한국 기업들은 새로운 비전과 큰 꿈에 자원을 투입하지 않는다. 그러나 디지털 시대의 새로운 인력들에게 이러한 그릇을 제공해줄 수 있어야 한다. 독립된 조직으로 새로운 미션을 맡길 수 있는 과감한 의사결정이 필요하다.

그런 점에서 한국을 대표하는 기업들의 움직임에는 아쉬움이 많다. 최근 현대자동차는 고성능 자동차에 초점을 맞춘 'N' 브랜드를 신설하고, 럭셔리 시장을 겨냥해 제네시스 브랜드를 론칭했다. 이미 독일 BMW, 벤츠, 일본 토요타 등이 수십 년 전에 시도했던 방식이다. 과연 10년 뒤 자동차산업에서 현대자동차가 따라잡아야 할 경쟁자가 BMW, 벤츠, 토요타뿐일 것인지 진지하게 고민할 필요가 있다.

자동차 부품 시장에서 의미 있는 성과를 거두기 시작한 LG 역시 마찬가지다. LG는 그룹 차원의 신사업으로 자동차 전장 사업을 택하고, 선제적인 투자를 통해 빠른 성장을 만들어내면서 한계에 빠진 LG전자를 되살려낼 것으로 기대하고 있으나, 여전히 산업혁명 시대의 게임의 법칙에 맞춰 디지털 부품들을 공급하고 싶어 하는 것으로 보인다. 특히 다른 그룹과는 달리 통신, IT 서비스 등 디지털 엔터프라이즈에 요구되는 매우 다양한 역량들을 종합적으로 갖추고 있음에도 불구하고, 소프트웨어 기반의 제조업에 대한 진전이 부족한 것은 안타까운 일이다.

삼성도 비슷한 상황이다. 반도체에서는 엄청난 성공을 거듭하면서 인텔마저 사정권에 들어왔고, 스마트폰과 TV에서는 엄청난 물량을 세계에 팔고 있으나 어느 누구도 삼성이 소프트웨어 역량을 갖춘 기업이라고 생각하지 않는다. 여전히 하드웨어 기업일 뿐이다. 디지털 엔터프라이즈로서 제조업이라는 것이 무엇인지에 대한 근본적인 고민이 더 필요하다. 그나마 타이젠이라는 OS 개발을 계속하고 있고, S-헬스 같은 새로운 디지털 제품에 대한 고민들이 이뤄지고 있는 것은 긍정적인 신호지만, 한국 경제를 이끌어가는 선두주자로서 더 적극적이고 진취적인 모습이 아쉽다.

세 가지 관점에서의 행동이 먼저 이뤄지기를 기대한다. 첫 번째,

디지털 아키텍트 역량을 갖출 필요가 있다. 그룹의 다양한 포트폴리오들과 디지털 기술을 융합해 새로운 디지털 엔터프라이즈로서 사업모델을 구상할 전문가들을 모으고 독립적인 권한을 부여해야 한다. 예를 들어 삼성, LG 모두 TV 사업의 수익성 때문에 골머리를 앓고 있는데, 지금 필요한 것은 이미 커머디티가 되어버린 TV 사업에서 중국 업체들의 공격을 방어하고 시장점유율을 끌어올릴 방안이 아니다. 앞으로 벌어질 미디어산업의 트랜스포메이션을 예측하고 여기 맞춰 TV라는 기기의 물리적 형태부터 콘텐츠를 포함한 사용자 경험에 이르기까지를 살펴 어떻게 새롭게 정의할 것인지, 그리고 이를 위해 전체 생태계를 어떻게 구축할 것인지 고민할 수 있어야 한다. 한국의 대기업들은 대부분 디지털 요소기술에는 투자를 하더라도 디지털 아키텍트에 대해서는 상대적으로 소홀해왔으나, 그런 방식으로는 제대로 디지털 트랜스포메이션을 완성할 수 없다.

두 번째, 기존 사업들에 보다 적극적인 디지털 트랜스포메이션이 고민되어야 한다. 파괴적이고 급진적인 혁신이 아닐지라도, 프로세스의 구석구석에 어떻게 디지털 기술을 적용하여 효율을 끌어올릴 수 있을지 바로 고민을 시작해야 한다.

세 번째, 신사업에 대한 시각을 디지털 중심으로 변화시킬 필요가 있다. 최근 들어 한국 기업들이 가장 어려움을 겪는 것이 신사업 발굴이다. 지금껏 하지 않던 사업을 잘하기란 어렵다. 매력적으로 보이는 산업이라면 남들도 안 할 리가 없다. 하지만 디지털이라는 렌즈를 끼워 넣으면 완전히 다른 이야기가 된다. 이미 운영하고 있던 사업에서 디지털을 통한 신사업 기회를 찾는 것이 우선시되어야 한다. 기존의 내 사업과 직접 경쟁하는 사업이면 더 좋다. 어차피 잡아먹든가 잡아먹히든가의 경쟁만이 남아 있을 뿐이다. 이는 훨씬 더 접근이 쉬우면서도 파괴력 있는 사업 발굴을 가능하게 해줄 것이다.

스타트업이
혁신의 씨앗이다

한국 경제에서 희망을 찾는다면, 최근 빠르게 성장하고 있는 스타트업 생태계다. 디지털에 기반을 둔 한국 스타트업들은 2000년대 초반부터 두각을 드러내왔다. 네이버나 다음 같은 인터넷 기업들, 엔씨소프트나 넥슨 같은 콘텐츠업체들은 물론, 최근 카카오나 쿠팡같이 새로운 사업모델을 통해 디지털 엔터프라이즈로서 성공을 거둔 기업들이 지속적으로 등장하면서 업계의 활력소가 되고 있다. 특히 최근 들어 정부가 적극적으로 스타트업 생태계 육성에 나서고 있어 이러한 움직임이 더욱 가속화될 것이라는 기대가 있다. 사실 인적 자원이 중요하다는 측면에서 한국은 결코 부족하지 않다. 유학생 수나 소프트웨어 엔지니어 수, 디자이너 수, 어떤 면을 보아도 한국은 미국, 중국, 인도 정도를 제외하면 디지털 시대에 뒤떨어질 이유가 전혀 없는 국가다.

다만 이러한 스타트업 열풍에서도 여전히 아쉬운 점들은 있다. 한국이 국가 경제 차원에서 디지털혁명의 선도 국가로 자리매김하기 위해서는 스스로 모든 것을 갖춘 디지털 엔터프라이즈로서의 스타트업들이 등장하는 것도 중요하지만, 기존 기업까지 포함한 산업 전체가 디지털 트랜스포메이션을 만들어낼 필요가 있다. 이를 위해서는 기반이 되는 역량, 즉 디지털 아키텍트와 디지털 요소기술들이 충분히 축적되어야 한다. 스타트업들이 바로 이러한 디지털 아키텍트와 디지털 요소기술의 씨앗을 뿌리는 역할을 해야 한다. 이미 오랜 시간 산업혁명의 패러다임에서 성장해온 한국의 기존 기업 안에서는 선구적인 디지털 아키텍트들이 태어날 가능성이 높지 않기 때문이다.

하지만 아쉽게도 최근 등장하는 다양한 스타트업 중에서 산업의 틀을 바꾸고 게임의 법칙을 뒤집는 디지털 트랜스포메이션을 꿈꾸는 스타트업은 그리 많지 않아 보인다. 최근 가장 뜨거운 영역인 O2O를 보더라도 우버나 쿠팡이 하는 것처럼 산업 자체를 재정의하기보다는, 단순히 기존의 오프라인 영세상인들과 고객을 연결시켜주면서 소액의 수수료를 받는 모델들이 중심이 되고 있다. 고객의 작은 불편한 점을 찾아내는 애플리케이션을 개발하는 것도 의미 있을 수 있으나, 더 큰 그림에서 전체 산업의 프로세스를 디지털 기술을 활용하여 뒤엎는 비전을 가진 스타트업들이 더욱 많이 등장하기를 기대해본다.

그러나 현재의 작은 아이디어 중심의 스타트업들로는 한국에서 제대로 된 디지털 아키텍트로 성장하기 어렵다는 한계가 있다. 당장 실패하더라도 큰 비전과 그림을 그리는 기업가 정신이 충만한 스타트업들이 자꾸 쏟아져 나올수록 한국의 디지털 아키텍트 역량은 커질 것이고, 이는 다시 대기업들을 포함한 한국 경제가 활용할 수 있는 역량과 인력풀이 커지는 결과를 가져올 것이다.

같은 맥락에서 디지털 요소기술에 대한 생태계가 활성화될 필요가 있다. 한국은 디지털 요소기술 중에서 애플리케이션에 있어서는 어느 정도 글로벌 경쟁력을 갖고 있으나, 근본이 되어야 할 플랫폼이나 인프라에 있어서는 역량이 매우 부족한 상황이다. 한 예로 전세계 모든 디지털 인프라가 클라우드로 넘어갈 것이라는 예측까지 등장하고 있는 상황인데도 한국에는 아직 제대로 된 클라우드 서비스가 존재하지 않는다. 미국만 하더라도 조이언트Joyent, 클라우드시그마Cloudsigma 등 차별화된 아키텍처와 기술력을 바탕으로 한 스타트업들이 아마존이나 마이크로소프트 같은 대기업과 당당히 경쟁하고 있다. 한국에서는 KT 등이 시작하고는 있으나 제대로 된 퍼블릭 클라우드 서비스가 없다. 이러한 요소기술을 이끄는 스타트업이 없다는 것은 결국 한국의 디지털 생태계가 취약하다는 것을 드러내는 증거고 이는 인터넷 강국을 주창하는 한국으로서는 부끄러운 일이기도 하다.

이를 극복하기 위해서는 대기업과 스타트업 간의 보다 유기적인 협업과 M&A가 활성화되어야 한다. 디지털 요소기술들의 작은 조각들에 대한 창의적인 아이디어를 가진 스타트업들과 자금력과 시스템을 갖춘 대기업과 중견기업이 합쳐져서 디지털 플랫폼과 인프라에서 의미 있는 사업모델을 만들어낼 필요가 있다. 예를 들어 삼성이 만들어내는 SSD를 이용하고, 엔씨소프트가 온라인 게임을 통해 축적한 인프라 운용 역량과 KT의 통신 사업을 묶어서 새로운 클라우드 아키텍처를 만드는 스타트업이 나타난다든가, 한국의 앞선 전

표 7–5 **한국의 이상적인 디지털 생태계**

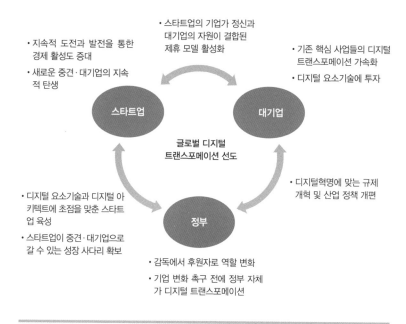

• 지속적 도전과 발전을 통한 경제 활성도 증대
• 새로운 중견·대기업의 지속적 탄생

• 스타트업의 기업가 정신과 대기업의 자원이 결합된 제휴 모델 활성화

• 기존 핵심 사업들의 디지털 트랜스포메이션 가속화
• 디지털 요소기술에 투자

스타트업

대기업

글로벌 디지털 트랜스포메이션 선도

• 디지털 요소기술과 디지털 아키텍트에 초점을 맞춘 스타트업 육성
• 스타트업이 중견·대기업으로 갈 수 있는 성장 사다리 확보

정부

• 디지털혁명에 맞는 규제 개혁 및 산업 정책 개편

• 감독에서 후원자로 역할 변화
• 기업 변화 촉구 전에 정부 자체가 디지털 트랜스포메이션

자 부품과 인터넷 통신망을 바탕으로 가전업체와 건설업체를 묶어 스마트홈을 위한 IoT 플랫폼을 기획하는 스타트업이 등장하는 것 같은 상상이 현실이 될 수 있어야 한다.

아직까지 한국에서는 이러한 협업 구조가 부족하다 보니 스타트업들은 독자적인 수익모델이 가능한 작은 아이디어에만 집중하고, 대기업은 대기업대로 자체적인 역량 확보에만 노력하고 있다. 하지만 대기업이 디지털 요소기술을 쌓겠다는 것은 마치 코끼리의 발가락으로 바늘귀에 실을 꿰려는 것과 같아서 빠르게 변화하고 있는 세상에서 성공 가능성이 높지 않다. 새로운 선순환 구조의 생태계가 만들어질 필요가 있다.

디지털은 한국 기업과 산업과 정부의 미래다. 디지털 트랜스포메이션을 통해 한국은 산업혁명의 S자 곡선을 넘어서서 새로운 디지털혁명의 S자 곡선에 남들보다 먼저 올라탈 수 있을 것이고, 이를 통해 남들보다 먼저 새로운 미래에 도달할 수 있을 것이다. 이렇게 시작되는 한국의 새로운 경제 발전은 지금까지 한국이 40년 동안 이뤄왔던 성장보다 더 큰 잠재력을 앞으로 100년간 가져다줄 것이다.

인류 역사에 있어 모든 산업에 걸친 이 같은 대규모의 혁신적인 발전이 이뤄졌던 것은 딱 두 번 있었다. 한 번은 기원전 2세기 한 왕조*에서 시작된 철기혁명이고, 다른 한 번은 19세기에 본격화된 산업혁명이었다. 그 과정에서 만들어진 게임의 법칙에 따라 글로벌 경제의 선도자가 정해졌다. 이제 디지털이라는 세 번째 새로운 혁명이 눈앞에 와 있다. 이제 막 시작되었고, 아직 어느 누구도 그 결과를 쉽게 정의하지 못하지만 그 과정에서 이뤄질 변화의 크기는 명확하다. 그리고 그 결과가 21세기의 승자와 패자를 결정할 것이다. 한국 정부와 기업들의 선전을 기대한다.

---

* 9세기까지 계속된 한 왕조에서 본격적인 야금 기술이 발전하면서 다양한 철제 도구들이 발명되었다. 군사, 교통, 농업, 건설, 심지어 광업을 위한 굴삭기까지 철제 도구로 만들어지는 기술적 진보가 이뤄지면서 한 왕조는 중국에서 제대로 된 봉건국가의 기틀을 닦을 수 있었다. 이후 18세기까지 2천 년간 중국이 전 세계에서 가장 강력한 국가로 유지될 수 있는 기반을 만들었다는 점에서 한 왕조의 철기혁명은 산업혁명에 버금가는 변혁으로 이해할 수 있다.

미래는 밝다
대담하게 도전하라

사실 디지털이 만들어내는 미래에 대한 고민은 벌써 여러 해 동안 머릿속에 갖고 있던 가장 큰 숙제였다. 특히나 테크놀로지 산업을 전공으로 하는 컨설턴트로서 디지털에 가장 가까이 있는 전자산업, IT산업의 기업들과 일을 하면서 디지털이 만들어내고 있는 변화들을 한 번쯤 정리해야겠다는 생각만으로 시간이 흘러갔다. 하지만 책을 쓰기 위해서 쉽게 컴퓨터를 열지 못했던 가장 큰 이유는 부끄러움이었다. 2010년, 《한국경제, 기회는 어디에 있는가》를 통해서 빠르게 변화하는 세상에 현재와 미래를 이야기하는 책이라는 물건을 내어놓고 난 후, 미처 이해하지 못했고 생각하지 못했던 일들이 벌어질 때마다 느껴지는 부끄러움은 꽤나 컸다. 그러다 보니 조금씩 조금씩 해두었던 디지털에 대한 메모들을 쌓아두기만 하고, 책으로 낼 엄두를 내지 못했다.

하지만 다른 한편으로는 한국 기업들을 고객으로 만날 때마다, 한국 기업들이 디지털에 대해 아직 이해나 준비가 부족하다는 사실을 계속 느끼면서, 빨리 한국 기업들이 디지털을 이해하고, 새로운 변화를 준비할 수 있도록 도와야 한다는 마음 역시 커졌다. 시간이 갈수록 디지털로의 변화는 속도를 더 빨리하는 것으로 느껴졌고, 조금씩 메모로 정리하던 생각들이 이미 과거의 것이 되어버리는 일이 계속되면서 이대로만 있다가는 더 많은 생각이 쌓이기는커녕, 거꾸로 아무것도 남지 않을 것 같다는 조바심이 결국 이번 겨울, 키보드에 손을 올려놓게 만들었다. 그러면서 해왔던 미래에 대한 생각들 중 몇 개는 요행히 맞아가는 모습을 보면서 스스로 최면을 걸었다.

꽤 오랜 시간을 걸려 정리했지만, 책을 마무리하는 지금도 미처 담지 못하고 부족한 부분이 계속 마음에 걸린다. 하지만 디지털이 만들어낼 변화와 폭을 생각할 때, 한 권의 책으로, 또 한 명의 개인으로서 그 모든 것을 완전히 담아내는 것은 불가능할 것일 거라 스스로를 타이르기로 했다.

디지털이라는 것은 앞으로 100년을 바꾸어놓을 변화다. 우리는 아직 그 변화의 초기에 있고, 지금까지 보여진 부분보다는 앞으로 보여져야 할 부분이 훨씬 많다. 이 책을 쓰면서 가능하면 여러 각도로 디지털이 만들어낼 변화를 살펴보고자 했다. 어찌 보면 너무 백과사전식으로 깊이 없이 늘어만 놓은 것이 아닌가 걱정도 되나, 디지털이라는 코끼리의 여러 곳을 더듬어보았으니, 최소한 어디가 다리이고, 어디가 코고, 어디가 머리인지 정도를 이해하는 데는 도움이 되었을 것이라 스스로 위안하며 마무리를 짓는다.

하나 더 아쉬운 부분은 비가역적인 하드웨어 중심의 제조가 만들어내는 문제점을 지적하면서, 가역적인 소프트웨어로서의 새로운 제조를 논의하는 이 책이 디지털로서의 장점을 갖추지 못했다는 점이다. 어떤 식으로든 출간 이후에도 이 책에서 시작한 화두와 고민을 지속적으로 덧붙이고 고쳐나갈 방법을 찾아보려고 한다. 디지털에 대한 고민은 이제 사회와 국가가 모두 함께해야 하는 숙제가 되었다. 이번 기회에 이러한 논의를 해나갈 장을 만들 수 있기를 기대한다.

어쨌거나 개인에게도, 기업에게도, 정부에게도, 국가에게도 디지털이 가져다줄 미래는 어둠보다는 밝음이 크다. 지금까지 산업혁명을 통해서 우리가 이뤄왔던 진보를 뛰어넘는, 디지털이라는 더 급격한 경험곡선을 위해서 우리가 만들어낼 수 있을 진보는 아마도 필자를 포함한 산업혁명 세대에게는 상상하기 어려운 크기일 것이다. 하지만 그런 발전이 가져다줄 미래를 이렇게 상상해보는 것만으로도 충분히 큰 흥분과 즐거움이 있었다. 이 책이 그런 흥분과 즐거움을 조금이라도 함께할 수 있는 수단이 되었기를 바란다.

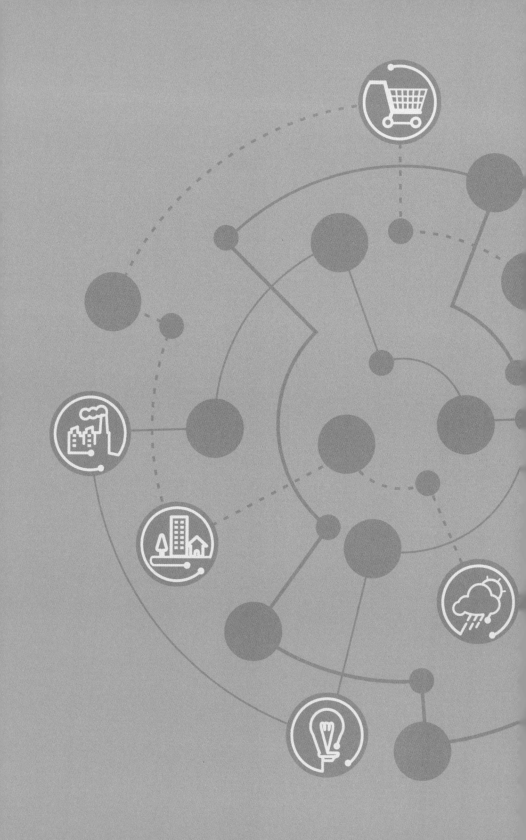

부록

ICT산업의 미래를 읽다

지금은 디지털이 다양한 산업의 구석구석에 침투해 모든 산업들을 디지털화된 산업으로 바꿔놓고 있지만, 얼마 전까지만 하더라도 디지털은 ICT산업이라는 독립된 산업으로 존재해왔다.* 따라서 디지털의 발전에 의해 지금 ICT산업이 어떻게 진화하고 있는지 이해하는 것은 의미가 있다.

ICT산업은 과거에는 크게 6개의 소산업으로 구분할 수 있었다. 부품, 디바이스, 인프라, 소프트웨어 및 IT 서비스, 콘텐츠 및 인터넷 서비스, 통신으로, 디지털 기술을 만들어내고 사용하는 디지털 그 자체인 산업이라 해도 과언이 아니다.

● 전자산업, IT산업 등 유사한 의미의 다양한 단어들이 있지만 디지털 관점에서 생각해보면, 정보, 통신, 기술을 모두 묶는 ICT(Information, Communication and Technology) 산업이 가장 적절한 표현이라고 생각한다. ICT는 전자, 통신, SI·IT 산업 모두를 포함하는 포괄적인 정의로 볼 수 있다.

표 8-1 ICT산업의 확산 (미국 기준)

1인당 전자기기 이용 시간

주당 평균소비시간

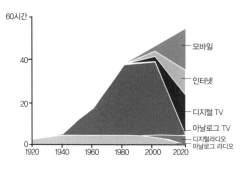

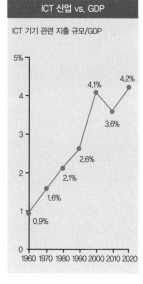

인당 전자기기, 서비스 소비 금액

연간 개인 소비 금액(달러)

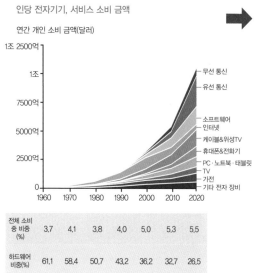

전체 소비 중 비중 (%)	3.7	4.1	3.8	4.0	5.0	5.3	5.5
하드웨어 비중(%)	61.1	58.4	50.7	43.2	36.2	32.7	26.5

출처: 베인앤드컴퍼니

ICT산업은 20세기 전기의 발명과 함께 시작되어 그동안 조금씩 사람들의 생활에 침투하면서 성장해왔다. 실제로 우리의 하루 24시간 중 ICT를 이용하는 시간과 소비하는 돈은 지속적으로 증가하고 있으며 앞으로 더욱 가속화될 것으로 전망된다. 이를 통해 ICT산업은 2011년 기준, 5조 3천억 달러(약 6천조 원)에 달하는 엄청난 규모로 성장했는데, 최근 디지털혁명을 맞이하면서 그 구조에 다시 큰

표 8-2 글로벌 ICT산업 구조

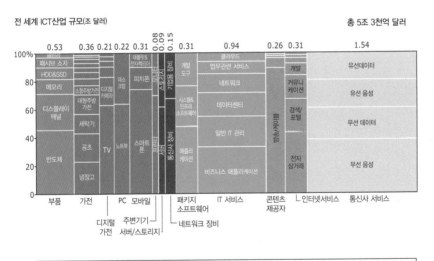

출처: 베인앤드컴퍼니

변화가 이뤄지고 있다. 크게 여섯 영역에서 변화가 이뤄지고 있는데, 자세히 살펴보도록 하자.

콘텐츠와 서비스
하드웨어의 가치를 넘다

겉으로 드러나는 변화는 우선 디바이스의 진화다. 컴퓨터와 스마트폰으로 대표되는 디지털 기기들이 빠르게 확산되면서 ICT가 사람들의 생활에 더욱 깊이 침투하기 시작했다. 사람들이 더 많은 용도로 ICT 제품을 활용하게 되고 더 많은 시간을 ICT에 할애하기 시작했다. 이를 뒷받침하기 위해 다양한 콘텐츠와 서비스가 속속 등장하고 있다. 지금까지 더 좋은 품질의 콘텐츠, 더 편리한 방식의 서비스를 제공하고 이용하는 데 걸림돌로 작용하던 하드웨어와 통신이 이제는 충분히 좋아지면서 콘텐츠와 서비스의 발전과 진화가 핵심이 되었다.

고객이 느끼는 가치 역시 과거에는 하드웨어 디바이스 중심이었다면 이제는 그 위에 얹히는 콘텐츠와 서비스로 무게중심이 이동하고 있다. 당연히 비용 관점에서도 과거에는 통신과 디바이스에 지불하던 소비자의 돈이 이제는 그 안에서 부가가치를 창출하는 콘텐츠와 서비스로 옮겨가기 시작했다. 이미 모바일에서의 사용자 경험을 결정짓는 것은 구글이 만들어낸 안드로이드와 구글 플레이스토어에서 판매하는 애플리케이션들이지, 그 디바이스가 삼성이냐 화웨이HUAWEI냐는 중요하지 않다.

앞서 5장에서 미디어산업의 디지털 트랜스포메이션을 논의하면서도 살펴보았지만 미디어 콘텐츠와 서비스에서도 많은 변화가 이뤄지고 있다. 만들어진 콘텐츠들을 잘 모아서 편성하여 고객에게 쏘는Push 기능에 초점을 두었던 기존 방송국은 점점 약화되고, 모바일과 인터넷이라는 새로운 채널을 이용하여 소비자가 끌어당길Pull 수 있게 하는 넷플릭스와 유튜브 같은 새로운 미디어 기업이 그 자리를 채워가고 있다. 이와 함께 광고 형태가 변화하고 콘텐츠의 수익모델 역시 다수의 소비자로부터 직접 돈을 받는 모델이 점차 증가하면서 새로운 형태의 미디어들이 생겨나고 있다. 특히 사람들이 가장 많은 시간을 할애하는 모바일에서 확고한 입지를 굳힌 페이스북의 주도하에, 이를 활용하고자 하는 모델과 경쟁하는 모델들이 지속적으로 등장하고 있다.

기술이 충분히 발달하면서 이제는 하드웨어의 발전을 콘텐츠와 서비스가 따라가는 것이 아니고, 발전하는 콘텐츠와 서비스가 하드웨어의 필요성을 정의하게 될 것이고, 이는 TV를 비롯한 기존 디바이스들의 완전한 재정의를 견인하게 될 것이다. 특히 오큘러스를 필두로 가상현실과 증강현실의 시작은 콘텐츠 시장을 크게 뒤흔들 것으로 예상된다. 실제로 구글, 애플, 페이스북, 마이크로소프트 등 주요 기업들은 모두 가상현실과 증강현실에 대규모로 투자하고 있다.

이 밖에도 기존의 종이 기반 매체들이 모두 디지털 기반으로 옮겨가며 신문, 서적뿐 아니라 전단, 포스터 등 옥외 광고들도 디지털 기반의 미디어로 변화할 것이다. 또한 TV는 새로운 형태의 디스플레이로 변화하면서, 빅데이터와 IoT 같은 디지털 요소기술을 기반으로 소비자에 맞는 다양한 광고와 콘텐츠를 보내주는 방식의 새로운 형태의 서비스로 탈바꿈하게 될 것이다. 이처럼 콘텐츠와 서비스를 중심으로 한 미디어산업은 새로운 ICT산업에서 가장 빠르게 성장하는 매력적인 소산업이 될 전망이다.

통신의 지위가
붕괴한다

지금까지 통신산업은 규제 산업으로서 소수의 기업들이 과점하면서 30% 넘게 이익을 남기는 황금알을 낳는 사업이었다. 과거의 통신은 자신의 네트워크를 이용할 수 있는 디바이스를 지정하여 그 위에 본인들이 원하는 애플리케이션과 서비스만을 깔게 하고, 자신이 직접 고른 콘텐츠를 유통시키면서 많은 수익을 독차지해왔다. 이런 독점적인 지위를 바탕으로 ICT산업에서 가장 큰 파이를 가진 큰 형님 노릇을 하면서 다른 소산업들을 이끌어왔다.

디바이스도 사실은 이러한 통신 덕분에 현재의 지위를 갖게 되었다. 일례로 애플의 아이폰과 아이패드를 생각해보자. 제조원가 측면을 생각하면 아이패드는 아이폰보다 무조건 비싸야 한다. 디스플레이도, 배터리도, 메모리도 더 크며, 심지어 케이스도 더 커 최소한 재료비는 더 비쌀 것이기 때문이다. 하지만 소비자 가격을 보면 같은 프로세서를 지닌 제품을 기준으로 할 때, 아이폰이 아이패드보다 더 비싸다. 그 이유는 통신사가 자신의 수익 일부를 어떤 형태로든 아이폰을 구매할 때 보조해주기 때문에 제조업체인 애플로서는 굳이 더 가격을 싸게 책정할 필요가 없는 것이다.

하지만 1990년대 후반, 인터넷이 등장하면서 유선망에서의 독점적인 지위가 깨지고, 2010년을 전후해서는 스마트폰의 등장으로 무선망에서의 지위가 깨졌으며, 방송에서도 인터넷 기반으로 콘텐츠의 소비가 옮겨가면서 지금까지 해왔던 사업모델 상당 부분이 불가능해졌다. 여기에 더해 이제는 품질 면에서도 모두가 충분히 빨라지고 안정성이 높아지자, 과거에는 뒤처졌던 하위 통신업체들이 기존의 판을 뒤흔들기 위해 낮은 요금제를 도입하고, 외부에서 구입한 디바이스를 자유롭게 이용할 수 있도록 하는 등의 혁신을 만들면서 지금까지 누려왔던 산업의 기반이 조금씩 깨지고 있다. 앞으로의 ICT 판에서의 큰 형님은 통신이 아닌 콘텐츠, 서비스업체들이 대신하게 될 것이다.

디바이스가
평준화된다

스마트폰의 경우, 과거 5년간은 엄청난 수익을 누려왔다. 전자제품, 특히 모바일 디바이스는 무어의 법칙을 바탕으로 계속하여 새로운 제품을 내놓았고, '망가져서 버리는 것이 아니고 구형이어서 바꾸는' 다른 모든 산업이 부러워할 만한 교체 주기를 만들어내며 시장을 키워왔다. 그 과정에서는 통신의 도움 또한 컸다.

하지만 좋은 시절은 이제 끝났다. 마치 PC가 그랬던 것처럼 이미 충분히 좋아진 성능의 하드웨어 시장에서 소비자들은 더 이상 최신 고사양 스마트폰을 필요로 하지 않고, 그나마 비싼 스마트폰을 사게 하는 데 도움을 주었던 통신산업의 보조금마저 줄어들고 있다. 그리고 그 틈을 중국이라는, 세상에 존재하지 않던 새로운 생태계*에서 탄생한 수많은 저가 경쟁자들이 파고들면서 스마트폰은 앞으로 매우 낮은 이익률을 내는 평범한 하드웨어 시장으로 돌아갈 것이다. 이미 TV와 PC 시장은 매우 낮은 이익률에 성능 차이는 극히 미미한 커머디티 시장이 되었다.

한 가지 가능성은 새로운 디바이스의 등장이다. 콘텐츠의 진화와 함께 TV가 어떠한 디바이스로 탈바꿈해 재정의될지, 새롭게 등장하는 가상현실과 증강현실 디바이스들이 콘텐츠와 융합해 어떠한 고객 가치를 만들어낼지에 따라 마치 스마트폰이 그랬던 것처럼 하드웨어 부흥 가능성은 남아 있다. 하지만 이미 하드웨어에서 소프트웨어로 가치가 상당 부분 넘어간 상황에서 과거와 같은 영화는 다시 돌아오지 않을 것이다.

• 중국의 ICT 생태계에 대해서는 〈부록2〉에서 정리해보도록 하겠다. 기존 시장과는 완전히 다른 중국 시장에서 생겨난 많은 중국의 ICT 기업들은 기존 ICT 판에 큰 변화를 가져왔다.

부품이
플랫폼화된다

        스마트폰이 커머디티가 된 데는 부품의 공도 상당히 컸다. 중국에서 샤오미, 오포OPPO, 메이주MEIZU 등 다양한 저가 스마트폰업체가 경쟁력을 갖춘 제품을 단시간에 내어놓을 수 있게 된 이유는 크게 두 가지다. 하나는 폭스콘으로 대표되는 제조 전문 업체고, 다른 하나는 부품의 플랫폼화다.

    PC를 생각해보면 PC를 만드는 기술 중 상당 부분은 PC업체가 아닌 인텔이 제공한다. 인텔은 CPU만을 생산하여 공급하는 것이 아니고, 메모리, PCIe등 인터페이스, 파워 서플라이의 단자와 용량, 메인보드의 크기까지 PC를 구성하는 모든 부품들의 규격을 정의하고, 이를 표준화된 플랫폼으로 PC업체들에게 제공한다. 그러면 PC업체들은 이를 약간 수정하고 디자인한 뒤에 시장에 내놓게 되는 것이다. 따라서 PC 시장에서 PC업체들은 매우 낮은 수익에 시달리는 대신, 대부분의 수익은 인텔이 챙기는 구도가 계속되었다.

    스마트폰이 본격화되자, 하드웨어업체들이 가장 먼저 한 것은 이러한 구조를 깨뜨리는 것이었다. 프로세서도 인텔이 아닌 퀄컴이나 엔비디아NVIDIA 것을 쓰다가, 최근에는 직접 프로세서까지 만들고 있고* 메모리나 스토리지 등의 제품 표준도 직접 개발하면서 최대한

- 현재 스마트폰 시장 3대 업체인 애플, 삼성전자, 화웨이 모두 자신이 직접 디자인한 자사 전용 프로세서(AP; Application Processor)를 사용한다.

자신의 역할을 늘리고 이를 통해 수익을 확보하기 위해 노력했다. 애플의 경우, 생산만 자신이 하지 않을 뿐, 카메라, 디스플레이, 프로세서, 심지어 커버글라스에 이르기까지 거의 모든 부품에 내부 연구 인력을 두고 개발을 지속하고 있다.

하지만 이러한 수직통합적 사업모델은 높은 시장점유율과 고수익이 담보될 때만 의미가 있다. 최근 저가 스마트폰 시장의 업체들은 이러한 노력은 최소화하고, 최대한 남들이 만들어놓은 플랫폼 표준에 올라타 비용을 최소화하는 방식으로 움직이고 있다. 결국 스마트폰 시장 역시 PC와 유사한 방향으로 전개될 것이다. 즉 하드웨어 업체들은 매우 작은 역할만을 수행하면서 매우 낮은 마진으로 경쟁하는 커머디티 시장에 머무를 것이고, 마진의 상당 부분은 소수의 전문성을 가진 부품업체들이 가져갈 것이다.

인텔은 하드웨어 업체들의 거부감으로 인해 모바일 시장에서 그 지위를 잃었지만, 다른 업체가 그 자리를 대체하기 시작했다. 미디어텍MediaTek이라는 대만의 프로세서 전문업체는 마치 인텔이 PC시장에서 했던 것과 유사한 플랫폼으로서의 지위를 이미 중국 스마트폰 시장에서 확보했다. 앞으로 다양한 기기들에서 플랫폼의 주도권을 차지하기 위한 경쟁이 치열하게 벌어질 것이다. 예를 들어 자율주행 자동차의 경우 수많은 센서들로부터 수집되는 정보들을 실시간으로 처리해야 하는데, 이러한 용도에 특화된 반도체 플랫폼을 인텔이나 엔비디아 등 반도체업체가 적극적으로 내놓고 있다.

부품 시장에서의 또 한 가지 중요한 변수는 중국이다. 중국이 해외 업체들이 자신의 텃밭인 하드웨어 시장에서 수익을 가져가는 것을 원치 않아, 내부적으로 부품 역량을 계속 키워나가려고 시도하기 때문이다. 그렇다 해도 그 업체가 중국 업체로 바뀌는 것일 뿐, 부품이 하드웨어를 선도하는 모습은 앞으로도 지속될 가능성이 높다. 그리고 대부분의 부품의 경우 무어의 법칙을 선도하는 공정과 비용 경쟁력을 확보한 소수의 업체들이 과점하는 시장이 유지될 것이다.

인프라 시장이 성장한다

디바이스 시장이 점점 더 커머디티화 하면서 성장이 정체되는 성숙기에 접어들고 있지만, 그 뒤편에서는 완전히 다른 이야기가 벌어지고 있다. 디지털 기술과 하드웨어가 발달함에 따라 콘텐츠의 품질이 급속하게 발전하고 있고, 또한 서비스가 다양화되면서 사람들이 더욱 많은 데이터를 사용하고 있다. TV만 하더라도 과거 아날로그 방송 대비 HD 방송은 8배나 많은 양의 데이터를 필요로 하고 있고, 최근 도입되기 시작한 4K의 경우 30배나 많은 데이터를 필요로 한다. 과거의 방송 네트워크에서야 단방향으로 동일한 신호를 쏴주기만 하면 되지만, 소비자가 주문형 비디오VOD를 이용하는 경우, 각각의 소비자에게 모두 따로따로 신호를 보내야 한다.

인터넷 서비스도, 과거에는 콘텐츠를 제공하는 업체가 만들어놓은 웹페이지의 데이터만을 읽어보는 형태로 주로 이용되었으나 페이스북 같은 최신 서비스들은 실시간으로 수억 명의 소비자가 사진

표 8-3 데이터의 증가와 인프라 시장 성장

데이터의 폭발적 증가

- 스마트 기기의 확산, 일반 디바이스의 스마트 디바이스화, 기기당 창출·소비되는 컨텐츠의 양과 질의 증가가 데이터 폭증 유발
- 프로세싱 파워는 데이터를 덜 소모하는 대신 많은 양의 시스템 자원을 자주 소모하는 방식으로 사용 양태 변화

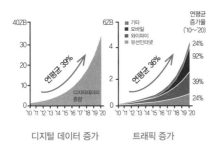

디지털 데이터 증가   트래픽 증가

서버·스토리지 시장 전망

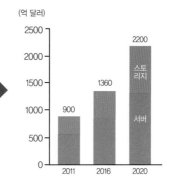

연평균성장률(%)

	2011~2016	2016~2020
전체	9%	13%
스토리지	10%	14%
서버	8%	12%

*ZB = 1012GB
출처: 가트너, IDC, 시스코, 베인앤드컴퍼니

과 글을 올리고, 댓글을 달고, 좋아요를 누르는 등 동적 이용이 이뤄 진다. 따라서 이를 처리해야 하는 인프라인 데이터센터의 수요가 기 하급수적으로 증가하기 시작했다. 특히나 IoT, 빅데이터, VOD, SNS 등으로 인한 데이터 소비 방식의 변화는 기존 방식의 인프라로 는 도저히 감당이 불가능한 것이어서, 최근 하드웨어 혁신의 대부분 은 이러한 인프라에서 이뤄지고 있다.

특히 중요한 변화는 클라우드다. 클라우드는 간단히 세 가지 특 징을 갖는다. 첫 번째는 중앙 집중이다. 과거에는 콘텐츠나 서비스

를 이용할 때, 사용자 손에 있는 디바이스에 미리 저장한 데이터를 실행하던 것에서, 최근에는 중앙의 데이터센터에 대부분의 데이터를 놓아두고, 필요할 때 필요한 만큼만 가져다 쓰는 방식으로 이뤄지고 있다. 스트리밍으로 제공되는 최근의 음악 서비스들이 좋은 예다. 심지어는 디바이스에는 단순한 화면과 음성을 처리하는 기능만을 두고, 모든 연산까지 중앙 데이터센터에서 처리한 뒤 결과만 보내주는 방식도 가능하다.

두 번째는 풀링Pooling이다. 이렇게 모든 컴퓨팅 과정을 중앙으로 모으는 이유는 효율을 극대화하기 위해서다. 과거에는 대부분의 기업들이 자신이 필요한 컴퓨팅 파워와 데이터 저장 공간을 미리 산정하고, 이를 충분히 해결할 수 있는 만큼의 서버와 스토리지를 구입하여 각자 처리했다. 그러다 보니 각자 자신이 필요로 하는 수요가 모자라지 않도록 최대치만큼을 확보하고 있어야 했고, 수요가 피크인 경우가 아니면 인프라를 놀려야 했다. 하지만 클라우드는 가상화를 통해 하나의 큰 서버와 스토리지를 만든 후, 여러 고객 기업들이 각자 필요로 하는 만큼만 실시간으로 컴퓨팅 파워와 데이터 저장 공간을 떼어 사용할 수 있도록 함으로써, 서로 피크가 다른 기업을 묶어 효율을 극대화시키는 방식으로 운영하는 것이다. 이를 통해 개별 기업이 각각 확보할 때보다 전체로는 훨씬 적은 용량의 인프라를 가지고도 같은 수요를 해결할 수 있게 된다.

세 번째는 전문성이다. 인프라에 대한 수요가 급격히 증가하면서 인프라를 운용하는 데 더욱 복잡한 기술과 역량이 요구되었다. 하지만 개별 기업 입장에서 이러한 인프라에 투자하는 데는 한계가 있

표 8-4 데이터센터의 소유, 운영 주체 변화

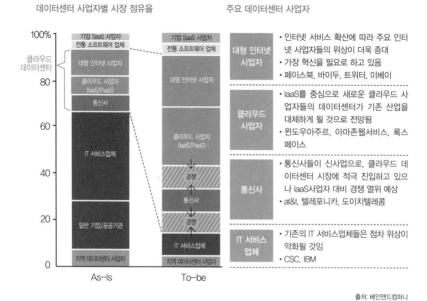

데이터센터 사업자별 시장 점유율

주요 데이터센터 사업자

대형 인터넷 사업자	• 인터넷 서비스 확산에 따라 주요 인터넷 사업자들의 위상이 더욱 증대 • 가장 혁신을 필요로 하고 있음 • 페이스북, 바이두, 트위터, 이베이
클라우드 사업자	• IaaS를 중심으로 새로운 클라우드 사업자들의 데이터센터가 기존 산업을 대체하게 될 것으로 전망됨 • 윈도우아주르, 아마존웹서비스, 록스페이스
통신사	• 통신사들이 신사업으로, 클라우드 데이터센터 시장에 적극 진입하고 있으나 IaaS사업자 대비 경쟁 열위 예상 • at&t, 텔레포니카, 도이치텔레콤
IT 서비스 업체	• 기존의 IT 서비스업체들은 점차 위상이 약화될 것임 • CSC, IBM

출처: 베인앤드컴퍼니

다. 하지만 클라우드는 별도의 클라우드 전문 기업이 이러한 인프라들을 한꺼번에 모아서 운용하기 때문에 기술과 인력에 대한 투자가 가능하다. 게다가 한꺼번에 모아 구매하는 효과가 생기기 때문에 규모의 경제를 통해 비용을 더욱 낮출 수 있다. 이러한 클라우드는 우선은 인프라 수요가 급격히 변화하는 기업들이나 스타트업들부터 사용을 시작하였다. 인프라에 투자하기 어려운 스타트업이나 블랙프라이데이같이 일시적인 사용자 급증을 감당해내야 하는 전자상거래업체들이 좋은 예다.

앞으로 빅데이터나 머신러닝이 확산되면서 인프라에 대한 니즈는 더욱 커질 것이고, 머지 않은 미래에는 페이스북이나 구글 같은 대형 콘텐츠, 서비스 기업들을 제외한 대부분 개별 기업들은 데이터센터 인프라에 대한 물리적 투자는 전혀 없이, 아마존의 AWS Amazon Web Service(아마존 웹서비스)나 마이크로소프트의 애저Azure같은 전문 클라우드 서비스업체로부터 필요한 만큼의 컴퓨팅 파워와 저장 공간을 실시간 구매하여 이용하게 될 것이다.

한 가지 짚고 넘어갈 부분은 소프트웨어다. 최근 들어 니즈가 급격히 고도화되고, 클라우드를 통해 엄청난 규모의 데이터센터를 운용하게 되면서, 기존의 하드웨어와 부품 제조업체들이 만들던 컴퓨팅 아키텍처로는 이를 감당하기 어렵게 되었다. 따라서 최근에는 대규모 데이터센터를 운용하는 클라우드업체나 인터넷 콘텐츠, 서비스업체들은 아예 스스로 아키텍처를 새롭게 디자인하는 경향이 나타났다. 특히 이들은 자신이 강점을 지닌 소프트웨어를 중심으로 모든 것을 재정의Software defined하고 있는데, 심지어 최근에는 하드웨어의 가장 핵심 구성 요소인 프로세서마저 FPGA*라는 새로운 개념의 반

---

* Field Programmable Gate Array. 다른 반도체의 경우, 사전에 정의된 논리 회로를 하드웨어적으로 구현해놓은, 변경이 불가능한 반도체인데 반해 FPGA는 소프트웨어적으로 논리 회로를 입력할 수 있도록 한 반도체다. 따라서 소프트웨어 입력을 통해서 지속적으로 내부의 논리 회로 변경이 가능한 큰 장점이 있다.(PCB 기판에서의 빵판과 유사한 개념으로 이해할 수 있다.) 원래 ASIC(주문형 반도체) 대비 속도와 전력 소비에서 한계가 있어 테스트나 아주 소량이 필요한 영역에서만 제한적으로 사용되었으나, 최근 공정 기술이 발달하여 속도와 전력 소비의 한계가 극복되고, 소프트웨어 중심의 유연성이 중시되면서 다양한 영역에서 역할이 확대되고 있다. 한 예로 인텔은 2015년 차세대 데이터센터용 CPU에 FPGA를 도입하기로 하고, FPGA 업계 2위이던 알테라(Altera)를 160억 달러(19조 원)에 인수했다.

도체를 통해 소프트웨어로 기능을 구현하고 있다. 하드웨어는 최대한 표준화시키고, 소프트웨어를 통해 수천, 수만 대의 하드웨어 성능을 합쳐 마치 하나의 하드웨어처럼 사용할 수 있도록 함으로써 확장성이나 유연성을 확보하고자 한다.

중요한 것은 이러한 모든 아키텍처의 핵심이 되는 소프트웨어는 인프라를 운영하는 클라우드업체나 인터넷 콘텐츠, 서비스업체들이 자체 역량으로 만들어내는 대신, 하드웨어는 완전히 커머디티화된 제품을 폭스콘 같은 전문 제조업체에게 맡기고 있다는 점이다. 이에 따라 기존 하드웨어 중심의 인프라업체이던 시스코, 델, HP, EMC 등이 모두 큰 위기에 처했다. 더 큰 위기에 직면한 것은 과거 일반 기업들에게 인프라를 구축해주고, 이를 운영해주던 SI·IT업체들이다. 클라우드로 인프라가 넘어가면서 기존 SI·IT 사업은 그 기반을 잃어버리게 되었고, 근본적인 사업모델 변화를 강요받고 있다.

새로운 ICT가
등장한다

지금까지 이 책에서 설명한 것과 같이 이제 모든 산업은 디지털과의 결합이 필수다. 과거의 디지털은 ICT산업에서만 존재하던 것이었으나 앞으로는 모든 산업에서 디지털 기술이 활용될 것이다. 이는 ICT산업에 새로운 성장 기회를 만들어주고 있다. 전기차, 스마트그리드 등 모든 것이 ICT 기업들에게는 기회다.

표 8-5 **2020년까지 ICT산업의 주요 변화**

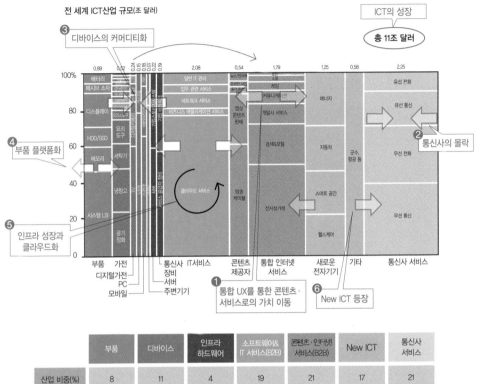

전 세계 ICT산업 규모(조 달러)

③ 디바이스의 커머디티화

ICT의 성장

총 11조 달러

④ 부품 플랫폼화

② 통신사의 몰락

⑤ 인프라 성장과 클라우드화

부품　가전　통신사 IT서비스　콘텐츠　통합 인터넷　새로운　기타　통신사 서비스
　　디지털가전　장비　　제공자　서비스　전자기기
　　　　PC　서버
　　　모바일　주변기기

① 통합 UX를 통한 콘텐츠·서비스로의 가치 이동

⑥ New ICT 등장

	부품	디바이스	인프라 하드웨어	소프트웨어& IT 서비스(B2B)	콘텐츠·인터넷 서비스(B2B)	New ICT	통신사 서비스
산업 비중(%)	8	11	4	19	21	17	21
연평균성장률(%) ('12~'20)	6.5	−0.2	6.8	6.5	19.2	N/A	4.9

출처: 베인앤드컴퍼니

　최근 LG전자와 삼성전자가 자동차 부품 사업에 적극적으로 뛰어드
는 이유가 여기 있다.

　디지털에 익숙하지 않은 기존 산업의 기업들은 디지털 기반으로

진입하는 새로운 기업들과 경쟁하기 위해 기존 ICT 기업들의 도움을 필요로 하게 될 가능성이 크다. 따라서 ICT 기업들은 두 가지 선택을 해야 한다. 직접 새로운 디지털 엔터프라이즈로서 다른 산업에 뛰어들어 디지털을 기반으로 판을 바꾸든가, 각 산업 내의 기존 기업들에게 디지털 역량을 제공해주면서 공급업체로 자리를 잡든가.

여기서 중요하게 고민해보아야 하는 것이 바로 ICT가 디지털 산업인가라는 것이다. 디지털 기술이 ICT산업에서 시작된 것이기는 하나, 디지털혁명 이전의 ICT산업은 산업혁명의 패러다임과 게임의 법칙에 의해 움직여온 것이 사실이다. 따라서 기존 ICT 기업 대부분은 디지털 엔터프라이즈와는 거리가 있다. 이러한 이유로 New ICT라는 엄청난 기회를 앞에 두고도 대부분의 ICT 기업들은 직접 다른 산업에 진출하여 디지털 트랜스포메이션을 이끌기보다는 기존 기업들과 손을 잡는 쪽을 택하고 있다. 그런데 잘 생각해보면 이는 결국 그 산업에서의 기존 기업과 힘을 합쳐 새로운 디지털 엔터프라이즈들과 경쟁을 하는 모양새가 된다. 과연 이러한 방식으로 New ICT라는 큰 시장에서 얼마나 많은 파이를 가져올 수 있을지에 대해서 진지한 고민이 필요하다. ICT 기업들 역시 디지털 트랜스포메이션을 고민하고 실행에 옮겨야 한다.

한국에
기회가 있다

정리해보자. ICT산업은 디지털혁명의 가장 큰 수혜자라고도 볼 수 있다. 디지털혁명 시대의 역량을 갖고 태어난 황태자로서 다른 산업의 기업들을 간단히 무시할 수 있을 만한 기본을 갖추었다. 또한 앞으로도 디지털혁명의 시대를 이끌면서 지속적으로 성장할 수 있을 것으로 기대된다.

하지만 자세히 들여다보면 상황은 소산업 영역에 따라 매우 다르다. 과거 ICT산업을 이끌어왔던 통신과 디바이스는 커머디티화 되면서 그 힘을 잃게 될 것이다. 대신 그 힘은 소프트웨어 역량에 기반한 콘텐츠와 서비스 소산업이 차지할 것이다. 그리고 이들은 새로운 큰 형님으로서 산업 내 다양한 영역을 이끌어가게 될 것이다. 실제로 스마트폰 시장은 구글이 안드로이드를 통해 지배하고 있으며, 인프라 시장에서는 클라우드와 인터넷업체들이 하드웨어의 표준을 만들어가고 있다.

다른 쪽에서는 커머디티화하는 디바이스들을 보조하는 부품의 플랫폼화가 진행되면서 안정적인 수익을 가져가게 될 것이다. 이와 함께 인프라 시장이 급성장하며 클라우드 기반 기업들이 등장해 기존의 소프트웨어 및 IT 서비스 기업들을 대체해나갈 것이다. 그리고 새롭게 등장하는 New ICT는 이러한 변화의 물결에 성공적으로 올라탄 디지털 엔터프라이즈가 된 ICT 기업들에게 엄청난 기회를 제공하게 될 것이다.

마지막으로 짚고 넘어가야 할 것은 한국 ICT산업이다. 한국 경제에서 ICT산업보다 중요한 산업은 없다. 하지만 한국의 ICT산업은 지금 이토록 밝은 ICT산업의 미래를 눈앞에 두고도 큰 위기에 직면해 있다. 한국이 가장 힘을 발휘하던 디바이스는 시장 전체가 침체 위기에 처해 있고, 한때 전 세계에서 이름을 날리던 통신산업 역시 마찬가지 상황이다. 지금 시장에서 가장 매력적으로 평가받고 있는 콘텐츠와 인터넷 서비스, 인프라 영역에서는 입지가 극히 미약하다.

　앞으로 한국의 ICT산업을 되살리기 위해서는 포트폴리오에서부터 근본적인 변화를 고민해야 한다. 첫 번째, 남아 있는 경쟁력을 활용할 수 있는 영역을 빨리 찾아 집중해야 한다. 예를 들어 앞으로 성장할 인프라 중에서도 가장 중요한 것은 스토리지인데, 한국이 스토리지 핵심 부품인 SSD와 NAND의 세계 시장을 선도하고 있다. 또한 온라인 게임 회사들이나 라인, 카카오 같은 인터넷 서비스 기업들은 인프라를 운영하는 소프트웨어에 대한 기본기를 갖추고 있다. 이를 결합하여 클라우드 등 인프라 영역에 진입도 가능할 것이다.

　두 번째, New ICT에 대한 공격적인 시도가 필요하다. New ICT는 무한한 가능성이 열려 있는 상황이다. 문제는 한국 ICT 기업들 대부분은 여기 진입하는 데 보수적으로 접근하고 있다는 것이다. 즉, 디지털 엔터프라이즈가 되거나 디지털 엔터프라이즈와 협력하기보다는 기존 기업들과 협력하는 쪽을 택하고 있다. 전기차 시장을 예로 들면 스스로 전기차업체가 되거나, 디지털 엔터프라이즈로의 전기차업체가 될 테슬라나 구글과 협력하거나, 기존 자동차업체들이 전기차 만드는 것을 협력하는 세 가지 옵션 중에서 한국은 마지

표 8–6 ICT산업의 매출과 수익 변화

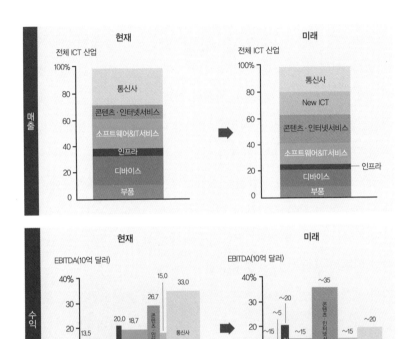

출처: 베인앤드컴퍼니

막을 택했다. 당장은 안전한 선택으로 보이고 수요가 클지 몰라도, 과연 미래지향적 관점에서 이것이 옳은 선택인지에 근본적인 고민 이 필요하다. 반도체 업계에서도 부품의 플랫폼화에 맞춰 인텔, 엔 비디아, 퀄컴 같은 업체들은 자동차, 헬스케어 등 New ICT 내에서 의 플랫폼 지위를 선점하기 위해 적극 노력하고 있다. 한국의 반도

표 8-7 ICT 세부 영역별 주요 전망

		향후 전망	사업모델 변화
부품	⬆	• ICT 진화의 핵심 조력업체로 지속 성장 및 중요성 증대	• 개별 부품 공급에서 탈피, 솔루션화 및 디바이스를 주도하는 플랫폼으로서 역할 증대
디바이스	⬇	• 하드웨어 혁신 속도 정체되면서 범용화(commoditization)	• 하드웨어에서 콘텐츠, 서비스를 결합한 UX 차원의 접근 강화
인프라	⬆	• 데이터량 폭증 상황에서 인프라 진화에 의한 성장 및 새로운 경쟁 구도 등장	• 기존의 전통 인프라를 뒤엎는 새로운 플랫폼 등장 가능성(마이크로 서버, SSD 스토리지)
소프트웨어 & IT서비스	⬇ ⬆	• 클라우드화에 따라 인터넷 서비스 시장으로 융합 및 재편	• 클라우드로의 통합 가속화 • New ICT와의 통합 솔루션화
콘텐츠·인터넷 서비스	⬆	• 새로운 콘텐츠와 서비스 지속 등장으로 성장 가속화	• 디지털화 • 스마트 서비스
New ICT	⬆	• 불확실성은 높으나 ICT와 타 산업 간 융합을 통한 높은 성장 가능성	• 이종 산업과 IT 간의 경계 소멸
통신사	⬇	• 범용화(commoditize)로 수익성 악화 및 후진국 중심의 성장	• 글로벌 수준의 대형 통폐합 예상 (mega merger)

체 기업 역시, 보다 적극적으로 플랫폼으로서의 사업모델의 구축을 시도할 필요가 있다.

세 번째, 스스로 디지털 트랜스포메이션을 만들어내야 한다. 디지털 아키텍트 역량을 확보하여 스스로를 디지털혁명 시대의 ICT 기업으로 변신시켜야 한다. 그리고 디지털 요소기술에 적극적으로 투자하여 ICT 내 소산업 중에서 매력적인 영역에 침투할 수 있는 기초 체력을 확보해야 한다. 이러한 변화의 노력 없이는 ICT산업의 밝은 미래란 먼 나라 이야기가 될 가능성이 크다. 중국은 지금까지는 산업혁명의 게임의 법칙을 통해 우리 뒤를 쫓아왔지만, 최근에는 스스로를 디지털 트랜스포메이션시키고 있다. 이미 미국과 대등한 수준의 클라우드 역량을 갖춰나가고 있고, 디바이스업체들도 소프트웨어 기반의 디지털 엔터프라이즈로 변신하고 있다. 주어진 시간이 많지 않다. 한국 ICT 기업들이야말로 불타는 플랫폼에서 뛰어내리는 결단이 필요하다. 당장은 어둡고 추울지 몰라도 그 뒤에 기다리고 있는 새로운 미래는 따뜻하고 밝을 것이다.

가장 큰 변수,
중국 ICT의 진화를 읽다

최근 모든 산업이 그렇지만, ICT산업에서도 중국이 가장 큰 변수다. 도대체 어떻게 세워진 지 얼마 되지도 않은 중국 기업들이 스마트폰 시장에서 애플과 삼성을 위협할 수 있는지, 어떻게 해서 알리바바가 세계 최대 전자상거래 기업이 되었는지 알아둘 필요가 있다.

중국 ICT산업의 진화는 크게 세 단계로 이해할 수 있다. 시작은 1990년대 후반이다. 중국이 본격적으로 글로벌 경제에 진입하며, 어마어마한 수의 저렴한 노동력을 무기로 글로벌 생산 기지로서 역할을 키워나가던 시기다. 전자 제조를 중심으로 중국의 ICT산업이 시작되었다. 당시 중국은 내수 시장도 별 볼 일 없었고, 선진 시장을 위한 저렴한 생산 기지일 뿐이었다. 하지만 ICT산업의 중요성을 인식한 중국 정부는 한국을 본받아 자국 기업들을 육성하기 위한 정책을 시작했다. 예를 들어 한국이 이동통신의 독자 표준으로 CDMA를 도입해 성공을 거둔 것처럼, 중국 전용의 표준인 TD-CDMA를 정하고 이를 따르도록 했다.

이렇게 시작한 중국의 ICT산업은 2000년대 후반, 중국 경제가 본격 활성화되고 내수 기반이 확충되면서부터 새로운 전기를 맞이한다. 중국인들이 소비를 시작하면서 내수 서비스를 중심으로 한 사업들이 매우 빠르게 자리를 잡기 시작한 것이다. 인터넷, 게임, 전자상거래 등이 엄청난 수의 중국 소비자 기반을 바탕으로 확산되었다. 중국 ICT산업의 3대 스타라 할 수 있는 텐센트Tencent는 게임, 바이두는 인터넷, 알리바바는 전자상거래를 대표하는 기업들로, 이 시기부터 본격적으로 성장한 기업이다.* 그리고 새로운 거대 소비시장을 목격한 글로벌 기업들도 이때부터 본격적으로 중국에 진출하기 시작했다. 인텔이나 삼성도 중국에 반도체 공장을 건설했다.

그런데 이 시기 가장 중요한 변화는 바로 내수 디바이스 시장의 성장이다. 엄청난 숫자의 중국 소비자들이 ICT 디바이스를 필요로

• 　중국의 ICT 산업은 다른 선진 국가와는 달리 디바이스나 부품 같은 기반산업에 앞서 인터넷 서비스부터 발전이 이뤄졌다. 특히 다른 선진 국가들에서는 PC 기반의 인터넷을 거쳐 모바일로 진화가 이뤄졌지만, 중국은 이를 건너뛰고 바로 모바일 중심의 서비스가 활성화되면서, 오히려 최근 모바일 중심이 된 인터넷 서비스 환경에서는 다른 어느 국가보다도 선진적인 모습을 보이고 있다. 모바일과 결합해 새로운 고객가치를 창출해내는 데는 전 세계에서 가장 혁신적인 모습까지도 보이고 있다. 특히 주목할 부분은 이러한 혁신이 일부 얼리어답터들에게만 이용되는 수준이 아니고, 대중의 일상에 깊숙이 파고들어 있다는 점이다. 알리바바가 만든 지불결제 사업인 알리페이(AliPay)나 텐센트의 위챗페이먼트 (Wechat Payment)의 경우, 모바일의 장점을 최대한 활용하여 일상생활에서 실물 화폐가 없어도 지불, 주문, 송금 등 거의 모든 것이 스마트폰 만으로 해결 가능한 수준으로 서비스가 활성화되어 있다. 택시를 탈 때도 오히려 디디콰이디(滴滴快的)나 우버 같은 애플리케이션 없이는 택시를 거의 잡을 수 없을 정도다. 한때, 모바일에서 가장 앞선 소비자들을 볼 수 있는 국가이던 한국은 지금은 중국에 뒤처진 모습인데 안타까운 일이다.

하기 시작했지만, 여전히 낮은 중국의 임금 수준으로는 세계 시장에서 판매되고 있는 디바이스를 구입하는 데 한계가 있었다. 이에 따라 중국에서는 흔히 산짜이*라 불리는 저가 디바이스들이 등장하기 시작했다. 브랜드도 없이 저질 부품들을 끼워 맞춰 매우 싼값에 판매하는 B급도 아닌 C급, D급, E급의 이 디바이스들은 정상 시장에서라면 전혀 팔 수 없을 품질이었음에도 중국의 엄청난 소비자 층을 바탕으로 단단히 뿌리를 내렸다.

2010년경 공식 집계된 전 세계 핸드폰 판매량은 약 8억 대 수준인데, 그해 공식 집계에 잡히지 않은 중국에서 판매된 저가 디바이스가 대략 2억 대 수준에 달할 것으로 추정되고 있다. 전 세계 시장의 25% 규모에 달하는 거대 시장이 물밑에서 조용히 커나가고 있던 것이다.

이러한 산짜이 시장은 다른 어느 나라에서도 찾아보기 힘든 특이한 시장으로서, 이를 통해 중국 고유의 생태계가 구축될 수 있었다는 데 그 의미가 있다. 아무 실력도 없이 저급 부품을 만들어내는 부품업자가 있다고 생각해보자. 다른 나라였다면 이런 업자들은 절대 살아남을 수 없다. 정상적인 디바이스 시장에서는 품질 기준에 미달되는 기업은 퇴출된다. 그리고 품질이 진입 장벽이 되기에, ICT 부품이나 디바이스 분야에서는 웬만해서는 새로운 기업이 등장하는

---

* 산짜이는 산채(山寨)의 중국 발음이다. 산적이지만 부패한 중앙 정부와 혼란한 세상을 바로잡던 《수호지》의 108 호걸들이 머물던 양산박의 산채에서 유래한 단어로, 2000년대 초반 광저우와 선전 등지의 소형 공장들에서 만들어낸 값싼 핸드폰을 산짜이쇼우지(山寨手機: 쇼우지는 핸드폰을 의미하는 중국어다.)라고 부른 데서 시작되었다.

표 8-8 중국 ICT산업의 진화

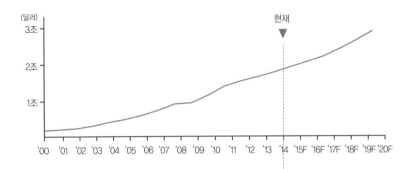

(달러)

3조

2조

1조

현재

'00 '01 '02 '03 '04 '05 '06 '07 '08 '09 '10 '11 '12 '13 '14 '15F '16F '17F '18F '19F '20F

수출 중심 초기 성장 (~2000년대 중반)	내수 기반 본격 성장 (2000년대 후반~2010년대 초반)	글로벌 리더십 추구 (2010년대 중반~)

• EMS·ODM 등 단순 제조 중심
• 선진 시장 제조 기지로서의 역할(내수시장은 매우 취약)
• 단순 가격 경쟁력 중심 (근원적 기술력은 부족)
• 가전, PC 등 저부가 디바이스 제조 중심
• 자국 기술 수준 확보를 위한 보호 정책 추구(TD-CDMA 등)
	• GDP 성장과 함께 대규모 내수 성장에 따라 내수 중심 역량 구축
	  – 인터넷, 게임, 전자상거래 등 내수 서비스 폭발적 성장
	  – 자국 내 수요 중심 산짜이 시장 기반으로 저가 디바이스 제조업체 다수 등장
	  – 해외 업체의 제조 거점(인텔, 삼성 등)
	• 정부 주도 육성 전략 본격화
	  – LED, 태양광 등
	• 해외 브랜드 인수 시작
	  – 레노버-IBM, 하이얼-산요 등
		• 기술 기반을 확보하면서 자국 내 독자적 생태계 완성
		• 기술력 축적되면서 하이테크 영역 본격 진입
		  – 스마트폰(샤오미), 서버·통신장비(화웨이)
		• 정부 주도로 부품 국산화 본격 투자
		  – 반도체, LCD 등
		• 글로벌 브랜드·기술력 인수 본격화
		  – 모토로라 등

하이얼, 폭스콘	텐센트, 알리바바, 바이두	화웨이, 레노버, SMIC

것이 어려웠다. 하지만 중국의 산짜이 시장에서는 아주 저질 부품이라도 팔 데가 있었다. 팔 데가 있는 수준이 아니고 2억 개나 팔아치울 수 있었다. 당시 삼성의 핸드폰 생산량이 1년에 2억 대가 되지 않았으니 삼성에 부품을 공급하는 업체라 해도 그만큼의 물량은 만든 적은 없다.

이러한 거대 시장에서 완전한 자유경쟁을 경험하며 실력을 키운 업체들이 바로 지금 중국 ICT산업의 중추가 되었다. 시간이 지나자 정상적인 디바이스 시장은 발전 속도가 더뎌지고, 산짜이업체들은 기술이 날로 발전해 격차가 점점 줄어들게 되었다. 드디어 최근 2~3년 사이에는 글로벌 시장에서 경쟁할 수 있을 만큼 실력을 키운 업체들이 명함을 내밀기 시작했다. 그리고 이렇게 완성된 생태계를 통해 더욱 경쟁력 있는 스타트업들이 속속 나타나기 시작했다. 특히 중국의 압도적인 시장 규모는 내수에만 집중해도 글로벌 선도 사업자로 자리매김할 수 있게 해주었고, 품질과 가격경쟁력을 더욱 강화시키면서 글로벌 시장으로 성공적으로 진입하는 업체들이 나타나기 시작했다.

대표적으로 화웨이는 매출 500억 달러(약 60조 원)가 넘는 세계 3대 통신 장비업체로 성장했다. 그리고 이를 통해 구축한 통신사와의 관계를 바탕으로, 스마트폰 시장에서도 삼성을 바짝 뒤쫓으며 세계 3위로 성장했으며 최근에는 EMC나 시스코를 겨냥하고 디지털 인프라 시장에 본격적으로 진입했다. 화웨이의 경우, 반도체-장비-스마트폰-클라우드 서비스에 이르기까지 새로운 디지털 시대의 ICT산업 가치사슬을 스스로 완결시키고 있는데, 이는 글로벌 ICT산업에서 통합 모델의 성공 사례로 꼽히는 삼성보다도 오히려 나은 점이 있다. 그 외에도 서버 시장의 인스퍼Inspur, 스마트폰의 샤오미, TV의 TCL 등은 내수 시장만으로 글로벌 수준의 규모와 품질을 갖췄고, 조만간 본격적으로 글로벌 공략에 나설 것으로 판단된다.

게다가 일부 중국 기업들은 막대한 자금력을 바탕으로 글로벌 유수 브랜드들을 사 모으기 시작했다. IBM 하드웨어 사업과 모토로라Motorola 핸드폰 사업을 인수한 레노버Lenovo, 산요SANYO와 GE 가전사업부를 인수한 하이얼Haier이 대표적이다. 이렇게 확보한 브랜드는 중국 기업들이 해외 시장에 진출하는 데 큰 도움이 될 것이다. 앞으로 중국 시장에서 치열한 경쟁을 통해 살아남은 중국 디바이스업체들은 엄청난 물량을 바탕으로 글로벌 시장 공략에 나설 것이고, 특히나 커머디티화 되어가고 있는 시장에서 강력한 지위를 확보할 수 있을 것으로 예상된다.

디바이스 시장에서 어느 정도 자신감을 확보한 중국은, 이제 전체 ICT 가치사슬에서 더욱 공격적으로 역량 확보에 나서기 시작했다. 우선 전 세계적으로 기술이 아직 성숙하지 않아, 대등한 경쟁이 가능한 태양광과 LED 등 부품을 중심으로 적극적인 육성 정책을 폈다. 엄청난 규모의 정부 지원을 받은 중국 업체들은 막대한 투자를 통하여 비슷한 시기에 개발을 시작한 글로벌 기업들보다 나은 규모의 경제를 달성하면서 글로벌 수준의 역량을 갖춘 업체들이 등장했다. LED의 산안San'an이 대표적 기업이다. 이후 난이도가 있는 영역으로 조금씩 진입하기 시작하여, 삼성과 LG가 장악하고 있던 LCD 디스플레이 시장에서도 물량 면에서는 이미 한국을 압도하기 시작했다.

나아가 최근에는 ICT의 핵심 부품인 반도체까지 넘보고 있다. 과거 한국은 반도체와 LCD 산업에서 재벌이라는 독특한 지배 구조를 바탕으로, 독립 회사들인 글로벌 경쟁사들로서는 무모하다 할 정도로 공격적인 투자를 하여 규모의 경제를 통해 비용 경쟁력을 확보한 뒤, 적극적인 가격 전략으로 경쟁업체들을 무너뜨리고 과점하는 방식으로 성공을 거둬왔다. 하지만 저돌적이라는 점에서는 한국도 우스워 보일 정도로 적극성을 가진 중국이 부품산업에 투자한다는 사실은 한국으로서는 큰 부담이 될 수밖에 없다. 중국은 반도체에 향후 1,000억 달러(약 120조 원)라는 막대한 자금을 투입할 것이라는 이야기가 나오고 있는데, 이는 삼성전자가 1980년대 초반 반도체 산업에 진입한 이후부터 지금까지 30년 이상을 투자한 비용보다도 크다.

특히 중국은 한국과는 달리, 초기 기술 확보가 필요하다는 판단이 서면 이미 역량을 축적한 글로벌 기업들을 적극적으로 M&A 하는 방식을 택하고 있다. 한 예로 메모리 반도체 관련 영역에서만도 중국의 칭화 유니그룹Tsinghua UniGroup은 2015년, 글로벌 2위 하드디스크 회사인 WD를 인수하고 곧바로 WD를 통해 글로벌 3위 NAND 메모리 회사인 샌디스크SanDisk를 인수하였으며, 메모리 전문 패키지 업체인 파워텍PowerTech까지 인수했는데, 이 세 건의 대형 M&A를 불과 한 달 만에 해치우는 과감함을 보여주었다.

최근에는 중국과 대만 간 관계가 급속히 개선되면서 대만 반도체 업체들도 중국에 적극적으로 구애를 보내고 있는 상황이다. 중국의 막대한 반도체 수요는 중국 밖의 글로벌 업체 입장에서는 도저히 무시할 수 없는 시장이다 보니(전 세계 반도체의 40%가 중국에 판매된다), 많은 글로벌 업체들이 '죄수의 딜레마'에 빠져 있다. 중국을 돕자니 나보다 큰 무서운 기업으로 성장할 것이 두렵고, 적이 되자니 내 경쟁자가 먼저 중국과 손잡고 중국 등 글로벌 시장을 공략하는 것이 두려운 상황인 것이다. 이러한 와중에 대만의 선제적인 제휴 움직임은 글로벌 반도체 기업들에게 큰 골칫거리가 되었다. 반도체 전문 제조에서 글로벌 1위 업체인 TSMC, 모바일용 프로세서에서 글로벌 4위 업체인 미디어텍 등 대만 기업들이 중국을 도울 경우, 중국의 반도체산업은 조만간 미국과 한국을 위협하는 수준으로 성장할 수 있을 것으로 예상된다.

중국은 막대한 수요 시장을 첫 번째는 자국 내 저품질, 저역량 기업들이라도 어떻게든 새로운 시도를 해볼 수 있는 산짜이라는 시장으로 활용하였고, 두 번째는 외국 기업들에게 기술 지원을 하지 않으면 안 될 유인 수단으로 활용함으로써 모든 ICT 영역을 거의 성공적으로 육성하고 있다. 부품, 디바이스, 콘텐츠, 인터넷 서비스 등 전 영역에서 중국이 글로벌 지위를 확보하게 되면서, 미국과 함께 ICT산업에서의 글로벌 양강 체제를 굳혀가고 있다.

한국은 이러한 중국의 위협에 대응하기 위해서 전략적인 고민이 필요하다. 산업혁명 시대의 게임의 법칙으로는 이미 한국에서 배울 만큼 배웠다. 한국보다 더 큰 자원과 기반 시장을 가지고 있는 중국에 당해낼 가능성이라고는 전혀 없다. 한발 먼저 디지털혁명 시대의 게임의 법칙으로 넘어가야 한다.

한 가지 더 생각해볼 것은 중국과 무조건 경쟁하기보다는 친구로 삼는 것이 대안이 될 수 있다는 것이다. 예를 들어 LCD 디스플레이처럼 이미 중국에게 따라잡히는 것이 시간 문제가 된 사업은 중국에 과감히 넘기고, 장비와 소재에 집중 투자하여 중국 디스플레이 기업을 발판 삼아 미국과 일본의 장비와 소재업체들을 뛰어넘는다든가, 한국 SSD 기술로 중국과 함께 새로운 스토리지 표준을 만들어 중국에서부터 차세대 클라우드 인프라를 키워본다든가 하는 창의적인 생각들이 필요하다. 한국으로서는 중국을 적으로 두는 것보다 친구로 활용하는 것이 훨씬 나을 가능성이 높다.

디지털혁명의 시대 선도 주자로서, ICT산업은 계속 발전해나갈 것이지만, 게임의 법칙은 이제 막 정의되기 시작했다. 미국이 한발 앞서 있지만, 한국에게도 기회는 남아 있다. 그리고 이 기회를 잡기 위해서 중국을 잘 활용할 방안에 대해 고민할 때다.

대담한 디지털 시대

1판 1쇄 발행 2016년 3월 27일
1판 4쇄 발행 2017년 10월 10일

지은이 이지효

발행인 양원석
본부장 김순미
편집장 최두은
책임편집 황지영
디자인 RHK 디자인연구소 남미현, 김미선
해외저작권 황지현
제작 문태일
영업마케팅 최창규, 김용환, 이영인, 정주호, 양정길, 이선미, 신우섭,
　　　　　　이규진, 김보영, 임도진

펴낸 곳 ㈜알에이치코리아
주소 서울시 금천구 가산디지털2로 53, 20층 (가산동, 한라시그마밸리)
편집문의 02-6443-8868　　**구입문의** 02-6443-8838
홈페이지 http://rhk.co.kr
등록 2004년 1월 15일 제2-3726호

ⓒ이지효, 2016, Printed in Seoul, Korea

ISBN 978-89-255-5888-2 (03320)